विश्वमानव

वार्ता, वक्तव्य एवं वाणियाँ

(सार्वभौम सत्य-सैद्धान्तिक आधार पर)

notionpress
.com

विश्वमानव

वार्ता, वक्तव्य एवं वाणियाँ

(सार्वभौम सत्य-सैद्धान्तिक आधार पर)

लव कुश सिंह "विश्वमानव"

सत्यकाशी पीठ
पांचवां और अन्तिम शंकराचार्य पीठ

Notion Press

Old No. 38, New No. 6
McNichols Road, Chetpet
Chennai - 600 031

First Published by Notion Press 2020

ISBN 978-16-49190-02-4

समर्पण

यह पुस्तक समर्पित है -

उन सभी खोजी आत्माओं को,

जो सत्य की ज्योति को अपने भीतर

और संसार के हर कोने में जलाना चाहते हैं।

भारतीय संविधान के धारा-51 (ए)

नागरिक का मौलिक कर्तव्य के अनुसार

01. संविधान के प्रति प्रतिबद्धता, इसके आदर्शों, धाराओं, राष्ट्रीय ध्वज व राष्ट्रीय गान का आदर करना।
02. स्वतंत्रता के लिए संघर्ष हेतु प्रेरित करने वाले सुआदर्शों का अनुकरण करना व उन्हें चिरस्थायी बनाना।
03. भारत की सर्वोच्चता, एकता और अखण्डता की रक्षा करना तथा समर्थन करना।
04. जब भी आवश्यकता पड़े देश की रक्षा करना व राष्ट्रीय सेवाओं हेतु समर्पित होना।
05. समाज में भाई-चारें की भावना का विस्तार करना, मातृत्व भाव, धार्मिक, भाषायिक, क्षेत्रीय विभिन्नताओं में एकता कायम करना तथा नारी सम्मान आदि का ध्यान देना।
06. अपने मिश्रित संस्कृति का मूल्यांकन करना उसको स्थायित्व देना और इसकी परम्परा को कायम रखना।
07. प्राकृतिक सम्पदा की रक्षा करना जिसमें जलवायु, जंगल, झील, नदियां, जंगली जीवों व समस्त जीवों के प्रति दया का भाव सम्मिलित है।
08. वैज्ञानिक भावना को प्रोत्साहित करना, मानवीय भावनाओं के स्वरूप की परख करते रहना।
09. जन सम्पत्ति की सुरक्षा करना और हिंसा आदि का परित्याग करना।
10. व्यक्तिगत, सामूहिक गतिविधियों के प्रत्येक क्षेत्र में सर्वोच्चता हासिल करना, जिससे राष्ट्र शतत उत्थान, प्रयत्न व प्राप्ति की ओर अग्रसर होता रहे।
11. जो कि माता-पिता या अभिभावक हो, वे अपने 6 साल से 14 साल के बच्चों को शिक्षा या अन्य ऐसे सुअवसरों का लाभ उन्हें मुहैया करावें।

मूल जीवन मंत्र

"हे प्रभु, तेरे प्यार में बस दो ही बातें है। एक तो अपना कल्याण करूँ, दूसरा तुझ जैसा बन सबका कल्याण करूँ"

विषय- सूची

भाग-1: विश्वमानव - वार्ता

भाग-2: विश्वमानव - वक्तव्य

भाग-3: विश्वमानव – वाणीयाँ एवं उद्गार

भाग-4: गजल, शायरी और कविताएँ

भाग-5: परिवर्तन

व्यवस्था के परिवर्तन या सत्यीकरण का पहला प्रारूप और उसकी कार्य विधि
वे शब्द जिसके बिना युग परिवर्तन सम्भव नहीं

भाग-6: केन्द्र या मध्य (भारत) में पांचवां और अन्तिम सत्यकाशी पीठ

सत्यकाशी पीठ: स्थान
सत्यकाशी पीठ: इतिहास और उद्देश्य
पाँचवाँ और अंतिम शंकराचार्य पीठ: इसकी विशेषता

भाग-7: सत्यकाशी पीठ के कार्य

धारा-उद्धार: धर्म की पुनर्स्थापना
मनुष्य चेतना का रूपांतरण
साधना, दीक्षा और आध्यात्मिक अनुष्ठान
वैश्विक कार्य: मानवता के लिए संदेश
शिव-तत्व और कल्कि-तत्व का मिलन
"सार्वभौम सत्य-सिद्धान्त" पर आधारित "युग परिवर्तन श्रृंखला" के नवयुग के शास्त्र-साहित्य

मुख पृष्ठ की व्याख्या

इस आवरण में संपूर्ण पृथ्वी एक उज्ज्वल, प्रकाश-जाल से घिरी हुई दिखाई देती है- जैसे मानो विश्व के प्रत्येक महाद्वीप, प्रत्येक राष्ट्र और प्रत्येक मानव एक ही चेतना-सूत्र से जुड़कर संवाद कर रहे हों। यह चमकते बिंदु आधुनिक युग के संचार, विचार-विनिमय, ज्ञान-प्रवाह और वैश्विक एकात्मता का प्रतीक हैं।

धरती के ऊपर उभरता प्रकाश-दायरा यह संकेत देता है कि मानवता एक नए वैचारिक युग में प्रवेश कर रही है-जहाँ **वाणी केवल शब्द नहीं, ऊर्जा है; वक्तव्य केवल विचार नहीं, मार्गदर्शन है; और वार्ता केवल संवाद नहीं, विश्व-निर्माण का माध्यम है।**

नीचे उभरती एक प्रकाशमान मानव-आकृति-दोनों हाथ आकाश की ओर उठाए- "विश्वमानव" की उस आकांक्षा का प्रतीक है जो सीमाओं से परे उठकर सत्य, न्याय, संतुलन और ज्ञान की ज्योति को पूरे संसार में फैलाना चाहती है। यह आकृति मानो यह कहती है कि मानव-चेतना स्वयं अपने द्वारा बनाए गए विभाजनों से ऊपर उठने का सामर्थ्य रखती है।

पृष्ठभूमि के ऊर्ध्व से अधो तक उतरता नीला–सुनहरा ग्रेडिएंट "ज्ञान से करुणा" और "विचार से व्यवहार" की यात्रा को अभिव्यक्त करता है। यह संयोजन पुस्तक की विषय-वस्तु- **विचारों, संकल्पों और मनुष्यता-मार्गदर्शक वाणियों** के स्वर-को दृश्य रूप में प्रकट करता है।

नीचे अंकित **"सत्यकाशी पीठ – पाँचवाँ और अन्तिम शंकराचार्य पीठ"** यह इंगित करता है कि यह पुस्तक किसी व्यक्तिगत विचार का संग्रह मात्र नहीं, बल्कि एक गहन आध्यात्मिक-वैचारिक परंपरा का अभिव्यक्त विस्तार है, जो समस्त मानवता के कल्याण और सत्य-प्रकाश के प्रसार के लिए समर्पित है।

समग्र रूप से यह आवरण एक नए युग के संवाद, वैश्विक चेतना, मानवधर्म और सत्य-प्रवचन की नींव को दर्शाता है-जहाँ मनुष्य स्वयं को न केवल एक राष्ट्र का नागरिक, बल्कि **पूरे विश्व का उत्तरदायी सहभागी** समझने लगता है।

भूमिका

मानव समाज का उत्थान हमेशा शोर, संघर्ष और भीड़ से नहीं होता-कभी-कभी वह एक **मौन सत्य** से जन्म लेता है, जो किसी एक आत्मा में चेतना बनकर जगता है और फिर धीरे-धीरे सम्पूर्ण मानवता की दिशा बदल देता है। आज का युग बाहरी उपलब्धियों का युग है-ज्ञान, विज्ञान, शक्ति और साधनों की अधिकता-परंतु इसी अधिकता ने मनुष्यों में **अहंकार, विभाजन, भ्रम और असंतुलन** भी बढ़ा दिया है। यही कारण है कि विश्व को अब केवल विचारों की नहीं, बल्कि **आत्मीय नियम-शक्ति** से युक्त मनुष्यों की आवश्यकता है। ऐसे मनुष्य जो भला-बुरा, सही-गलत और मनुष्य-धर्म के वास्तविक स्वरूप को पहचान सकें।

इस ग्रंथ की वार्ताएँ, वक्तव्य और वाणियाँ उसी **आत्मिक विवेक** की भूमि से उपजती हैं जहाँ व्यक्ति सांसारिक नियमों से ऊपर उठकर **धर्मज्ञानी, धर्माचार्य और ध्यानी-बुद्धिजीवी** के रूप में विकसित होता है। यहाँ धर्म किसी संप्रदाय या आचार-विधि का नाम नहीं, बल्कि **आत्मा में उपस्थित उस सार्वभौमिक एकता** का परिचय है, जहाँ से मानवता का वास्तविक मार्गदर्शन प्रारम्भ होता है। इस ग्रंथ में विस्तार से व्यक्त किया गया है कि मनुष्य दो प्रकार की शक्तियों से संचालित होता है-एक जो उसे बाहरी प्रदर्शन में उलझाती है, और दूसरी जो उसे भीतर की निःशब्द प्रकाश-धारा से जोड़ती है। पहले प्रकार के लोग अहंकार, प्रतिस्पर्धा और वर्चस्व की ओर बढ़ते हैं, जबकि दूसरे प्रकार के लोग **आत्मीय नियम-शक्ति** से युक्त होकर समाज के मार्गदर्शक बनते हैं।

इस ग्रंथ में "विश्वमानव" की संकल्पना मानव विकास का अंतिम चरण है-एक ऐसा मनुष्य जो न केवल स्वयं को, बल्कि सम्पूर्ण विश्व को **एक समुदाय, एक चेतना, एक कुटुम्ब** के रूप में देखता है। उसकी वार्ताएँ केवल भाषण नहीं, बल्कि बदलते समय की **दिशा-सूचक ध्वनि** हैं; उसके वक्तव्य केवल विचार नहीं, बल्कि **विश्व मानवधर्म के वास्तविक सूत्र** हैं; उसकी वाणियाँ केवल प्रेरणा नहीं, बल्कि भविष्य युग की **नयी नैतिकता और चेतना** का आधार हैं।

यह पुस्तक, छलावे और बाहरी दिखावे के युग में, मनुष्य को उसके **मूल स्वभाव-आत्मिक एकता, सत्य-विवेक और वैश्विक करुणा** की ओर ले जाने का प्रयास है। पाठक जब इन पृष्ठों से गुजरता है, तो वह केवल विचार नहीं पढ़ता-वह स्वयं को, समाज को और मानवता के भविष्य को एक नये दृष्टिकोण से देखना सीखता है। यही इस ग्रंथ का उद्देश्य है-मनुष्य को उसके **विश्वमानव स्वरूप** से परिचित कराना, ताकि वह अहंकार नहीं, आत्मीय शक्ति से संचालित होकर विश्व कल्याण के मार्ग पर बढ़ सके।

यह पुस्तक उस महान संक्रमणकाल की आवाज़ है जहाँ मानव जाति भौतिक सफलताओं से थककर **आत्मिक सत्य की ओर लौटने** को तत्पर है। यह केवल वार्ताओं का संग्रह

नहीं-यह भविष्य सभ्यता की **नैतिक घोषणा**, आने वाले मानव-युग का **आत्मिक संविधान**, और सत्य-मार्ग पर चलने वाले प्रत्येक साधक का **मार्गदर्शन-ग्रंथ** है।

✍ ***लव कुश सिंह "विश्वमानव"***

एक शोधक, चिंतक और मार्गदर्शक, जिन्होंने अपना जीवन *मानवता, आत्मा और नव-सृष्टि* के अध्ययन एवं लेखन को समर्पित किया है।

- प्रमुख ग्रंथ: *विश्वशास्त्र*
- दृष्टि: *नव-मनुष्य और नव-संसार का निर्माण*

भाग-1
विश्वमानव - वार्ता

"विश्वमानव" से वार्ता – 1

"विश्वमानव" से वार्ता – 2

"विश्वमानव" से वार्ता – 3

"विश्वमानव" से वार्ता- 1

(स्वामी विवेकानन्द के ऐतिहासिक शिकागो वकृतता से भारत लौटने के 100वें वर्ष-1997 के एक जनवरी को "विश्वमानव" ने इस प्रथम आत्म परिचय वार्ता द्वारा अपना स्वरूप व्यक्त किया था।)

जब किसी व्यक्ति को कम उम्र में ही संसाधन, ज्ञान, जीवन के उतार-चढ़ाव के कटु अनुभव इत्यादि प्राप्त हो जाते हैं तो सत्य मार्ग पर चलने पर उसके विचार भी कम उम्र में उच्च हो जाते हैं। ऐसी स्थिति में वह व्यक्ति या तो निवृति मार्ग की ओर जाता है या प्रवृति मार्ग की ओर और वह इस संसार में रहते हुए भी संसार में नहीं होकर कार्य करता है। ऐसे व्यक्ति के पास जो कुछ भी ज्ञान होते हैं वह साधारण व्यक्तियों के लिए महत्व नहीं रखता परन्तु वे असाधारण ज्ञान किसी निर्माण के परमाणु बम से कम नहीं होता। निवृत्ति मार्गी इस ज्ञान का प्रयोग व्यष्टि शान्ति के लिए तथा प्रवृत्ति मार्गी व्यष्टि एवं समष्टि शान्ति के लिए करते हैं। ये प्रवृत्ति मार्गी ही पुरूषार्थी एवं क्रान्तिकारी के रूप से समाज में प्रकट होते हैं।

यहाँ प्रस्तुत हैं श्री विजय कुमार राय, पत्रकार, खगड़िया (बिहार) द्वारा ऐसे ही एक युवा प्रवृत्तिमार्गी, कर्मयोगी एवं क्रान्तिकारी से की गई विस्तृत भेटवार्ता जिसने स्वामी विवेकानन्द के वेदान्त के अन्तिम व्याख्या पर आधारित विश्वमन की शान्ति एवं स्थिरता के लिए विश्व के अन्तिम शास्त्र साहित्य देश-काल एवं विवादमुक्त कर्मवेद: प्रथम, अन्तिम तथा पंचमवेद या विश्वमानक: शून्य श्रृंखला की घोषणा ''सम्पूर्णक्रान्ति'' के द्वारा कर रखी है। इस साहित्य में सभी विषयों को परिभाषित करने के लिए मन का सम्पूर्ण मानक, मानव प्रबन्ध तथा क्रियाकलाप, सम्पूर्ण ब्रह्माण्ड (स्थल तथा सूक्ष्म) के प्रबन्ध तथा क्रियाकलाप और ज्ञान आधारित पूजास्थल के विश्व मानक की विशेषता की भी घोषणा की गई है। वर्तमान समय में जहाँ हमारे देश के युवावर्ग सहित अधिकतम व्यक्ति अपने स्वार्थ के लिए कुछ भी करने को तैयार हो वहाँ कोई युवा इन सब विषयों से तथा अपने उम्र से भी उठकर यदि कहे कि "मुझे विश्व

को एक नई दिशा देना है और मेरी नियुक्ति इसके लिए हुई है" तो इसकी गहराई में जाना एक देशभक्ति का कार्य बन जाता है। सम्पर्क कर इस युवा की गहराई एवं जटिलता को समझने के उपरान्त जो तथ्य सामने आये उसके अनुसार विश्व के सर्वोच्च, प्रथम तथा आखिरी पद को प्राप्त कर यह युवा वास्तविक रूप में अपने कार्य को अन्तिम रूप दे चुका है। जो व्यक्ति होते हुये भी समष्टि को समेटे हुये है, उसे व्यष्टि दुःख की चिन्ता नहीं, उसे समष्टि दुःख की चिन्ता है, लेकिन महामाया से बंधा है वह महामाया से मुक्त होने की तैयारी कर चुका है। वह सुखी नहीं लेकिन सबसे ज्यादा सुखी है, वह दुःखी नहीं लेकिन सबसे ज्यादा दुःखी है। वह धार्मिक नहीं लेकिन सबसे अधिक धार्मिक है। वह नीतिज्ञ नहीं लेकिन सबसे बड़ा नीतिज्ञ है। वह शक्तिशाली नहीं लेकिन सबसे अधिक शक्तिशाली है। देश-विश्वस्तर की समस्याओं और उसके निदान के साथ विश्वमन (लोकतन्त्र का मन या संयुक्तमन) की स्थायी स्थिरता विषय पर हुयी वार्ता का कुछ अंश यहाँ प्रस्तुत की जा रही है।

प्रश्न - आज जब आपका वास्तविक स्वरूप स्पष्ट हो रहा है तो मैं यह चाहूँगा कि सर्वप्रथम आप अपना संक्षिप्त परिचय दें।

विश्वमानव - सर्वप्रथम मैं विश्व राष्ट्र के नागरिकों को नये वर्ष 1997 विश्वमन (लोकतन्त्र का मन या संयुक्तमन) के पचासवें वर्ष की हार्दिक शुभकामनायें देता हूँ। मेरा धर्मयुक्त नाम लव कुश सिंह तथा धर्मनिरपेक्ष या सर्वधर्मसमभाव नाम विश्वमानव, उम्र 29 वर्ष 2 माह, जन्म तिथि 16 अक्टूबर 1967, जन्म स्थान- बेगुसराय (बिहार), निवासी - नियामतपुर कलाँ, पुरूषोत्तमपुर, मीरजापुर उ0प्र0 प्रमाणित शैक्षणिक योग्यता- बी0एस0सी0 (जीव विज्ञान) एवं तकनीकी योग्यता स्नातकोत्तर डिप्लोमा (कम्प्यूटर प्रोग्रामिंग एण्ड सिस्टम एनलिसिस) है। अपने जीवन के 29 वर्ष में से 22 वर्ष मैंने बिहार प्रदेश में व्यतीत किये। सम्पूर्ण भारत का भ्रमण कर चुका हूँ। मैंने किसी धर्मग्रन्थ का विशेष अध्ययन नहीं किया। जिस विषय को मैं समाज को भेंट कर रहा हूँ वह मुझे दृश्ययोग तथा व्यक्ति रूपी पुस्तक के अध्ययन द्वारा प्राप्त हुआ है। कुल मिलाकर मैं आप जैसा ही साधारण इन्सान हूँ।

प्रश्न - दृश्य योग से आपका क्या तात्पर्य है।

विश्वमानव - योग का अर्थ होता है जुड़ना और प्रत्येक व्यक्ति किसी न किसी विषय से अवश्य जुड़ता है। जब व्यक्ति मन द्वारा व्यष्टि अदृश्य विषयों से जुड़ता है तो वह अदृश्य योगी कहलाता है। तथा जब व्यक्ति अदृश्य विषय सहित समष्टि दृश्य विषयों से जुड़ता है। तो वह दृश्य योगी कहलाता है। अदृश्य योगी निवृत्ति मार्गी तथा दृश्य योगी प्रवृत्ति मार्गी होते हैं। दृश्य योगी आध्यात्म विज्ञान सहित पदार्थ विज्ञान दोनों में प्रवेश करते हैं। फलस्वरूप अदृश्य योगी सिर्फ सूक्ष्म ब्रह्माण्ड के ज्ञानी तथा दृश्य योगी सूक्ष्म और स्थूल अर्थात् सम्पूर्ण ब्रह्माण्ड के ज्ञानी होते हैं। धर्म ज्ञान, आध्यात्म तथा पदार्थ विज्ञान दोनों से मुक्त होने पर ही प्राप्त होता है। धर्म ज्ञान तक दोनों योगी पहुँचते हैं परन्तु एक का रास्ता न जानते हुये सब जानना तथा दूसरे का रास्ता सब कुछ जानकर जानने जैसा है। अदृश्य योगी व्यष्टि शरीर के अदृश्य विषयों के प्रयोग से व्यष्टि को नियंत्रित एवं रोगमुक्त करते हैं जबकि दृश्य योगी व्यष्टि शरीर के अदृश्य विषयों एवं समष्टि शरीर के दृश्य विषयों दोनों के उपयोग से व्यष्टि एवं समष्टि को नियंत्रित एवं रोगमुक्त कर सकते हैं। जब भी समाज रोगग्रस्त होता है तो दृश्य योगी उसे रोगमुक्त कर सकने में सक्षम होते हैं। रोगग्रस्त समाज को कभी भी अदृश्य योगी रोगमुक्त नहीं कर सकते। जब भी समाज रोगग्रस्त हुआ उसे रोग मुक्त करने का कार्य दृश्य योगी ने ही किया। यहाँ एक रहस्य और बता देते हैं अदृश्य योगी की पहचान आप आसानी से कर सकते हैं क्योंकि उन्हें योग में जाने के लिए एक विशेष वातारण एवं स्थिति में जाना पड़ता है जबकि दृश्य योगी साधारण व्यक्ति की तरह समाज में रहकर साधारण व्यक्ति की तरह क्रियाकलाप करते हैं इसलिए इन्हें पहचानना मुश्किल हो जाता है और ये अपने कार्य को आसानी से पूर्ण करते हैं। उसके उपरान्त उनका रूप स्पष्ट हो जाता है और लोग उन्हें विशेष नाम दे देते हैं। जबकि ऐसा कुछ भी नहीं होता।

प्रश्न - काल और धर्म के विषय में आप कुछ बतायें ?

विश्वमानव - काल अर्थात् समय। यह व्यष्टि और समष्टि पर अलग-अलग या एक समान रूप से प्रभावी होता है जब व्यष्टि मन की शान्ति अन्तः विषयों जो सिर्फ अदृश्य विषय अर्थात् जो मन द्वारा ही केवल प्रमाणित होता है पर केन्द्रित होती है तो उसे व्यष्टि अदृश्य काल कहते हैं। तथा जब व्यष्टि मन की शान्ति दृश्य विषयों अर्थात् बाह्य विषयों जो सार्वजनिक रूप से प्रमाणित है पर केन्द्रित होता है तो व्यष्टि दृश्य काल करते है। उसी प्रकार समष्टि अर्थात् समाज का मन अदृश्य विषयों पर केन्द्रित होता है तो उसे समष्टि अदृश्य काल कहते हैं तथा जब दृश्य विषयों पर केन्द्रित होता है तो उसे समष्टि दृश्य काल कहते हैं। वर्तमान समय या काल पूर्ण रूप से समष्टि दृश्य काल में स्थित हो गया है। जिसकी घोषणा व्यापक रूप से होनी चाहिए। व्यक्ति जब सम्पूर्ण समष्टि दृश्य काल में हो तो उसे दृश्य कर्म ज्ञान के अनुसार कर्म करने चाहिए। तभी वह ब्रह्माण्डीय विकास में अपने स्तर से एक कड़ी की भांति कार्य करेगा और उसका कार्य धर्म युक्त कार्य कहलायेगा। प्रत्येक सम्पूर्ण काल में एक कर्म या धर्मसूत्र उपलब्ध होता हैं जो व्यक्ति के उसके स्तर से ब्रह्माण्डीय विकास का सूत्र होता है यह सूत्र व्यष्टि एवं समष्टि कर्म या धर्म सूत्र का सम्मिलित सूत्र होता है जिसे अलग-अलग व्यष्टि सत्य-धर्म-ज्ञान और समष्टि सत्य-धर्म-ज्ञान कहते हैं। दूसरे अर्थ में क्रमशः देश-काल बद्ध और देश-काल मुक्त सत्य-धर्म-ज्ञान कहलाते हैं। यही क्रमशः मानवीय कार्य एवं ईश्वरीय कार्य कहलाता है। यही ब्रह्मचर्य तथा गृहस्थ आश्रम के रूप में मानवीय धर्म तथा वानप्रस्थ एवं सन्यास आश्रम के रूप में ईश्वरीय कार्य था। समाज में जब व्यष्टि धर्म की अधिकता होती है तब अव्यवस्था बढ़ती है और जब समष्टि धर्म की अधिकता होती है तब सामाजिक विकास अवरूद्ध हो जाता है। धर्मयुक्त एवं विकासशील समाज तब होता है जब अधिकतम व्यक्ति दोनों धर्मों (व्यष्टि एवं समष्टि) पर समान दृष्टि रखते हुए कार्य करते हैं अर्थात् समष्टि धर्म ही मानव का मूल धर्म है क्योंकि व्यष्टि धर्म का तो प्रत्येक जीव अर्थात् पशु-पंछी भी पूर्ण रूप से पालन करते हैं। काल चाहे जो भी हो धर्म की परिभाषा और उसका अर्थ वही था। 'धर्म, ज्ञान की वह अवस्था है। जहाँ वह सम्पूर्ण ब्रह्माण्ड को अपना स्वरूप समझता है ऐसी अवस्था में स्वार्थ अर्थात् कार्य के परिणाम की इच्छा व्यक्त अवस्था में तथा मन विषयों से मुक्त होता है ऐसे सत्य-धर्म-ज्ञान को धारण कर मानव शरीर धार्मिक मानव की अवस्था को प्राप्त होता है ऐसे अवस्था को प्राप्त कर अपने स्तर से ब्रह्माण्ड के क्रमिक विकास के लिए किया गया कार्य, निःस्वार्थ कार्य कहलाता है। धर्म का संकीर्ण दायरे में फंस जाने का कारण यह होता है कि प्रत्येक धर्मज्ञानी के उपरान्त मानव समूह ज्ञान कारण की ओर कम जन्म एवं कर्म कारण की ओर अधिक झुक जाते हैं।

प्रश्न - आप अपने शास्त्र-साहित्य "कर्मवेदः प्रथम, अन्तिम तथा पंचमवेद अर्थात् विश्वमानकः शून्य श्रृंखला" के विषय में कुछ बतायें।

विश्वमानव - ऋग्वेद ज्ञान आधारित है, सामवेद ज्ञान और गायन आधारित है, यजुर्वेद ज्ञान तथा प्रकृति एवं मानव के संतुलन के लिए अदृश्य कार्य अर्थात् अदृश्य यज्ञ आधारित है। अथर्ववेद ज्ञान व औषधि आधारित है। अगला वेद जब भी होगा वह ज्ञान तथा प्रकृति एवं मानव के संतुलन के लिए दृश्य कार्य अर्थात् दृश्य यज्ञ जो व्यष्टि एवं समष्टि कर्मज्ञान पर आधारित होगा क्योंकि इसके अलावा और कोई रास्ता भी नहीं है। जब वेद की बात आती है तो एक ऐसे शास्त्र-साहित्य के ज्ञान का बोध होता है जो देश-काल मुक्त होता है अर्थात् मनुष्य का अस्तित्व रहे या न रहे उसके सिद्धान्त हमेशा प्रभावी होते हैं। जब-जब समाज भंयकर रोगों से ग्रस्त हुआ तो मानव ने ही ईश्वरस्थ होकर संजीवनी रूपी वेद से समाज को रोगमुक्त किया। वैदिक साहित्य में कर्मज्ञान तथा ज्ञान के भाग हैं। अदृश्य काल के अदृश्य कर्मों का प्रयोग जो मानव सहित प्रकृति के सन्तुलन को बनाये रखने में सक्षम है कि विस्तृत विधि है। जबकि वर्तमान में हमारा समाज दृश्य काल में है। इसलिए हमें मानव तथा प्रकृति के सन्तुलन स्थिरता एवं शान्ति के लिए दृश्य कर्म का ज्ञान रखना होगा। वैदिक साहित्य का ज्ञान का भाग व्यष्टि मन की शान्ति के ज्ञान है जबकि हमारे समाज को समष्टि मन की शान्ति का ज्ञान रखना होगा। इसका जो मुख्य विषय है - "समस्त विषयों की परिभाषित करने के लिए सम्पूर्ण मानक", "मानव के प्रबन्ध व क्रियाकलापों का विश्वमानक", "सम्पूर्ण ब्रह्माण्ड (स्थूल

एवं सूक्ष्म) के प्रबन्ध व क्रियाकलापों का विश्व मानक" एवं "ज्ञान आधारित पूजास्थल का विश्वमानक"। कर्मवेद: प्रथम, अन्तिम तथा पंचमवेद विवादमुक्त भी है तथा देश-काल मुक्त अन्तिम शास्त्र-साहित्य भी है। जिसका मूल उद्देश्य काल के अनुसार कर्म करने का ज्ञान प्रदान करना है जिससे ब्रह्माण्डीय विकास में कोई बाधा उत्पन्न न हो।

प्रश्न - जब आपने इस शास्त्र-साहित्य के लिए कोई व्याख्यान नहीं दिया, प्रकाशित नहीं कराया, किसी के समक्ष प्रस्तुत नहीं किया तो यह कैसे मान लिया जाये कि यह विवादमुक्त अन्तिम शास्त्र-साहित्य है।

विश्वमानव - आपका यह प्रश्न बहुत अधिक महत्व रखता हैं। यहाँ हम आपको बताना चाहेंगे कि जिस विषय के अन्त को आप समझते हैं तो उस विषय के उत्पत्ति को भी आप समझ सकते हैं। वैदिक साहित्य का अन्तिम ज्ञान आधारित साहित्य उपनिषद् अर्थात् वेदान्त कहलाया। स्वामी विवेकानन्द जी ने इसके दर्शन के स्तर के अनुसार अन्तिम व्याख्या किये। जब आप वेदान्त अर्थात् वेद के अन्त को समझ सकते हैं। तो वेद की उत्पत्ति को भी समझ सकते हैं। इसी प्रकार जब हम कर्मवेद को अन्तिम शास्त्र-साहित्य कह रहे हैं तो यह प्रथम शास्त्र-साहित्य भी होगा अर्थात् इसमें वही सार्वभौम सत्य-सिद्धान्त प्रयोग किये गये होंगे जो वेद की उत्पत्ति के समय भी अनुभव किये गये होंगे। यह विवाद मुक्त इसलिए है कि इसमें सार्वजनिक रूप से प्रमाणित सिद्धान्त, शब्द एवं दर्शन प्रयोग किये गये हैं। क्योंकि हमारा समाज दृश्य काल में स्थित हैं। जैसे कोई व्यक्ति व्यष्टि शान्ति के विभिन्न शब्द ऊँ, अल्ला, यीशू, वाहे गुरू इत्यादि अनेकों नामों से किसी एक का प्रयोग करता है और दूसरा व्यक्ति यह पुछे कि तुम्हें इस शब्द से शान्ति कैसे मिलती है तो वह इसे प्रमाणित नहीं कर सकता है क्योंकि यह उसकी व्यष्टि अनुभूति है जबकि कर्मवेद में प्रयुक्त व्यष्टि तथा समष्टि शान्ति के लिए एक ही शब्द सार्वजनिक रूप से प्रमाणित कर सकता है। बल्कि यह कहे कि प्रत्येक सफल व्यक्ति और सफलता प्राप्त कर रहे व्यक्ति का यही एक शब्द और दर्शन है। इसके विवादमुक्त होने का यह भी कारण है कि इसमें मेरा कोई भी व्यक्तिगत निर्माण या उत्पत्ति नहीं है और वेद का यह गुण भी है, और अन्तिम इसलिए है कि अदृश्य ईश्वर नाम कई हो सकते है लेकिन दृश्य ईश्वर नाम तो सिर्फ एक ही होगा। सब कुछ मानव बोध के अन्दर ही है और सार्वजनिक रूप से प्रमाणित है। बस समाज को उससे परिचित करा देना है। वैसे भी अब तक उपलब्ध ज्ञान का शास्त्र-साहित्य अभी अधूरा है क्योंकि "मैं ही ब्रह्म हूँ" को सिद्ध करने वाला शब्द या ईश्वर नाम ऊँ, इत्यादि उपलब्ध है जबकि "सभी ब्रह्म हैं" जो कि शास्त्रानुसार है को सिद्ध करने वाला शब्द या ईश्वर नाम अभी समाज को उपलब्ध नहीं हुआ है। वहीं वेदों में ज्ञान और अदृश्य कर्म ज्ञान उपलब्ध है लेकिन दृश्य कर्मज्ञान उपलब्ध नहीं है जबकि ज्ञान हमेशा सभी कालों में स्थिर रहता है। इन सभी का उत्तर कर्मवेद में समाज को मिल जायेगा।

प्रश्न - "मानक" और "सम्पूर्ण मानक" से आपका क्या तात्पर्य हैं?

विश्वमानव - आप भारत में खाद्य उत्पाद के लिए एगमार्क तथा अन्य उत्पादों के लिए आई0एस0आई0 (ISI) मार्क से अच्छी तरह परिचित होंगे। यह क्या हैं? यह एक विशेष उत्पाद के सर्वोच्च गुणवत्ता को प्रदर्शित करता है अर्थात् उत्पाद की गुणवत्ता उसके मानक के जितनी नजदीक पायी जायेगी उसकी गुणवत्ता उतनी अच्छी होगी, इसी प्रकार जब किसी विशेष उत्पाद के अन्तर्राष्ट्रीय गुणवत्ता की बात आयेगी तो वह अन्तर्राष्ट्रीय या विश्वमानक कहा जायेगा। वर्तमान समय में विश्व व्यापार संगठन के लागू हो जाने से ISO संख्या से भी आप परिचित होंगे। मानक हो या अन्तर्राष्ट्रीय मानक उसके निर्धारण के कुछ शर्ते होती हैं यदि वह उन शर्तो पर सही उतरता है तो वह उसके योग्य माना जाता है। इसी प्रकार व्यष्टि मन हो या समष्टि मन सभी अपने क्रियाकलापों से एक दूसरे को ज्ञानयुक्त करते हैं। ये क्रियाकलाप भिन्न-भिन्न संगठन के मिन्न-भिन्न होते हैं और सभी अपने को सर्वोच्च मानते हैं। ऐसी स्थिति में इसका निर्धारण विवादयुक्त हो जाता है कि कौन सी विचारधारा से मानव समाज को शिक्षित किया जाये और मानव का निर्माण किया जाये। तब हमें मानव क्रियाकलापों के मानक और अन्तर्राष्ट्रीय या विश्वमानक का आविष्कार करना पड़ेगा। चूंकि मानव, प्रकृति का एक उत्पाद है इसलिए इसके देश स्तरीय मानक का प्रश्न ही नहीं उठता और यह प्रश्न इसलिए भी नहीं उठता कि व्यक्ति की समाज से निष्क्रियता अब विश्व के विकास की गति में

अवरोध उत्पन्न कर रही है। ऐसी स्थिति में हमें सिर्फ "मानव क्रियाकलापों के अन्तर्राष्ट्रीय या विश्वमानक" को आविष्कृत करना पड़ेगा। जिसके पहले समस्त विषयों को परिभाषित करने के लिए "सम्पूर्ण मानक" को आविष्कृत करना पड़ेगा। अर्थात् ऐसे मूल एवं सार्वजनिक प्रमाणित विषय को आविष्कृत करना पड़ेगा जिससे सभी विषयों को परिभाषित किया जा सके वही सम्पूर्ण मानक का विषय होगा। वर्तमान समय में औद्योगिक क्षेत्र में गुणवत्ता एवं पर्यावरण के लिए क्रमशः आई0एस0ओ0-9000 श्रृंखला एवं आई0एस0ओ0-14000 श्रृंखला की स्थापना अन्तर्राष्ट्रीय स्तर पर की जा रही हैं लेकिन जब तक मानव मन को अन्तर्राष्ट्रीय या विश्वमानक गुणवत्ता की श्रृंखला शून्य श्रृंखला से युक्त नहीं किया जाता ब्रह्माण्डीय विकास में बाधा उत्पन्न होती रहेगी इसलिए बाह्य विषय को अन्तर्राष्ट्रीय स्तर पर ले जाने के पहले अन्तः विषय मानव मन को अन्तर्राष्ट्रीय स्तर पर ले जाना अतिआवश्यक हैं।

प्रश्न – "मानव क्रियाकलापों के अन्तर्राष्ट्रीय या विश्व मानक" एवं "सम्पूर्ण मानक" की उपयोगिता पर कुछ बतायें।

विश्वमानव - यह प्रश्न एक अतिमहत्वपूर्ण प्रश्न है। वर्तमान दृश्य काल में सम्पूर्ण मानव समाज की सबसे बड़ी समस्या धर्म जैसे शब्द को विवादमुक्त, ज्ञान को विवादमुक्त, ईश्वर को विवादमुक्त बनाना है। "सम्पूर्ण मानक" के ज्ञान के बाद सबसे महत्वपूर्ण शब्द "धर्म" तथा सभी विषयों की परिभाषा हमेशा के लिए विवादमुक्त हो जायेगी। उसके उपरान्त आध्यात्म विज्ञान तथा पदार्थ विज्ञान आधारित पूर्वी एवं पश्चिमी देशों की संस्कृति में हमेशा के लिए एकता स्थापित हो जायेगी। आप मानव समाज में देख रहे होंगे कि कभी उपभोक्ता को जागृत करने के लिए, जन जागरण होते हैं तो कभी पर्यावरण के लिए, कभी चुनाव के लिए, कभी जीव-जन्तु कल्याण के लिए, तो कभी स्वच्छता के लिए और कभी जब कोई नयी नीति तय होती है तो वह भी विवादग्रस्त हो जाता है। शिक्षा नीति तय होती है तो पाठ्यक्रम के लिए दर्शन की पढ़ाई भी विवादग्रस्त हो जाती है। "मानव क्रियाकलापों के अन्तर्राष्ट्रीय या विश्व मानक" इन सभी विषयों को हमेशा के लिए विवादमुक्त कर देने में सक्षम है। साथ ही इसकी शिक्षा में पूर्ण मानव या ईश्वरस्थ मानव या जागृत मानव उत्पन्न करने की पूरी क्षमता है जिससे उसे जागृत करने की आवश्यकता ही न पड़े। इसे इस प्रकार भी समझ सकते हैं। मानव उस सर्वशक्तिमान ईश्वर के पद पर बैठेगा या बैठने की ओर अग्रसर है तो निश्चय ही उसे ईश्वर की कार्य प्रणाली को समझकर ही कार्य करना पड़ेगा नहीं तो वह सन्तुलन नहीं बना पायेगा। यही ईश्वर की कार्य प्रणाली ही मानव क्रियाकलापों का अन्तर्राष्ट्रीय या विश्व मानक है। कुल मिलाकर सारांश में यह कहना चाहता हूँ कि दूरी, भार, द्रव इत्यादि को मापने के लिए मानक मीटर, किलो, लीटर इत्यादि तो आप लोगों ने बना लिए है परन्तु मनुष्य के मन और मस्तिष्क को मापने के लिए अभी तक कोई मानक नहीं बनाया है। ईश्वर और ईश्वर का मस्तिष्क और कुछ नहीं मानव के माप का मानक है। विश्व मानक उसी का सार्वभौम सत्य-सिद्धान्त रूप है। क्या प्रत्येक मनुष्य यह नहीं चाहेगा कि वह जाने कि वह जन्म-मृत्यु-जन्म चक्र के फलस्वरूप वह ईश्वर के कितने पास तक पहुँच चुका है और क्या और करना है? जिससे वह तेजी से ईश्वर के करीब पहुँच सके।

प्रश्न - "सम्पूर्ण मानक" और "मानव क्रियाकलापों के विश्व मानक" के विषय क्या है कृपया इसे बतायें।

विश्वमानव - जो विषय सम्पूर्ण मानव समाज से सम्बन्धित हैं। उसे तो सम्पूर्ण मानव समाज में एक सार्वजनिक प्रसारित कर व्यापकता से प्रस्तुत किया जायेगा। जो विश्व के सबसे बड़े लोकतन्त्र अर्थात् विश्वमन आधारित देश के संसद पर निर्भर है। लेकिन उस विषय की दिशा तक मैं आपको पहुँचा देता हूँ। सभी विषयों के दो रूप होते हैं, सूक्ष्म एवं स्थूल। सूक्ष्म रूप अदृश्य होते हैं तथा स्थूल रूप दृश्य। इन दोनों रूपों से मुक्त होने पर हम मूल ज्ञान तक पहुँचते हैं। सूक्ष्म रूप से मूल ज्ञान की ओर जाने पर हम उसे स्पष्ट नहीं कर पाते हैं। लेकिन स्थूल रूप से मूल ज्ञान की ओर जाने पर हम उसे आसानी से व्यक्त एवं स्पष्ट कर सकते हैं। यह ज्ञान का स्थूल रूप ही "सम्पूर्ण मानक" का विषय है जो एक ही है और सार्वजनिक रूप से प्रमाणित भी है जिसे हमारे ऋषि-मुनि आविष्कृत कर ज्ञान को उत्पन्न किये थे। वैदिक साहित्य में आपको शब्द "ओउम" मिलेगा। इस शब्द के दर्शन से स्थूल ब्रह्माण्ड के सभी विषयों की उत्पत्ति को जोड़ दिया गया है जिससे इस शब्द के अर्थ में व्यापकता आ गई और

यह शब्द ईश्वर नाम के रूप में स्थापित हो गया। और व्यष्टि शान्ति के लिए सार्वाधिक शक्तिशाली दर्शन युक्त प्रथम शब्द बन गया। जब व्यष्टि शान्ति की बात आती है तो वह दृश्य काल के लिए सार्वजनिक प्रमाणित नहीं हो पाता ऐसी स्थिति के परिणामस्वरूप ही विभिन्न सम्प्रदायों में शब्दों (ईश्वर नाम) की उत्पत्ति हुयी परन्तु उसके अर्थ में व्यापकता नहीं आ पाई। वर्तमान समय में हमारा समाज दृश्य काल में है जिसके लिए पुनः हमें एक ऐसे शब्द को आविष्कृत करना पड़ेगा जो व्यष्टि एवं समष्टि शान्ति का सार्वजनिक प्रमाणित शब्द हो, मानव प्रकृति तथा ईश्वर के क्रियाकलापों का मानक भी हो। साथ ही साथ उस शब्द का चुनाव भी कारण युक्त हो। पुनः इसी शब्द के दर्शन से विश्वमन, संयुक्तमन या लोकतन्त्र के मन के सभी तन्त्, नीति और विश्व व्यवस्था का न्यूनतम एवं अधिकतम साझा कार्यक्रम विवादमुक्त स्वरूप को लेकर उत्पन्न हो जायेंगे। इस दृश्य काल के लिए नया ईश्वर नाम विश्व भाषा में ही होगा, नहीं तो वह विवादयुक्त हो जायेगा। जिसे आविष्कृत किया जा चुका है। मात्र परिचय कराना शेष है।

प्रश्न - ज्ञान आधारित पूजा स्थल "सत्य-धर्म-ज्ञान केन्द्र" के सम्बन्ध में बतायें।

विश्वमानव - यह एक विश्व का प्रथम ज्ञान आधारित पूजा स्थल होगा। जिसके अन्दर प्रवेश के एक-एक कदम से ज्ञान का विकास होगा तथा अन्त तक व्यक्ति पूर्ण ज्ञान से युक्त हो जायेगा। इसमें कोई मूर्ति नहीं होगी। यह पूर्णतया समष्टि धर्म या ईश्वर धर्म या समाज धर्म या विश्व धर्म या लोकतन्त्र धर्म पर आधारित होगा। जो सम्पूर्ण मानव समाज के लिए खुला होगा। जिसका आकार अपने आप में बहुत से रहस्यों को स्पष्ट करता एवं समेटता हुआ होगा। जिसे सामान्य स्तर का व्यक्ति भी समझ सकने में समर्थ होगा। इस ज्ञान आधारित "सत्य-धर्म-ज्ञान-केन्द्र" के प्रथम निर्माण के लिए जनपद मीरजापुर (उत्तर प्रदेश) के सबडीवीजन चुनार जो प्रकृति के सुन्दर स्थल में स्थित है को चुना गया है। इसके पूर्ण नक्शें एव कुछ तकनीकी प्रयोग के लिए सम्पर्क किया जा रहा है। वहीं से पूर्ण ज्ञान की व्यावहारिक शिक्षा भी दी जायेगी।

प्रश्न -विश्वमन से आपका क्या तात्पर्य है।

विश्वमानव - विश्वमन को हम संयुक्तमन या लोकतन्त्र का मन या समष्टि मन कह सकते हैं तथा धारणकर्ता शरीर विश्वमानव कहलाता है। जहाँ तक दृश्य रूप में प्रत्येक व्यक्ति को विकास कर आना है। जिस प्रकार प्रत्येक व्यक्ति का अपना सुख, दुःख, कार्य, ज्ञान इत्यादि होता है ठीक उसी प्रकार सामष्टि मन का भी अपना सुख, दुःख, कार्य, ज्ञान इत्यादि होता है जिस प्रकार व्यक्ति अपनी स्थिरता शान्ति के लिए कर्म करता है। ठीक उसी प्रकार समष्टि मन भी अपनी स्थिरता के लिए कार्य करता है। अर्थात् समष्टि मन के बल के विपरीत कार्य करने वाला कोई भी संगठन अपने उद्देश्यों में सफल नहीं हो सकता है। इसलिए किसी भी संगठन के गठन के पूर्व काल (दृश्य या अदृश्य) बल (आध्यात्मिक, पदार्थिक एवं प्राकृतिक) का सूक्ष्म अध्ययन अवश्य करना चाहिए नहीं तो वह संगठन विरोध का शिकार हो जायेगा। विश्वमन को इस प्रकार भी समझ सकते हैं कि जो मानव आविष्कृत तन्त्र शिक्षा, अर्थ, कर, नीति इत्यादि हैं, ये पूर्णतः विश्वमन से संचालित एवं परिवर्तित होते हैं इसमें व्यष्टि मन के प्रभाव को लागू करने पर वह विरोध का शिकार हो जाता है।

प्रश्न - वर्तमान भारत तथा विश्व के इन तन्त्रों के सम्बन्ध में आपका क्या विचार हैं।

विश्वमानव - जब कर्मवेदः प्रथम, अन्तिम तथा पंचमवेद प्रस्तुत कर दिया जायेगा तो इन तन्त्रों का वास्तविक स्वरूप स्पष्ट हो जायेगा। फिर भी प्राकृतिक बल के आंशिक प्रभाव से वे वंचित नहीं हैं। राजनीति तो समष्टि धर्म अर्थात् ईश्वर के स्थापनार्थ की जाने वाली नीति ही कहलाती है। शेष सभी तो कूटनीति ही है।

प्रश्न - इस महत्वपूर्ण ज्ञान को आप कब मानव समाज को प्रदान करेंगे।

विश्वमानव - इस शास्त्र-साहित्य के सूत्रों की प्राप्ति तो मुझे जनवरी 1994 में ही हो गयी थी लेकिन जो विषय सम्पूर्ण मानव समाज के व्यावहारिक जीवन से सम्बन्ध रखता हो उसे पुस्तकालय की पुस्तक कैसे बना दी

जाये? लेकिन अब मैं हर क्षण उसे सम्पूर्ण मानव समाज को भेंट करने के लिए तैयार हूँ। चूंकि यह स्वामी विवेकानन्द जी के विचार के अन्तिम व्याख्या का स्थापना का भाग है। इसलिए इसे उनके जन्मदिन 12 जनवरी को या उसके उपरान्त विश्वव्यापी वितरण कर दिया जायेगा। एक बात और आपको बताना चाहता हूँ कि कर्मवेदः प्रथम, अन्तिम तथा पंचमवेद की घोषणा से समाज एक ऐसे मोड़ पर आ चुका है जिसे अस्वीकार करने का अर्थ होगा एक मान्यता प्राप्त युवा सन्यासी स्वामी विवेकानन्द जी को अस्वीकार करना, जिन्होंने मानवता के लिए अपना जीवन समर्पित कर दिया था। यहाँ एक रहस्य और बता देते हैं। राम प्राकृतिक थे अर्थात् व्यष्टि थे क्योंकि वे अपना कार्य परिस्थितियों के अनुसार किये जो उनके द्वारा निर्मित नहीं थे। कृष्ण सत्य थे अर्थात् समष्टि थे क्योंकि वे अपना कार्य परिस्थितियों के अनुसार अपने कार्य के लिए परिस्थितियों का निर्माण कर किये जिसके फलस्वरूप अन्त में सभी परिस्थितियाँ उन पर निर्भर करने लगी। जिसे कृष्ण चेतना के रूप में जाना जाता है। कृष्ण में राम समाहित थे। धर्म स्थापना का कार्य जब भी होता है वह कृष्ण चेतना से होता है, राम चेतना से नहीं। रामकृष्ण, स्वामी विवेकानन्द जी के गुरू थे जिनके नाम पर उन्होंने 1897 में ''रामकृष्ण मिशन'' की स्थापना की। वर्तमान में 100 वर्ष बाद 1997 में "प्राकृतिक सत्य मिशन" की स्थापना मैं कर रहा हूँ जो नये धर्मनिरपेक्ष एवं सर्वधर्मसमभाव नाम से सभी सर्वोच्च कार्यों का अन्तिम रूप हैं।

प्रश्न - "सम्पूर्णक्रान्ति" से आपका क्या तात्पर्य हैं।

विश्वमानव - सम्पूर्ण क्रान्ति से आप ये समझें कि सभी शब्द, तन्त्र, पद, ज्ञान इत्यादि जो अपने वास्तविक स्वरूप को छोड़ चुके होते हैं, वे अपने वास्तविक स्वरूप को पुनः प्राप्त हो जाते हैं। इसी को सृष्टि करना भी कहते हैं। "सम्पूर्ण क्रान्ति" का अधिकारी वही दृश्य योगी होता है जो सम्पूर्ण मानव समाज से मुक्त होकर ब्रह्माण्ड विकास की रूकी स्थिति को समझकर अपने ज्ञान द्वारा सम्पूर्ण ब्रह्माण्ड को विकसित करने के लिए रास्ता उपलब्ध करा देता है। ऐसी स्थिति में यह कार्य पूर्णतया दृश्ययोगी के ही पुरूषार्थ पर निर्भर करता है। वह किसी विज्ञान के पकड़ से बाहर होता है। वह कहता है "मैं प्रकृति को अपने वश में करके स्वयं उत्पन्न होता हूँ" साथ ही गीता के समस्त ज्ञान सहित पूर्ण ज्ञान से युक्त हो जाता है। चाहे उसे वह पढ़ा हो या न पढ़ा हो।

प्रश्न – "पूर्ण ज्ञान" से आपका क्या तात्पर्य है।

विश्वमानव - पूर्ण ज्ञान तीन दर्शन का संयुक्त ज्ञान है। प्रथम- गाइडर फिलोसोफी (मार्गदर्शक दर्शन), द्वितीय- आपरेटिंग फिलोसीफी (क्रियान्वयन दर्शन), तृतीय- डेवलपमेन्ट फिलोसोफी (विकास दर्शन), मार्गदर्शक दर्शन वेदान्त का अदृश्य अद्वैत दर्शन है। क्रियान्वयन दर्शन वेदान्त का अदृश्य एवं दृश्य विशिष्टाद्वैत तथा द्वैत दर्शन है। विकास दर्शन वेदान्त का दृश्य अद्वैत दर्शन है। मार्गदर्शक दर्शन तथा क्रियान्वयन दर्शन वर्तमान समाज में पूर्णतया प्रकृति एवं मानव द्वारा प्रभावी हो चुकी है। विकास दर्शन स्वयं प्रकृति द्वारा आंशिक रूप से प्रभावी हो चुकी है जिसका पूर्णरूप कर्मवेदः प्रथम, अन्तिम तथा पंचमवेद में आपको प्राप्त होगा। इसके पूर्णरूप के न होने के कारण ही विवादयुक्त वातावरण की उत्पत्ति हुयी है। जब भी क्रान्तियाँ हुई हैं, वे क्रियान्वयन दर्शन के पूर्ण प्रभाव और विकास दर्शन के आंशिक प्रभाव के कारण हुईं हैं। पूर्णज्ञान से युक्त मानव पूर्ण मानव या ईश्वरस्थ मानव या अपना मालिक स्वयं या स्वतंत्र कहलाता है। जो प्रत्येक विषय के उद्देश्य के ज्ञान से युक्त होता है और उपने उद्देश्य के अनुरूप उस विषय से जुड़ता है। यदि आप पूर्ण ज्ञान से युक्त नहीं हैं तो यह निश्चित समझें कि आप जिस विषय से जुड़ रहे हैं। वहाँ शोषित होने की पूर्ण संभावना है। यह पूर्णज्ञान स्थिर रहता है जो ज्ञान अग्रसारित हो वह विज्ञान है। आप जिस दर्शन से युक्त होंगे उस दर्शन के स्तर से आप ज्यादा नहीं उठ सकते। स्वामी विवेकानन्द ने वेदान्त दर्शन के तीनों स्तर की व्याख्या की थी। सर्वोच्च, प्रथम एवं अन्तिम अद्वैत, मध्य विशिष्टाद्वैत तथा द्वैत। ये दर्शन अदृश्य काल में अदृश्य तथा दृश्य काल में दृश्य होते हैं। जिस प्रकार बिना पूर्ण ज्ञान के पूर्ण भक्ति नहीं आ सकती, उसी प्रकार बिना पूर्ण भक्ति के पूर्ण ज्ञान नहीं हो सकता। व्यक्ति यह समझते हैं कि भाग्य से ज्यादा कुछ नहीं मिल सकता लेकिन मैं यह कहता हूँ कि ज्ञान और उसके अनुसार कर्म से ज्यादा कुछ नहीं मिल सकता।

प्रश्न – "स्वंतत्रता" से आपका क्या तात्पर्य हैं।

विश्वमानव - स्व अर्थात् मैं अर्थात् आत्मा। स्वतंत्र अर्थात् आत्मा का तन्त्र। इसी प्रकार स्वराज अर्थात् आत्मा का राज। बिना पूर्ण ज्ञान के स्वतन्त्र कोई भी नहीं हो सकता। स्वतंत्रता के तीन स्तर हैं नीचे शारीरिक, मध्य आर्थिक तथा मानसिक एवं सर्वोच्च आध्यात्मिक। ये तीनों स्तर व्यष्टि एवं समष्टि दोनों के लिए होते हैं। आध्यात्मिक स्वतंत्रता न हो तो शेष दोनों स्वंतत्रता कभी भी परतंत्रता में बदल सकती है। भारत अपने स्वतंत्रता के इतने वर्ष अवश्य पूर्ण कर रहा है। लेकिन वह आध्यात्मिक स्वतंत्रता तो दूर अभी तक शेष दोनों स्तर को भी पूर्ण रूप से प्राप्त नहीं कर पाया। भारत यदि अपने देशवासियों को अब जबकि पूर्णज्ञान का साहित्य कर्मवेद उपलब्ध है को व्यापकता से स्थापित नहीं करता तब वह स्वतंत्रता की ओर नहीं बल्कि वह शारीरिक व आर्थिक परतंत्रता की ओर ही बढ़ता रहेगा। हमारे देश का प्राचीन भाव का मूल भी आध्यात्मिक स्वतंत्रता ही था और रहेगा भी। स्वतंत्रता के अब तक के वर्ष में भारत की ओर से विश्व को विश्वमानक शून्य श्रृंखला से बढ़कर और कोई भेंट हो भी नहीं सकता।

प्रश्न - क्या आज की शिक्षा प्रणाली व पाठ्यक्रम पूर्णमानव को उत्पन्न करने के असमर्थ है।

विश्वमानव - सर्वप्रथम यह आप जाने की वर्तमान शिक्षा प्रणाली अपूर्ण शिक्षा प्रणाली है तो यह कैसे पूर्ण मानव को उत्पन्न कर सकती हैं। इसके लिए एक उदाहरण लें आप हाईस्कूल एवं इण्टरमीडिएट शिक्षा का पाठ्यक्रम उठा कर देखें तो पायेंगे कि विज्ञान एवं गणित के सभी सूत्र एवं सिद्धान्त उसमें होंगे। अब यह देखें कि कितने विद्यार्थी विभिन्न कारणों से इण्टरमीडिएट तक जाते-जाते पढ़ना छोड़ देते हैं। जितने विद्यार्थी पढ़ना छोड़ देते हैं क्या उनका पाठ्यक्रम उनके व्यावहारिक जीवन के लिए उपयोगी है। तो पता चलता है कि वे तमाम तन्त्र जो जीवन के एक अंग है उसके ज्ञान से वे शून्य हैं, न ही वे विचारशील बन सके। न ही वे प्रबन्धकीय, शासकीय एवं नेतृत्व गुणों से युक्त हो सके। क्या उनकी शिक्षा के प्रति रूचि कम नहीं होगी। क्या वे कोई उद्यम कर सकेंगे। वे सिर्फ नौकरी मांगेंगे। भ्रमित होंगे और नेतृत्वकर्ता के लिए सिरदर्द बनकर शोषित होंगे। विश्वमानक: शून्य श्रृंखला की स्थापना मानव का सर्वोच्च एवं मूल अधिकार भी है क्योंकि यह प्रत्येक मानव को पूर्ण मानव के रूप में विकसित करने का रास्ता है।

प्रश्न – "दर्शनों के स्तर" के विषय में कुछ और विस्तृत बतायें।

विश्वमानव - यह व्याख्या किया हुआ विषय है जिसे आप विवेकानन्द साहित्य से प्राप्त कर सकते हैं। वर्तमान पूर्ण दृश्य काल में मैं, किसी ऐसे अदृश्य काल के कार्य जो व्यक्तिगत प्रमाणित है उन पर बहस नहीं करना चाहता क्योंकि उसका अन्त ही नहीं हैं। सिर्फ ज्ञान ही हमेशा स्थिर रहता है वही सभी कालों में उपयोगी होता है। एक बात यह आपको बतायें कि व्यक्ति यह समझते हैं कि ऐसे साहित्यों को बुढ़ापे में पढ़ना चाहिए। मैं उनसे यह कहना चाहता हूँ कि वे बुढ़ापे में इसे न ही पढ़े क्योंकि इससे उन्हें अपने कर्मों पर पछताना आ सकता है। जिससे उनकी आत्मा ग्लानी युक्त हो सकती हैं। पढ़ना हो तो युवावस्था में पढ़ें जिससे वे जो भी कार्य करें वह अगर सही परिणाम न दें तो कोई गलत परिणाम भी न दें सके।

प्रश्न - वर्तमान भारत सहित विश्व में विवाद और अशान्ति का कारण क्या है।

विश्वमानव - सामाजिक व्यवस्था तीन आधार पर टिकी है। प्रथम- धर्म ज्ञान, द्वितीय- आध्यात्म विज्ञान एवं तृतीय- पदार्थ विज्ञान। आध्यात्म विज्ञान के द्वारा व्यष्टि मन को सन्तुष्ट किया जाता है। पदार्थ विज्ञान के द्वारा व्यष्टि मन तथा समष्टि मन को सन्तुष्ट किया जाता है। और धर्म ज्ञान के द्वारा जब भी समाज रोगग्रस्त हो जाता है, तो उसे रोगमुक्त कर दिया जाता है। आप अपने मन को शुद्ध कर देखें तो पायेंगे कि जब-जब समाज रोगग्रस्त हुआ उसे रोग मुक्त करने के लिए कर्म व्यवस्था, जाति व्यवस्था, पूजा व्यवस्था, धर्मग्रन्थ व्यवस्था इत्यादि दी गयी चाहे ऋषि-मुनि रहे या बुद्ध या मुहम्मद या ईसा सभी ने यही किया लेकिन हमारा समाज उससे उस मूल तक नहीं पहुँचा

वरन् वह उसी को पकड़ बैठा। इसे इस प्रकार समझें कि किसी भी दवा में मूलतत्व वही होकर नाम कई हो सकते हैं यदि कोई एक नाम को खोजने लगे और वह न मिले तो क्या वह रोगमुक्त हो पायेगा। या वह दवा रोगमुक्ती में असफल होने लगे तो क्या आप नये दवा का तलाश बन्द कर देंगे। दूसरी प्रकार इसे ऐसे भी समझ सकते हैं। मैंकेनिक जो मोटर बाईंडिंग जानता है वह यह जानता हैं कि कौन सा तार कहाँ जुड़ेगा जिससे वह कार्य करना प्रारम्भ कर दे लेकिन वह उसका मूल सिद्धान्त नहीं जानता जिससे कि वह विभिन्न शक्ति के मोटर का आविष्कार कर सके। धर्म के सम्बन्ध में भी यही हो गया है। व्यक्ति यह तो जानता है कि पूजा, जप इत्यादि कैसे की जाती है परन्तु यह भूल गया कि उसका मूल सिद्धान्त क्या था। वर्तमान समाज को रोगमुक्त करने के लिए जो दवा उपलब्ध है। वे सभी अदृश्य काल के हैं। अब दृश्य काल के लिए नई दवा चाहिए। ऐसी स्थिति में जब शक्ति की इकाई परमाणु बम बन गयी है साथ ही अभी भुखमरी का भी उन्मुलन न हो सका और रोगग्रस्त समाज में नई दवा नहीं आ पायी तो इसका स्पष्ट अर्थ निकलता है कि वर्तमान समाज धर्मज्ञान के पूर्ण अभाव में हैं और पद पर होते हुए कार्य एवं समर्थन से मुक्त हैं। धर्म स्थापना का कार्य एक ही सूत्र से होता है। वह यह कि समष्टि मन जिस अवस्था तक पहुँच गया है वहाँ से उसका केन्द्रियकरण। अदृश्य (व्यक्तिगत प्रमाणित) काल में यह अदृश्य ईश्वर नाम के दर्शन द्वारा तथा दृश्य (सार्वजनिक प्रमाणित) काल में यह दृश्य ईश्वर नाम के दर्शन द्वारा होता है। यही ईश्वर के स्थिरता का रहस्य भी हैं, केन्द्रियकरण का अर्थ मन को उसकी प्रकृति में स्थापित करना होता है। स्थापना का माध्यम चक्रीयरूप से देश सम्बन्ध (दूरस्थ सम्बन्ध), रिश्ता सम्बन्ध (मध्यस्थ सम्बन्ध) तथा रक्त सम्बन्ध (निकटस्थ सम्बन्ध) में विवाद होता है, ऐसा कर्मों से विमुक्त होने के कारण होता है तथा शैली कभी भी एक समान नहीं होती। संक्षिप्त रूप से विचार एवं साहित्य, विषय एवं विशेषज्ञ, ब्रह्माण्ड प्रबन्ध और क्रियाकलाप, मानव प्रबन्ध और क्रियाकलाप एवं पूजास्थल के विश्वमानक (विश्वमानक: शून्य श्रृंखला अर्थात् कर्मवेद) का अभाव है जो अब उपलब्ध हो चुका है। यह विश्वमानक: शून्य श्रृंखला उसी एक का धर्मनिरपेक्ष एवं सर्वधर्मसमभाव नाम तथा कर्मवेद उसी का धर्मयुक्त नाम है। भारत का संविधान धर्मनिरपेक्ष या सर्वधर्मसमभाव है तो वह इसे विश्वमानक: शून्य श्रृंखला के रूप में स्थापित करें।

प्रश्न - नई दवा या नई व्यवस्था कैसी होनी चाहिए?

विश्वमानव - मानव को अपने मालिक स्वयं के रूप में निर्माण करना पड़ेगा। ताकि वह प्रत्येक विषय के उद्देश्य को समझ सके। वे प्रबन्धकीय, शासकीय, नेतृत्व, निर्णय क्षमता, नैतिकता से युक्त हो। यदि ऐसा नहीं करते तो इससे ईश्वर, ज्ञान, ब्रह्म, अल्ला, यीशु का अस्तित्व खतरे में पड़ जाता हैं क्योंकि वे ज्ञान युक्त नहीं होंगे तो उन्हें कार्य में सफलता नहीं मिलेगी परिणामस्वरूप उनका विश्वास ईश्वर से उठेगा। क्योंकि वर्तमान में ईश्वर के समक्ष अपने आवश्यकताओं के आवेदन के साथ ही उपासना होने लगी है। और न ही स्वस्थ लोकतन्त्र, स्वस्थ समाज तथा स्वस्थ उद्योग की प्राप्ति ही कभी सम्भव होगी।

प्रश्न - बहुत से संगठन और व्यक्ति यह भविष्यवाणी करते हैं कि अब सृष्टि का अन्त होने वाला है। इस सम्बन्ध में आपके क्या विचार है।

विश्वमानव - वे वर्तमान स्थिति को देख कर कहते हैं। वे धर्म की शक्ति को नहीं जानते। फिर भी हम आपको बताते हैं कि जब दो अज्ञानी युद्ध करते हैं तो एक ज्ञानी बीच में आकर शान्ति एवं एकता का मार्ग निकाल देता है। लेकिन जब दो ज्ञानी लड़ते हैं तो वहाँ शान्ति एवं एकता का प्रश्न ही नहीं उठता। वर्तमान स्थिति जो बना है वह अज्ञानता के वजह से हुयी है। उदाहरणस्वरूप महाभारत का युद्ध ज्ञानीयों के बीच हुई थी न कि अज्ञानियों के बीच। क्योंकि दोनों पक्ष में ज्ञानीयों की कोई कमी नहीं थी लेकिन एक का धर्म व्यष्टि था दूसरे का धर्म समष्टि था और धर्म युद्ध में समष्टि धर्म की जीत हमेशा सुनिश्चित होती है। प्रत्येक मानव का धर्म होता है, धर्म ही उद्देश्य है और उसको जानने वाला ही ईश्वरस्थ होता है। ईश्वर ने स्वयं को व्यक्त करने के लिए मनुष्य को उत्पन्न किया, जब तक वह उसमें पूर्ण रूप से व्यक्त नहीं हो जाता, तब तक सृष्टि के अन्त का विचार ही नहीं आना चाहिए। हाँ इस रूप में

सृष्टि के अन्त को आप मान सकते है कि जब काल परिवर्तन की घोषणा हो तब अर्थात् एक अदृश्य काल युग के अन्त को माना जा सकता है।

प्रश्न - वर्तमान समाज की स्थिति का चित्रण करें।

विश्वमानव - वर्तमान समाज की स्थिति को एक उदाहरण से समझें। माना एक विकास खम्भा है। उस पर सभी लोग चढ़ रहे हैं। जहाँ खम्भे का अन्त होता हैं वहाँ तक लोग पहुँच गये अब क्या होगा? एक दूसरे के पैर को खींचना ही तो हमारा कार्य होगा। यही हो रहा है। दूसरे रूप से इसे इस प्रकार समझें जब मानव ज्ञान विकास पथ पर अग्रसर हुआ तो वह सर्वप्रथम ज्ञान को आविष्कृत किया। फिर वह अदृश्य कर्म की ओर अग्रसर हुआ और पुनः उल्टे क्रम से पहले दृश्य कर्म की ओर अग्रसर होकर उसी ज्ञान की ओर बढ़ रहा है जबकि ज्ञान युक्त होकर कर्म करना उचित है न कि कर्म के बाद ज्ञान।

प्रश्न – "कर्मवेद" का अन्य सम्प्रदायों पर क्या प्रभाव पड़ेगा?

विश्वमानव - सर्वप्रथम आप यह जाने कि वेद किसी भी मानव आविष्कृत सम्प्रदाय का नहीं। वह मूलतः प्रकृति आविष्कृत मानव सम्प्रदाय का है। इसलिए उसके ज्ञान मानव एवं प्रकृति की स्थिरता के लिए होते हैं, आप यह जानें कि विभिन्न सम्प्रदाय के जो कर्म हैं वे अदृश्य काल के व्यष्टि शान्ति के लिए हैं, समष्टि शान्ति के लिए नहीं हैं, न ही उससे यह सम्भव हैं। यदि सम्भव भी होगा तो वह भंयकर हिंसात्मक होगा। कर्मवेद किसी भी सम्प्रदाय को उसके व्यष्टि शान्ति के कार्यों में हस्तक्षेप नहीं करता बल्कि उसे स्वीकार करता है साथ ही सम्पूर्ण मानव समाज के विकास के उस खम्भे में एक ऐसा खम्भा जोड़ देता है। जो अनन्तकाल तक बढ़ते रहने के लिए खुला रहेगा। क्योंकि मानव को अभी ब्रह्माण्ड के अन्दर बहुत से कार्य सम्पादित करने हैं। यही नया खम्भा समष्टि धर्म अर्थात् समाज धर्म अर्थात् संयुक्तमन का धर्म अर्थात् ईश्वर धर्म अर्थात् विश्वमन का धर्म है। वर्तमान समय में सभी सम्प्रदाय दृश्य काल में है। ऐसे में तो सभी को दृश्य कर्म के ज्ञान की आवश्यकता है।

प्रश्न - कर्मवेद का व्यक्ति एवं संगठन पर क्या प्रभाव पड़ेगा?

विश्वमानव - कर्मवेद के प्रस्तुत कर दिये जाने पर व्यक्ति से लेकर विश्व तक का विकास एक ही दिशा विश्व विकास की दिशा में हो जायेगा। जिस प्रकार यदि एक जंजीर को विकास की दिशा में बढ़ाना हो तो उसके प्रत्येक कड़ी को उसी दिशा में बढ़ाना होगा। नहीं तो वह तनाव के कारण टूट जाएगा। मानव क्रियाकलापों के मानक से व्यक्ति, परिवार, ग्राम, मोहल्ला, विकास खण्ड, अनुमण्डल, जिला, प्रदेश, देश, विश्व एवं सम्पूर्ण ब्रह्माण्ड को संतुलित एवं पूर्ण कार्यक्रम निर्धारित करने के लिए एक ही सूत्र प्राप्त हो जायेगा। साथ ही आर्थिक, सामाजिक, राजनीतिक संस्थायें भी संतुलित एवं पूर्ण कार्यक्रम को अपनी सफलता के लिए संचालित करने लगेंगी। मैं तो यहाँ तक कहता हूँ कि जो भी स्वयं, व्यक्ति या किसी भी स्तर का संयुक्त मन अपने को विकास की ओर अ ग्रसर करना चाहता हो, वे यथाशीघ्र ही इसे स्वीकार करें। व्यक्ति या संगठन जो इसके प्रति उदासीन या नकारात्मक रास्ता अपनायेंगे उससे उनके अस्तित्व एवं साख का ही नुकसान होगा क्योंकि सत्य से जोड़ने से ही उनका अस्तित्व बच सकता है, दूर भागने से नहीं। और जो जुड़ने में जितनी शीघ्रता करेगा वह उतना ही जल्द अपने को सत्य के प्रकाश में ला सकेगा एवं अपने जीवन को सार्थक कर सकेगा क्योंकि "कर्मवेद: प्रथम, अन्तिम तथा पंचम वेद" तथा सम्बन्धित "कर्मोपनिषद् (व्यष्टि एवं समष्टि)" व "कर्मसूत्रसाहित्य" पूर्ण किया जा चुका हैं।

प्रश्न - भारत के भविष्य और राजनीति पर इसका क्या प्रभाव पड़ेगा?

विश्वमानव - राजनीति पर इसका व्यापक प्रभाव पड़ेगा क्योंकि जब संयुक्तमन के सभी तन्त्र विवादमुक्त हो जायेंगे तो राजनीति में भाग लेने वाले हमारे नेतृत्वकर्ता सीधे व्यक्ति और समाज से जुड़ने लगेंगे। व्यक्ति का अपना चरित्र और कार्यकुशलता ही महत्वपूर्ण मुद्दा बन जायेगी। भारत के भविष्य पर भी इसका

व्यापक अनुकुल प्रभाव पड़ेगा। कर्मवेद पर आधारित इसके विश्वव्यापी स्थापना के लिए दो रास्ते हैं- प्रथम भारत के एक राजनीतिक पार्टी का सूक्ष्म दृष्टि से अध्ययन कर उसे "विश्व राजनीतिक पार्टी संघ" की स्थापना का दायित्व सौंपा जायेगा। जो राजनीतिक ज्वार-भाटा ला सकता है। क्योंकि कोई एक राजनितिक पार्टी देश के लिए सर्वोच्च बन जायेगी। दूसरा रास्ता यह है कि भारतीय सरकार या संयुक्त रूप से पार्टियाँ स्वयं स्वेच्छा से इसे स्थापित करे तथा संयुक्त राष्ट्र संघ द्वारा विश्वव्यापी स्थापना के लिए प्रयत्न करे जो सभी राजनीतिक पार्टियों को यथावत बनाये रख सकने का रास्ता होगा। यहाँ हम आपको यह बता दें कि भारत के खेलों में पदक जीतने या विश्व सुन्दरी प्रतियोगिता आयोजित करने से विश्व में अपना स्थान नहीं बना पायेगा क्योंकि ये बार-बार आयोजित होते हैं। जो दूसरे देशों के पक्ष में भी जाते हैं। भारत को विश्व में स्थायी स्थान दिलाने के लिए विश्व मानक: शून्य श्रृंखला अर्थात् कर्मवेद के सिद्धान्त ही हैं जो उसे स्थायी तौर पर विश्व गुरू बना देगा।

प्रश्न - क्या आप बतायेंगे कि भारत की वह कौन सी राजनितिक पार्टी होगी जो विश्व राजनितिक पार्टी संघ की स्थापना करेगी ?

विश्वमानव - पहले हम आपको यह बता दें कि यह मेरे द्वारा गठित या समर्थित कोई पार्टी नहीं होगी। अगर आप सभी पार्टी के मुद्दों को उठाकर देखें तो सभी में कुछ प्रकृति के पक्ष में हैं कुछ विपरीत हैं। ऐसी स्थिति में सभी राजनितिक पार्टी सही है। रहा मेरे जुड़ने का तो मैं उनके साथ हूँ, जो अब अपने प्रमाणित कर्मों द्वारा यह सिद्ध करेगा कि वे मानवता के प्रति अधिक चिन्तित हैं, देश के प्रति, विश्व के प्रति अधिक चिन्तित हैं। और कर्मों द्वारा ही मुझसे जुड़ने का प्रयत्न करेगा। वैसे भी मैं स्पष्ट कह देना चाहता हूँ, मैं जहाँ हूँ, वह ही मेरे लिए उचित स्थान है मैं सिर्फ विश्व मानक: शून्य श्रृंखला अर्थात् कर्मवेद को प्रस्तुत करने तक ही विशेष हो सकता हूँ। उसके बाद साधारण ही रहना चाहता हूँ।

प्रश्न - संयुक्त राष्ट्र संघ पर इसका क्या प्रभाव पड़ेगा ?

विश्वमानव - आप यह जाने कि संयुक्त राष्ट्र संघ इस विषय का व्यापक स्वागत करेगी क्योंकि वहाँ अधिक निष्पक्षता है। और वह देशों के बीच एकता, शान्ति एवं स्थिरता के लिए गठित भी है। मूलतः विश्वमानक: शून्य श्रृंखला की स्थापना तो उसका ही कार्य है और प्रस्तुत करने का दायित्व तो भारत का ही है और यह अन्तिम रास्ता भी है। साथ ही यह भी निश्चित है कि संयुक्त राष्ट्र संघ भविष्य में पूर्ण लोकतन्त्र में स्थापित होकर विश्व राष्ट्र के रूप में परिवर्तित हो जायेगा, जिससे देशों के बीच सीमा विवाद जैसी असुलझने योग्य मुद्दें भी सुलझ जायेंगे। ये बात भविष्य की है इसलिए आपको इन पर विश्वास नहीं भी हो सकता है लेकिन यही सत्य है कि प्रकृति एक है। उसको वह प्राप्त करेगा ही।

प्रश्न - आप इतने महत्वपूर्ण ज्ञान को रखकर भी स्वतन्त्र एवं निडर विचरण करते हैं क्या आपको किसी अनहोनी से डर नहीं लगता ?

विश्वमानव - जिसे आप डर कहते है वह कार्य के पहले लगता है। कार्य के बाद नहीं। मैं व्यक्तिगत रूप से अपना कार्य पूर्ण कर चुका हूँ। मैं कहता हूँ- मनुष्य अपनी मौत को छोड़कर शेष सभी परिस्थितियों का उत्पत्तिकर्ता, भोगकर्ता एवं नियंत्रणकर्ता है। इसके अनुसार मैं सिर्फ प्राकृतिक मौत को स्वीकार कर इस शास्त्र-साहित्य को अपने कम्प्यूटर प्रोफेशनल साथियों के द्वारा प्रत्येक राज्यों में निर्देशित शर्तों पर कम्प्यूटर डिस्क में सुरक्षित कर दिया हूँ ताकि मैं रहूँ या न रहूँ यह ज्ञान सुरक्षित और वितरित होते रहे। बस उसी तरह जिस तरह आतंक फैलाने के लिए लोग विनाशक बम लगाते हैं। हमने निर्माण के लिए ज्ञान बम लगाया है। सिर्फ इसकी व्यापकता के लिए माननीय राष्ट्रपति महोदय को मैंने पत्र के द्वारा सूचना दिया है। देखना है कि वर्तमान वातावरण में सुरक्षा का मापदण्ड क्या है? स्वतन्त्र इसलिए रहता हूँ कि मुझे इस रूप में जानता ही कौन है। और आपको यह जानना चाहिए कि दूसरे वही देखते हैं जो हमारे कर्म दिखाते हैं। ऐसी स्थिति में समाज में रहना कोई कठिन कार्य

नहीं है। हमारा उद्देश्य समाज जहाँ रूका है उसको आगे बढ़ाना है, जो एक सही धर्मयुक्त कार्य है। क्रान्ति करने वाला प्रत्येक व्यक्ति कर्म को प्रधानता देता है। जीवन को नहीं। क्रान्तिकारी के जीवन को वे प्राथमिकता दे जिनके सपनों को भी वे साकार कर रहा है। हमारा लक्ष्य "सम्पूर्ण क्रान्ति" है और कार्य के अनुसार ज्ञान भी व्यक्ति को प्राप्त होता है। तभी उसका संकल्प पूर्ण होता है। साथ ही यदि किसी एक व्यक्ति के आगे आने से समस्त मानव समाज का कल्याण जो कि निर्माण के रास्ते से होता हो तो मैं नहीं समझता कि वह अनुचित है। यह कार्य देश के प्रेम, एकता एवं शक्ति का परिचायक भी है। अभी तक मैंने विश्वमानक: शून्य श्रृंखला अर्थात् कर्मवेद की दिशा को ही प्रदर्शित किया है। जो विश्व के ज्ञानी जन के समर्थन के उपरान्त ही प्रस्तुत किया जायेगा। क्योंकि मैं नहीं चाहता कि समाज का किसी भी प्रकार से हानि हो। वर्तमान समय में प्राकृतिक बल इतना प्रभावी हो गया है कि यह स्वतः ही स्थापित होगा और लाभ वे ही प्राप्त कर पायेंगे जो इस सर्वोच्च कार्य से स्वयं को जोड़ लेंगे।

प्रश्न - नयी पीढ़ी और युवा वर्ग के लिए आप क्या संदेश देंगे ?

विश्वमानव - यह कार्य नई पीढ़ी को पूर्ण मानव के रूप में विकसित करने का बीज है अर्थात् स्वस्थ समाज का बीज है और युवा वर्ग से मात्र यही कहना है कि वे अपने जीवन को लाटरी की भाँति कभी यहाँ कभी वहाँ न लगायें बल्कि इस ज्ञान के प्रस्तुतीकरण के उपरान्त यदि कुछ महीने इस पर चिंतन कर लें तो उनका पूरा जीवन सुख पूर्वक, व्यवस्थित एवं सार्थक हो जाये। क्योंकि सभी मानव, धर्म में ही स्थित हैं लेकिन उसके ज्ञान की आवश्यकता मात्र एक ही कारण से होती है, वह यह कि धर्म ज्ञानी अपने प्रत्येक कार्यों को लगातार समष्टि की ओर ले जाता है। जिससे उसका परिणाम स्वयं एवं समाज के लिए अच्छा होता है। जबकि धर्म अज्ञानी इसके विपरित। यह नई पीढ़ी के लिए एक बहुत बड़ी उपलब्धि है क्योंकि अब उन्हें पूर्ण ज्ञान के लिए अनेकों शास्त्र-साहित्य को पढ़ने की आवश्यकता नहीं रहेगी। उनसे मैं यह कहना भी चाहूँगा कि अपने शैक्षणिक साहित्य के साथ ही इसे एक बार अपने जीवन के लिए अवश्य पढ़े और समझें।

प्रश्न - आप कार्यक्रम के विषय में कुछ बतायेंगे जो आप चाहते हैं?

विश्वमानव - हाँ, यह कार्यक्रम कश्मीर से कन्याकुमारी तक के भारत का वर्णन नहीं होगा। यह कार्यक्रम किसी समस्याओं को उठाने का कार्यक्रम नहीं होगा। यह कार्यक्रम किसी ग्रन्थ पर आधारित प्रवचन का कार्यक्रम नहीं होगा। यह कार्यक्रम उन तमाम समस्याओं की दवा प्रस्तुत करने का कार्यक्रम होगा जिससे वर्तमान समाज पूर्णतया रोगग्रस्त हो चुका है। यह "सम्पूर्ण क्रान्ति" का कार्यक्रम विश्व का प्रथम तथा अन्तिम होगा। यह कार्यक्रम उस ज्ञान के लिए होगा जिससे व्यक्ति सहित विश्व अपने जीवन को नियंत्रित कर विकास के पथ पर अनवरत चलाता रहे। यह कार्यक्रम पृथ्वी सहित ब्रह्माण्ड के विकास के लिए होगा। यह कार्यक्रम उस धर्मशब्द के ज्ञान से पूर्णतया ज्ञान युक्त कर मुक्त करने के लिए होगा। जिसे मैं ही ब्रह्माण्डीय विकास के लिए उत्पन्न किया था। यह मैं का विषय क्या हैं? जानने के लिए कार्यक्रम के आयोजन की प्रतीक्षा करें। कलम, कागज, रेकार्डिग मीडिया तैयार रखें। यह वह ज्ञान होगा जिससे इस विकास क्रम के निचले उपेक्षित दीन-हिन दुःखीयों को भी यह मनुष्य जीवन सुखमय लगने लगे।

आज के 100 वर्ष पूर्व विचार के अन्तिम एवं सर्वोच्च स्तर को व्यक्त एवं विश्वमन (समष्टि मन) की शान्ति एवं स्थिरता के लिए सूत्र प्रस्तुत करते हुये स्वामी विवेकानन्द जी ने कहा था कि - "हिन्दू भावों को अंग्रेजी में व्यक्त करना, फिर शुष्क दर्शन, जटिल पौराणिक कथाएं और अनूठे आश्चर्यजनक मनोविज्ञान से ऐसे धर्म का निर्माण करना, जो सरल, सहज और लोकप्रिय हो और उसके साथ ही उन्नत मस्तिष्क वालों को सन्तुष्ट कर सके- इस कार्य की कठिनाइयों को वे ही समझ सकते हैं, जिन्होंने इसके लिए प्रयत्न किया हो। अद्वैत के गूढ़ सिद्धान्त में नित्य प्रति के जीवन के लिए कविता का रस और जीवनदायिनी शक्ति उत्पन्न करनी है। अत्यन्त उलझी हुई पौराणिक कथाओं में से जीवन प्रकृत चरित्रों के उदाहरण समूह निकालने हैं, और बुद्धि को भ्रम में डालने वाली योग विद्या से अत्यन्त वैज्ञानिक और क्रियात्मक मनोविज्ञान का विकास करना है, और इन सबको एक ऐसे रूप में लाना पड़ेगा कि बच्चा-

बच्चा इसे समझ सके।" और अब मैं यह कहना चाहता हूँ कि "यह कार्य जो वर्तमान में पूर्ण हुआ, आज के 100 वर्ष पूर्व भी हो सकता था लेकिन उस वक्त इसकी स्थापना नहीं हो सकती थी क्योंकि विश्वमन लोकतन्त्र का मन है, जिसका उस वक्त अभाव था। जबकि वर्तमान समय में भारत सहित विश्व को इसकी आवश्यकता है। यह अद्वैत ही धर्म है, धर्म निरपेक्ष है, सर्वधर्म समभाव है, वेदान्त तथा मानव का सर्वोच्च दर्शन है। जहाँ से मानव विशिष्टाद्वैत, द्वैत एवं वर्तमान में मानसिक गुलामी में गिरा है। परन्तु पुनः मानव इसी के उल्टे क्रम से उठकर मानव अद्वैत में स्थापित हो जायेगा, तब वह धर्म में स्थापित एवं विश्वमन से युक्त होकर पूर्ण मानव (ईश्वरस्थ मानव) को उत्पन्न करेगा।"

प्रश्न - कार्यक्रम के सम्बन्ध में ऐसी घोषणा से क्या "अहंकार" और "स्वयंभू ईश्वर" जैसी बात स्पष्ट नहीं होती?

विश्वमानव - इसका निर्णय मेरे स्पष्टीकरण के उपरान्त आप लोगों को ही करना है। आप समाज की स्थिति देख रहे हैं। ऐसे में कहीं से कोई भी रास्ता उपलब्ध कराने एवं भूल सुधार का हल भी नहीं आ रहा है। मैं थोड़ा प्रयत्न कर यह प्रथम एवं अन्तिम रास्ता उपलब्ध करा रहा हूँ। इस कारण आप मुझे ज्ञानी कहेंगे। और प्रत्येक ज्ञानी की श्रृद्धा उसके सत्य-धर्म-ज्ञान पर होता है। जिसका ज्ञान जितना व्यावहारिक होता है अर्थात् स्थापनार्थ उपयोगी होता है वह उतना दृढ़ भी होता है। मैं अपने कार्यों की मात्र सूचना ही प्रेषित करता हूँ क्योंकि मानक एक दर्पण होता है जिसमें सभी, जिसमें मैं भी शामिल हूँ अपनी छवि देख सकते हैं। अब मुझे कोई किसी शर्त पर ही सहयोग करने को बाध्य करे या उम्र में कम होने के कारण साथ ने दे तो क्या मैं ज्ञान का प्रसार न करूँ, और दूसरों में ऐसी भावना आती है तो अहंकारी कौन होगा। मैं समष्टि धर्म अर्थात् मानव एवं प्रकृति के कल्याणार्थ दृढ़ और कोई मुझे व्यष्टि धर्म से जोड़े जो जुड़ा ही है, मेरे नाम से जुड़ा ही है तो मैं क्या करूँ अब यदि कोई मेरे नाम मानव आविष्कृत धर्म, जाति, रहन-सहन इत्यादि से देखता हो तो मैं क्या करूँ? इस कारण से अगर कोई मुझसे न जुड़े तो अहंकारी कौन होगा? रहा स्वयंभू ईश्वर की बात तो वे अदृश्य ही हैं। मैं तो मानव हूँ और जब मानव, विश्वमन अर्थात् मानव एवं प्रकृति के प्रति निष्पक्ष एवं निःस्वार्थ भाव से कल्याण के लिए कार्य करता है तब वह विश्वमन से युक्त विश्वमानव कहलाता है। मैंने अदृश्य काल से दृश्य काल के परिवर्तन की घोषणा की है तो कैसे मैं स्वयं को अदृश्य काल में ले जाकर अदृश्य ईश्वर की घोषणा इस शरीर के लिए करूँगा। मैं विश्वमानव की घोषणा किया हूँ जो मेरे कार्यों द्वारा प्रमाणित भी है मैं तो यहाँ तक कहता हूँ कि मेरे जीवन का वह व्यक्ति मेरे लिए सर्वोच्च होगा जो यह बता दे कि मैं किस प्रकार अपने नाम व मानव आविष्कृत धर्म, जाति से मुक्त हो जाऊँ? जिससे मेरा परिचय केवल मानव के रूप में ही हो। यही मेरा मूल उद्देश्य है। अगर किसी और का मूल उद्देश्य यह न हो तो अहंकारी कौन होगा? यहाँ एक बात और स्पष्ट कर देते हैं धर्म प्रचार के लिए किसी विशेष पहनावा की आवश्यकता पड़ सकती है। यह कार्य धर्म प्रचार नहीं, धर्म स्थापना का है जिसे कोई भी समाज में प्रवृत्त व्यक्ति ही करता है। और करता रहेगा और इस कार्य के लिए किसी विशेष पहनावे की आवश्यकता न पड़ी है न पड़ेगी।

अन्त में, एक बार फिर कहेंगे हम आपके जैसे हैं बस थोड़ा निःस्वार्थ और निष्पक्ष हैं। और हमारा उद्देश्य रूके सृष्टि को आगे बढ़ाना है। साथ ही सम्पूर्ण मानव समाज से यह कहना चाहूँगा कि वे अपने वेद, वेदान्त, शास्त्र, पुराण, अन्य धर्म पुस्तक इत्यादि को देखें, यह कार्य उसके अनुरूप ही है और अन्तिम मार्ग भी है। जिसका समर्थन, सहयोग और स्थापना ही धर्म है। इस आत्मा का आप सभी को सप्रेम नमस्कार।

"विश्वमानव" से वार्ता- 2

अदृश्य काल के अन्तिम सार्वाधिक लम्बे अदृश्य महायज्ञ – "विष्णु महायज्ञ और ज्ञान यज्ञ" के पूर्णाहूति के उपरान्त दृश्य काल के प्रथम और अन्तिम दृश्य महायज्ञ - प्राकृतिक सत्य मिशन सहित विश्वव्यापी धर्म स्थापना तथा सत्यकाशी: पंचम, अन्तिम तथा सप्तम काशी निर्माण के लिए सत्यकाशी क्षेत्र में निवास कर योजना और नीति निर्धारण कर रहे लव कुश सिंह "विश्वमानव" से जब उनके अस्थायी निवास (संत रविदास मन्दिर के दक्षिण दिशा की नीजी भूमि, नई बस्ती बघेड़ा, ग्राम-नियामतपुर कलाँ के सामने, राष्ट्रीय राज मार्ग संख्या-7 पर) पर देश और विश्व के अशान्त वातावरण की शान्ति के उपाय पर वार्ता के लिए पहुँचे तब उनका रूप "हँसिबा खेलिबा धरिबा ध्यान" का स्वाभाविक व्यक्त रूप था। कोई भी जो इनके ज्ञान व कर्म से पूर्ण परिचित न हो तो यह जान नहीं सकता कि मात्र 40 कि.ग्रा. का भौतिक शरीर ही 21वीं शताब्दी और भविष्य के विश्व प्रबंध के सूत्रों का आविष्कारकर्ता है। जो समभाव अर्थात् सभी योगों (ज्ञान योग, राजयोग, कर्मयोग, भक्ति योग, प्रेमयोग, हठयोग और दृश्य योग या सत्य योग) की पराकाष्ठा में स्थित साधना मुक्त जीवन है। इसके साथ ही अतीव विस्तार, परम उदार, महान प्रबलता, निरपेक्ष कर्तव्यनिष्ठा, सच्चा मैंत्री भाव, नेक प्रवृत्ति, धैर्य, सादा जीवन सभी कुछ एक ही शरीर में स्थित है। इतना महान कार्य उनके सम्मुख होते हुये भी छोटा कर्म बड़े ही रूचि और सुनियोजित ढंग से करते दिखने वाले लव कुश सिंह "विश्वमानव" तनाव से मुक्त और अनासक्त कर्म के ज्वलन्त, जीवन्त और जटिल उदाहरण है। लव कुश सिंह "विश्वमानव" के समस्त कार्य न तो किसी दबाव में, न ही किसी इच्छा से है परन्तु वह स्वाभाविक प्रकृति से है, जिस प्रकार प्रत्येक जीव का प्रकृति और स्वभाव है जो उसके साथ सतत रहता है ठीक उसी प्रकार लव कुश सिंह "विश्वमानव" का विश्वमन अर्थात् आत्मा स्वभाव से ही है। उनसे व्यक्त विभिन्न स्तरों से उठकर जाने वाली प्रत्येक वाणी ही ज्ञान और कर्मज्ञान का बोध कराती है और यह उनके साथ स्वाभाव से ही सतत रहता है।

इससे पूर्व हमारी मुलाकात "विष्णु महायज्ञ और ज्ञान यज्ञ" के अन्तिम सात दिन जो कि स्वामी विवेकानन्द के शिकागो वकृतता के बराबर उनके उम्र होने के बाद का प्रथम सात दिन था, में व्याख्यान के दौरान हुयी थी। यज्ञ में विश्व शान्ति और 21वीं शताब्दी सहित भविष्य की विश्व व्यवस्था पर दिये गये व्याख्यान इतने स्थापनार्थ सत्य है कि जब तक उसकी स्थापना और जन साधारण से उसका योग नहीं हो जाता, तब तक भारत सहित विश्व अस्थिरता, अशान्ति, विनाश और अनेकता की ओर ही बढ़ता रहेगा। यही नहीं राजनीतिक स्थिरता सहित स्वस्थ उद्योग, स्वस्थ समाज और स्वस्थ लोकतंत्र की प्राप्ति भी असम्भव होगी। यह अदृश्य प्राकृतिक बल का प्रभाव ही है कि हम फिर वार्ता के लिए एक दूसरे के सामने हो गये। रोग और दवा, समस्या और समाधान, भारत की उन्नति और अवनति इत्यादि इन सब दो विपरीत पक्षों की जानकारी मुझे थी। इसलिए देश प्रेम की भावना से प्रेरित हो स्वस्थ लोकतंत्र की प्राप्ति में चौथे स्तम्भ पत्रकारिता के महान योगदान का कर्तव्य पूर्ण कर रहा हूँ और समझा गया कि लव कुश सिंह "विश्वमानव" के सत्य-विचार सार्वभौम सिद्धान्त को व्यापकता से समाज में प्रसारित कर भारत और संयुक्त राष्ट्र संघ का कर्तव्य और दायित्व की पूर्ति का हक उसके समक्ष प्रस्तुत कर दिया जाय।

- डा0 कन्हैया लाल ("विश्वशास्त्र के समीक्षक द्वय में से एक", उस समय पत्रकारिता से सम्बद्ध)

प्रश्न - तो वार्ता प्रारम्भ की जाय।

विश्वमानव - एक मिनट वार्ता प्रारम्भ पूर्व कुछ सामान्य बाते कहना चाहूँगा जो इस जटिल विषय को समझने की विधि ही है उदाहरण स्वरूप यहाँ मैं हूँ, आप हैं और आपके कुछ सहयोगी साथीगण हैं अर्थात् सिर्फ एक मन नहीं बल्कि कई मन हैं। इस प्रकार यह समूह एक छोटा सा संयुक्त मन है। और हम सभी के बीच एक न्यूनतम साझा कार्यक्रम है जिसको मानते हुये हम सभी यहाँ एक दूसरे से बँधे हुये हैं और वह है- वार्ता का कार्यक्रम। ध्यान देने की बात है, न्यूनतम साझा कार्यक्रम ही हम सभी का अधिकतम साझा कार्यक्रम भी है। इस साझा कार्यक्रम से जरा सा भी इधर-उधर होने पर हम सभी में मतभेद हो सकता है। यह साझा कार्यक्रम ही मानक है चूंकि यह मानक सिर्फ हम सभी के बीच ही सीमित रूप से प्रभावी है इसलिए यह इस समूह का ही मानक है।

इस मानक अर्थात् संयुक्त या सार्वजनिक के कारण हम सभी में से प्रत्येक का व्यक्तिगत मन मरा हुआ है अर्थात् उसका अस्तित्व नहीं है जो है वह सार्वजनिक ही है। यही सभी समभाव सम्बन्धों का सूत्र भी है। मन हो या मानक उसका व्यक्तकर्ता मानव ही है बस अन्तर यह होगा कि मन अर्थात् विचार विरोध का शिकार हो जायेगा तथा मानक अर्थात् सार्वजनिक सत्य, सार्वजनिक समर्थन को प्राप्त करेगा चाहे वह एक व्यक्ति द्वारा व्यक्त किया जा रहा हो या व्यि के समूह द्वारा। अभी हमलोग जिन समस्याओं का हल व्यक्त करेंगे वे सब सर्वोच्च और अन्तिम संयुक्त मन (विश्वमन) अर्थात् विश्वमानक अर्थात् विश्व व्यवस्था का न्यूनतम एवं अधिकतम साझा कार्यक्रम पर आधारित होगा। और यह चूंकि एक ही व्यक्ति द्वारा व्यक्त हो रहा है इसलिए यह न समझ लेना चाहिए कि वह उस व्यक्तकर्ता व्यक्ति का मन या विचार है। इस विश्वमानक या सार्वभौम सत्य-सिद्धान्त में किसी भी व्यक्ति या संगठन के मन का कोई अस्तित्व नहीं है, बल्कि उसमें समाहित है। व्यक्ति और संगठन को उस विश्वमानक के अनुसार स्वयं में यह खोज करनी चाहिए कि वह कहाँ और किस बिन्दु पर उसके अनुरूप नहीं है, इससे लाभ यह होगा कि उनका प्रत्येक कर्म संक्रमणीय, गुणात्मक, संग्रहणीय रूप में हो जायेगा। अन्यथा वे व्यक्ति और संगठन अपने विचार को ही सर्वोच्च और सत्य मानकर सदा अंधेरे में भटकते रहेंगे और अवनति को प्राप्त हो जायेंगे। शायद ही कोई ऐसा होता है जो ऐसे व्यक्ति और संगठन को उनकी वास्तविक स्थिति का ऐहसास दिलाता हो और ऐसा जो करता है, वही सच्चा मित्र होता है। राजनेता और राजनीतिक दल विश्वमानक को समझने का प्रयत्न इसलिए करें क्योंकि इसके अनुरूप वक्तव्य और घोषणा पत्र तैयार कर सकेंगे। परिणामस्वरूप उनका वक्तव्य और घोषणा पत्र समय आने पर सत्य प्रमाणित हो। आम जनता, इसको इसलिए समझने का प्रयत्न करे क्योंकि वे ज्ञान-कर्मज्ञान, राजनेताओं और व्यवस्थाओं को समझ सकें। परिणामस्वरूप वे स्वनिर्णय युक्त हो सकें। अन्यथा आम जनता को राजनेताओं पर दोषारोपण का कोई अधिकार न होगा। जो समझने का प्रयत्न करेंगे तो हो सकता है कि कहीं कोई बिन्दु उन्हें न समझ में आये। ऐसी स्थिति में वे आगे बढ़ें। हो सकता है कहीं दूसरी ओर से वह बिन्दु उन्हें समझ में आ जाये क्योंकि सु-दर्शन या अच्छा दर्शन या सार्वजनिक सत्य या विश्वमानक सभी दिशाओं से स्वयं को प्रमणित करता है। और वह सभी दिशाओं से मन पर आघात करता है। इसलिए ही सुदर्शन चक्र के चारो ओर तेज नुकीले धार बनाकर प्रतीक रूप में प्रक्षेपित किया गया है। इन समस्त वार्ताओं को आप जनहित व विश्वहित के लिए प्रकाशित करें क्योंकि प्रायः सम्पादकगण को जो समझ में नहीं आता, वह उसे निरर्थक समझ बैठते हैं। यदि सब कुछ सम्पादकगण ही समझने में सक्षम हों तो मेरे जैसे लोगों की आवश्यकता ही क्यों पड़े। प्रायः ऐसा देखा जाता है कि लोग कहते है- यह मेरी समझ में नहीं आ रहा है। उनसे मैं यह कहना चाहूँगा कि जो समझ में नहीं आता है, आवश्यक नहीं कि वह असत्य हो और उसका विरोध करें। विरोध करना भी तो उचित हल के साथ करें जिससे एक अच्छा हल निकाला जा सके। जो समझ में नहीं आता उसे समझने का प्रयत्न किया जाता है। कपड़े पहनना भी तो सभी ने प्रयत्न के द्वारा ही प्रथमतया: सीखा है, और यदि प्रयत्न न हो तो नंगा कौन होता है, प्रयत्न न करने वाला या प्रयत्न करने वाला? बस इतना ही। अब आप वार्ता प्रारम्भ कर सकते है।

प्रश्न - प्रथमतया दो सार्वाधिक विवादस्पद प्रश्न, पहला आपने स्वयं को "मैं" "शिव" और "ब्रह्म" और "आत्मा का दृश्य रूप" सम्बोधित किया है यह कैसे है? और क्या इससे अंहकार व्यक्त नहीं हो रहा है? और उपयोगिता क्या है?

विश्वमानव - इस प्रश्न को समझने के लिए मैं आपको उदाहरण रूप में लेता हूँ। आप एक पत्रकार हैं। जब आपने पत्रकारिता प्रारम्भ की थी तब कुछ लोगों से यह कहा होगा कि "मैं पत्रकार हूँ" तब जिन लोगों ने आपके प्रकाशित सामग्री को देखा होगा तो वे सत्य समझे होंगे, जिन लोगों ने न देखा होगा, वे असत्य समझे होंगे या उनकी कोई रूचि न होगी और वो लोग जो पत्रकार का अर्थ ही नहीं जानते उन पर कोई फर्क ही न पड़ेगा या वे निर्भर होंगे कि सब कहेंगे तो हम भी कहेंगे। एक समयान्तराल बाद जब आप पत्रकार के समस्त गुण व्यक्त कर दिये होंगे तो आपका प्रारम्भ में कहा गया वक्तव्य सत्य हो गया जो आपका सत्य रूप था ही। विभिन्न विशेषज्ञ की तरह पत्रकार के भी कार्यक्षेत्रानुसार स्तर है। छोटे, मध्य, बड़े, सर्वोच्च और अन्तिम लेकिन गुण रूप में तो सभी पत्रकार ही हैं।

गुणों से युक्त होकर किसी भी कार्यक्षेत्र स्तर पर जब गुणों का प्रदर्शन होता है, तब वह सत्य होता है। जहाँ सत्य होगा वहीं व्यवहार में सत्य के लिए दृढ़ता मिल सकती है लेकिन गुणों का अंहकार नहीं मिलेगा। यदि मिला तो निश्चित जानिये कि वहाँ असत्य बीज रूप में अवश्य है। सत्य, आत्मसात् हो जाता है। गुण, स्वभाव बन जाता है। वह दोहराया नहीं जाता है। सिर्फ असत्य और अवगुण दोहराया जाता है और अहंकार व्यक्त होता है। असत्य, अहंकार का ही मूल और बीज है। इसी प्रकार सत्य, दृढ़ता का ही मूल और बीज है। आप पत्रकार हैं, गुणों को भी व्यक्त कर दिया अब उसे बार-बार कहने की आवश्यकता नहीं, वह आप में और सभी में आत्मसात् हो गया, गुण स्वभाव बन गया। न असत्य रहा न अहंकार रहा। ठीक यही स्थिति मेरे सम्बंध में है। "मैं", "शिव", "आत्मा" और "ब्रह्म" एक ही है। सार्वभौम सत्य-सिद्धान्त है, सत्य रूप है और यह स्वयं को ही कहा जाता है जो प्रत्येक ही है। सिर्फ उसके अनेक स्तर और एक गुण है जिसका सर्वोच्च और अन्तिम स्तर कार्यक्षेत्र रूप में सम्पूर्ण ब्रह्माण्ड, स्थूल, सूक्ष्म और आत्मीय लोक है और गुण एकात्म ज्ञान, एकात्म कर्म और एकात्म ध्यान है। जब इसका प्रदर्शन दृश्य जगत में सार्वजनिक प्रमाणित रूप से होता है तब वह आत्मा का दृश्य रूप सहित "मैं", "शिव" और "ब्रह्म" के वास्तविक सर्वोच्च और अन्तिम रूप का सत्य प्रदर्शन ही होता है। एकात्म ज्ञान अर्थात् ब्रह्मा का सर्वोच्च प्रदर्शन "ब्रह्म", एकात्म ज्ञान सहित कर्म अर्थात् विष्णु का सर्वोच्च प्रदर्शन "मैं" और "आत्मा" तथा एकात्म ज्ञान, एकात्म कर्म सहित एकात्म ध्यान अर्थात् शंकर का सर्वोच्च प्रदर्शन "शिव" और "आत्मा का दृश्यरूप" ही है। इन गुणों से युक्त होकर स्वयं को "ब्रह्म", "मैं", "आत्मा", "शिव" कहना सत्य और दृढ़ता है अन्यथा असत्य और अहंकार है। स्वयं को "ब्रह्म", "मैं", "आत्मा", "शिव" कहना यह मेरे द्वारा पहली बार नहीं कहा जा रहा है इसके पहले भी जो भी आत्मज्ञानी हुये वे कह चुके हैं।

विश्वमानक एवं सार्वभौम सत्य-सिद्धान्त के अनुसार इस अहंकार को इस प्रकार समझें। सम्पूर्ण कर्म चक्र मूलतः तीन शक्तियों द्वारा संचालित हो रही है प्रथम- बड़ा प्राकृतिक नियम शक्ति चक्र जिसके अन्तर्गत एक परिवर्तन का आदान-प्रदान का नियम है। दूसरा-छोटा और प्रथम के अधीनस्थ मानवीय नियम और शक्ति जिसके अन्तर्गत विभिन्न स्तरीय सम्प्रदाय, संगठन, संस्थान इत्यादि के नियम है, तीसरा- प्रथम और द्वितीय से शक्तिशाली और मूल दोनों में व्याप्त आत्मीय नियम शक्ति चक्र है जिसके अन्तर्गत स्वयं अप्रभावित रहकर सभी को प्रभावित करने की क्षमता है। तीनों शक्ति चक्र का अनुभवकर्ता मानव शरीर ही है इसलिए साधारणतः व्यक्ति दूसरे को समझ नहीं पाते कि वे किस शक्ति चक्र के प्रभाव में है। मानवीय नियम निरे पशु होते हैं ये शेष दोनों प्रकार के व्यक्तियों को समझ नहीं पाते या तो वे दूसरे पर निर्भर रहकर अपना निर्णय देते हैं या अपने ही दृढ़ होकर पशुवत् व्यवहार करते हैं। इन्हें बस पेट भरने व चारे से मतलब होता है। जिधर प्राप्त हुआ, उधर गये। इनकी संख्या वर्तमान समय में सार्वाधिक है। प्रकृतिक नियम के अनुभव से युक्त व्यक्ति ज्ञानी आचार्य बुद्धिमानी होते हैं। ये मानवीय नियम के व्यक्तियों को अपने समर्थन के लिए उपयोग में लेते हैं तथा आत्मीय नियम शक्ति चक्र के व्यि यों को समझ नहीं पाते क्योंकि इनकी संख्या बहुत ही कम होती है जिससे उन्हें अपने विचारों को व्यापक समर्थन मिलने से उन्हें बल प्राप्त होता है। साधारणतयाः ऐसे ही व्यक्ति स्वयं अहंकारी होते हैं और जब कभी आत्मीय शक्ति चक्र के व्यक्ति से मुलाकात होती है तो उन्हें अहंकारी समझते हैं क्योंकि वे किसी वर्तमान व्यक्ति के मन को प्रकृतिक निमय से परे नहीं समझते, समझते भी हैं तो उन्हें जो भूतकाल में थे जैसे- राम और कृष्ण को, जबकि ये आत्मीय शक्ति से युक्त युग व्यक्ति थे। उनका शरीर प्राकृतिक नियम के अधीन था परन्तु मन प्राकृतिक नियम के परे आत्मीय में स्थित था। इनके वर्तमान रहने के समय भी प्राकृतिक निमय के व्यक्तियों ने इन्हें अहंकारी समझा था। इसलिए तो उन्हें उनके पूर्ण कर्म करने के पहले तक कुछ लोगों ने ही स्वीकारा था। प्राकृतिक नियम के अनुभव से युक्त व्यक्ति वर्तमान के आत्मीय शक्ति से युक्त व्यक्ति को इसलिए नहीं स्वीकारते क्योंकि इससे उनके अहंकार और अस्तित्व पर गहरा आघात लगता है। यदि वे प्राकृतिक नियम से परे आत्मीय में स्थित किसी को नहीं मानते तो उन्हें राम व कृष्ण को भी नहीं मानना चाहिए। ये तो इतना तक कहते हैं कि मैं कर्ता नहीं हूँ, कर्ता तो ईश्वर है। इस प्रकार आप पत्रकार नहीं हुये। पत्रकारिता तो ईश्वर कर रहा है। इस प्रकार भ्रष्टाचारीयों को यह कहकर छोड़ ही नहीं सम्मानित भी यह कह कर करना चाहिए कि कर्ता तो ईश्वर है, तुमने कहाँ कुछ किया। इस प्रकार के विचार मनुष्य को भाग्यवादी व गैरजिम्मेदार बनाती है। लेकिन इनकी बात एक तरह से सत्य है क्योंकि सभी ईश्वर हैं। तब

आप जो स्वयं ईश्वर हैं वही पत्रकारिता कर रहा है। लेकिन तब आपको ईश्वर कहीं बाहर बैठा हुआ नहीं मानना पड़ेगा क्योंकि तब आप ही हो। समाज के संचालक, भला और बुरा करने वाले यही व्यक्ति होते हैं जिनकी संख्या दिनोदिन बढ़ रही है। ये इतने अहंकारी होते हैं कि इनका आपस में भी एकजुटता नहीं बन पाती है। यदि बनती है तो समझना चाहिए कि उन लोगों न थोड़ा-थोड़ा अपने अहंकार को समाप्त कर आत्मीय शक्ति की ओर विकास किया है। आत्मीय नियम शक्ति के अनुभव से युक्त व्यक्ति धर्मज्ञानी, धर्माचार्य, ध्यानी बुद्धिजीवी होते हैं। ये मानवीय नियम के व्यक्तियों को, प्राकृतिक नियम के अनुभवी व्यक्ति की मानसिक गुलामी से मुक्त करते हैं। उनका मुख्य लक्ष्य प्राकृतिक निमय के अनुभवी व्यक्तियों के अहंकार पर आघात होता है जो अहंकार को समाप्त कर इनके साथ आ जाते हैं वे सुरी प्रकृति के तथा जो नहीं आते वे असुरी प्रकृति के रूप में व्यक्त हो जाते हैं। इनके अधीन मानवीय नियम के व्यक्ति भी बँट जाते हैं। यह उसी प्रकार होता है जैसे राजा के हार जीत से उसके अधीन प्रजा भी बँट जाती है। आत्मीय नियम के अनुभव से युक्त व्यक्ति ही अहंकार से पूर्णतया मुक्त, सत्य, दृढ, आत्मविश्वासी ब्रह्माण्ड का केवल भला करने वाले होते हैं। ये ही ईश्वर के अवतार तथा "मैं", "शिव", "आत्मा" तथा "आत्मा का दृश्यरूप" एवं एकात्म ज्ञान, एकात्म कर्म, एकात्म ध्यान के गुणों से युक्त होते हैं। ये तभी व्यक्त होते हैं जब प्राकृतिक नियम के अनुभव से युक्त अहंकारी व्यक्तियों का प्रभुत्व बढ़ता है। प्रायः ऐसे व्यक्ति के सम्बंध में यह बात आती है कि इनसे सम्पूर्ण ब्रह्माण्ड का कल्याण कैसे सम्भव है? तो यह इस प्रकार होता है- पुनर्जन्म और कर्मफल सिद्धान्त का मूल सूत्र है- मन ही समस्त कल्याण और विनाश का कारण है। विस्तृत अध्ययन के लिए आप डा0 रामेश्वर दयाल गुप्त, 27/1, आर्यनगर, रामेश्वर कुंज, ज्वालापुर, हरिद्वार (उत्तराखण्ड)-249407 के शोध पुस्तक- "पुनर्जन्म व कर्मफल सिंद्धान्त" जिस पर उन्हें गुरूकुल कांगड़ी विश्वविद्यालय द्वारा पी.एचडी. की उपाधि प्राप्त हुई है और भगवान श्रीकृष्ण की "गीता" को देख सकते हैं। यही मन स्थूल शरीर, सूक्ष्म शरीर और आत्मीय शरीर का कारण है। यही स्तर क्रमशः दृश्य लोक, अदृश्य लोक और आत्मीय लोक है। जब आत्मीय नियम के अनुभव से युक्त व्यक्ति व्यक्त होते हैं तब सम्पूर्ण मानव जाति में मनःस्तर पर एक क्रान्ति आती है परिणामस्वरूप जो जिस मनःस्तर पर है वहाँ से वह उच्चतर से उच्चतम और उच्चतम से सर्वोच्च और अन्तिम की ओर गति कर जाते हैं जिससे दृश्य और अदृश्य जगत की शुद्धता बढ़ जाती है जिससे ब्रह्माण्डीय प्रेम, एकता, सत्य, विश्वास, मानवता, शान्ति इत्यादि का विकास होता है। जहाँ मन है वहाँ अहंकार है। जहाँ आत्मा है वहीं दृढ़ता और सत्य है। आपका पदार्थ विज्ञान भी तो यही कहता है कि सभी शक्ति परमाणु के न्यूक्लीयस में है। न्यूक्लीयस आत्मा है, इलेक्ट्रान मन है। इलेक्ट्रान या मन क्रियाशील हो वही क्रिया में भाग लेता है। यदि इलेक्ट्रान या मन नहीं तो सिर्फ न्यूक्लीयस या आत्मा है, शक्ति है। वह दूसरे को प्रभावित करेगा, न कि स्वयं प्रभावित होगा। इसलिए तो न्यूक्लीयस पर आधारित न्यूट्रान बम सार्वाधिक शक्तिशाली बम है। अहंकारीयों के पास मन या इलेक्ट्रान है जरा सी आत्मीय या न्यूक्लीयस की शक्ति आयी नहीं कि भड़क उठते हैं। यदि वे अहंकारी नहीं तो भड़केंगे नहीं बल्कि आत्मीय शक्ति से मिलकर कार्य करेंगे। दो न्यूट्रान बम एक साथ छोड़ दिया जाय तो क्या एक दूसरे को समाप्त कर देंगे? नहीं बल्कि दोनों मिलकर अपने उद्देश्य को प्राप्त करेंगे।

अब इस विश्वमानक के आधार पर मुझे देखें क्योंकि मैंने स्वयं को "मैं", "शिव", "ब्रह्म", "आत्मा का दृश्य रूप" सम्बोधित किया है जो सभी हैं लेकिन वे आत्मीय शक्ति और उसके गुण से युक्त न होने कारण स्वयं को सम्बोधित करने का साहस नहीं करते। गुणों को धारण करेंगे तो साहस करने लगेंगे, मैं क्या कर रहा हूँ? मानवीय नियम के अधीन व्यक्तियों के उपर मेरा कोई दबाब नहीं है क्योंकि उनमें उगे हुये सूर्य को सूर्य कहने और मानने की दृष्टि है। ये पूर्णतः उनके ही उपर निर्भर और उनकी इच्छा के अधीन है कि वे मेरे तमाम व्यक्त विषयों को समझने का प्रयत्न करते हैं या नहीं क्योंकि उनका कल्याण उनके अधीन नहीं बल्कि वातावरण के अधीन है। उनके अन्दर अपने भले का मार्ग पहचानने की भी क्षमता नहीं होती है इसलिए उनके वातावरण बनाने वाले प्राकृतिक नियम के अनुभवी व्यक्ति जो समाज का, सरकार का, सम्प्रदाय का, संगठन का, सस्थान का, नियम संचालन कर रहें हैं, वे ही मेरे इस कार्य के मुख्य प्रभाव में हैं और उनके उद्देश्य की पूर्ति करता हुआ उनसे शक्तिशाली नियम उन सभी पर न्यूक्लीयस या आत्मा की शक्ति से अपने घेरे में ले चुका है। अब यदि उनके अपने नियम में जरा भी

मन या इलेक्ट्रान का अंश होगा तो उनके अहंकार पर आघात होगा और कुछ व्यक्ति स्वयं ही अहंकार को समाप्त कर मेरे साथ आयेंगे और अन्तिम पौराणिक कथा को प्राप्त होंगे। कुछ अपने अहंकार को स्थापित करने के लिए प्रयत्न करते-करते अन्ततः अधर्मयुक्त मानवता के दुश्मन के रूप में स्थापित हो जायेंगे। कुछ ऐसे होंगे जो तब भी मुझे अहंकारी समझेंगे। उनसे मेरा यह कहना है कि जब भी कोई आत्मीय शक्ति से युक्त अवतार व्यक्त होता है तो पिछले सभी अवतारों के गुण, शास्त्रीय तत्व ज्ञान, समय और व्यक्तिगत जीवन के इतने प्रमाणों को व्यक्त करता हुआ वर्तमान समस्याओं के हल को देते हुए समाज को इस तरह बाँध देता है कि उसे भेद पाना मानव जाति के वश की बात नहीं होती। और इस बार तो और भी मुश्किल है क्योंकि सम्पूर्ण विषयों के वास्तविक अर्थ सार्वजनिक प्रमाणित रूप से व्यक्त होने का समय है। और वह सार्वजनिक रूप से प्रक्षेपित किया जा रहा है। जो न जाने कहाँ-कहाँ वितरित हो रहा है जिसका संग्रहण, परिर्वतन और नियंत्रण अब मेरे वश में भी नहीं है। अर्थात् मैं रहूँ या न रहूँ कार्य पूर्ण हो चुका है। इसलिए इसे अनियंत्रित सुदर्शन चक्र कहते हैं। श्रीकृष्ण ने अर्जुन को व्यक्तिगत रूप से ज्ञान दिया था, वह नियंत्रित सुदर्शन चक्र था अर्थात् श्रीकृष्ण, अर्जुन का अपने ज्ञान द्वारा चाहे जिस ओर मोड़ सकते थे। सम्पूर्ण गीता ज्ञान कहने के बाद अर्जुन को यह भी कह सकते थे कि यह सब असत्य है और अर्जुन मान भी लेते क्योंकि उस ज्ञान की प्रमाणिकता के लिए वहाँ तीसरा कोई नहीं था। इसलिए उन लोगों से जो मुझे अहंकारी समझते हैं वे मेरा विरोध सार्वजनिक सभा से ही करें। ताकि मेरा घोर नाश हो या उनके शब्दों द्वारा उनका ही घोर नाश हो लेकिन सार्वजनिक रूप से करें। मैंनें भी सब कुछ सार्वजनिक रूप से ही किया है। कुछ व्यक्ति ऐसे भी होंगे जो प्राकृतिक नियम के अनुभव और अहंकार से युक्त होकर भी अपने अहंकार को त्यागने और मेरी ओर आने के लिए उत्सुक होंगे लेकिन उनका जीवन जिस सम्प्रदाय, संगठन, संस्थान या किसी गुरू के सान्निध्य में बीता होगा जहाँ उनका कुछ कर्म और फल का आदान-प्रदान हुआ होगा वे अपने उस वरिष्ठ से सलाह लेने जायेंगे और उसके बाद ही उनका निर्णय व्यक्त होगा। उन लोगों से मेरा यह कहना होगा कि मेरे कार्यों से उनकी वर्तमान स्थिति से और आगे अर्थात् उन्नति की दिशा में ही गति होती है जिसके लिए आवश्यक नहीं होता है कि वरिष्ठ और माता-पिता से अनुमति लिया ही जाय क्योंकि वे भी व्यक्ति ही हैं। क्या पता उनका मानसिक स्तर क्या हो और उचित सलाह न मिलने पर इस विश्व ऐतिहासिक श्रृंखला व पूर्ण ज्ञान से वंचित हो जाये। उन वरिष्ठ माता-पिता और गुरू से यह कहना होगा कि यह कार्य ऐसा है जिसमें सिर्फ अनुमति, स्वीकृति और समर्थन का ही रास्ता है अन्यथा स्वयं आप अपना सम्मान खो देंगे क्योंकि आप विरोध या स्वीकृति न देकर विश्व ऐतिहासिक श्रृंखला व पूर्ण ज्ञान से अपने आश्रित को वंचित करने का कारण बन जायेंगे। स्वयं को "मैं", "शिव" या "बह्म" या "आत्मा" कहने वाला मैं पहला नहीं हूँ। इसके पहले विष्णु के सातवें अवतार श्रीराम, आठवें अवतार श्रीकृष्ण व्यक्तिगत रूप से अर्जुन के समक्ष, आदि शंकराचार्य तथा महावीर ने सार्वजनिक रूप से कहा है। ईसा मसीह के ये शब्द- "जो मेरे पीछे हो लेगा वह अन्धकार में न चलेगा" तथा मुहम्मद पैगम्बर के ये शब्द- "जो अपने आप को जानता है वह अल्लाह को जानता है" क्या व्यक्त करते है? ये सभी उसी एक "आत्मा" या "ब्रह्म" या "शिव" या "मैं" को ही सम्बोधित किये गये हैं क्योंकि ये सभी महापुरूष आत्मीय नियम शक्ति के अनुभव में थे लेकिन इन सभी महान आचार्यों के प्रयत्न के बावजूद व्यक्ति इन शब्दों को शरीर और अहंकार से ही जोड़ते रहे हैं। इस स्थिति का दोष मात्र समय है क्योंकि ज्ञान सार्वजनिक प्रमाणित नहीं होता बल्कि उसका दृश्य कर्मज्ञान सार्वजनिक प्रमाणित होता है। और उसका समय अब हुआ है। यह सत्य है कि आत्मा सभी में व्याप्त है तो उसका दृश्य रूप भी सभी में व्याप्त होगा और उसे सिद्ध कर देने पर आत्मा का दृश्य रूप भी सिद्ध हो जायेगा। इस अवतार का उद्देश्य यही है और इसकी घोषणा प्रथम और अन्तिम रूप से मेरे द्वारा की गई है। अन्तिम इसलिए है कि सार्वजनिक प्रमाणित विषय पर सम्पूर्ण का एक मन होता है। आत्मा एक है परन्तु वह व्यक्तिगत प्रमाणित है इसलिए आज तक सर्वमान्य न हो सका। यह जानना कि एक आत्मा और वही सभी में विद्यमान है- ज्ञान है, और यह जानना कि सभी क्रियाशीलता में एक सिद्धान्त है और वही सभी में क्रियाशील है- कर्मज्ञान है। सम्पूर्ण विश्व में "मैं" अर्थात् "आत्मा" रूप को देखना ज्ञान का विश्वरूप- योगेश्वर है जैसा कि श्रीकृष्ण ने कहा सम्पूर्ण विश्व में "मैं" अर्थात् कर्मज्ञान रूप को देखना कर्मज्ञान का विश्वरूप- भोगेश्वर है, जैसा मैं कह रहा हूँ। अब यदि मैं कहूँ कि मुझे ही मानो तो इसका अर्थ यह हुआ कि उस कर्मज्ञान को मानो और यह कर्मज्ञान, एक

सार्वभौम सत्य-सिद्धांत है जिस पर सभी को सार्वजनिक रूप से केन्द्रित किया जा सकता है अर्थात् शरीर से अलग दर्शाया जा सकता है और व्यक्ति से ब्रह्माण्ड तक सभी उसी से संचालित हो रहे हैं, बस उसका ज्ञान न होने से मनुष्य अपने अलग अस्तित्व की बात करता है। यह ज्ञान के संबंध में नहीं है इसलिए अर्जुन स्वयं और श्रीकृष्ण से अलग उस आत्मा को नहीं जान पा रहा था। परिणामस्वरूप श्रीकृष्ण ने स्वयं पर केन्द्रित कर ही गीता कही। ध्यान देने की बात है गीता उपदेश सिर्फ एक व्यक्ति को कर्म करने के लिए प्रेरित की गई है जिसमें ज्ञान का पूर्ण और अन्तिम प्रकाश है लेकिन कर्मज्ञान श्रीकृष्ण के साथ ही विलीन हो गयी परिणामस्वरूप श्रीकृष्ण जैसा एक भी व्यक्ति इस अवतार से पूर्व पैदा न हो सका। फल यह हुआ कि कृष्ण की व्यवस्था उनके जीवन तक ही सीमित रही है। गीता पढ़कर गीता ज्ञान से सभी आज तक कर्म कर रहे हैं फल कृष्ण को अर्पण कर रहे हैं। चाहे ज्ञानी हो, नेता हो, भ्रष्टाचारी हो, चोर हो, डकैत हो सभी कर्म कर कह रहे है-"कर्म करो और फल की चिंता न करो", जबकि यह श्रीकृष्ण ने सिर्फ अर्जुन के लिए उस परिस्थतियों के लिए कहा था। अब इस अवतार द्वारा जो ज्ञान है वह मानवजाति के लिए सामूहिक रूप से कर्मज्ञान द्वारा कर्म करने की प्रेरणा है जो श्रीकृष्ण के साथ विलीन हो गयी थी। वह है- "परिणाम के ज्ञान से युक्त होकर कर्म करो और फल की चिंता न करो"। इस परिणाम का ज्ञान का विस्तृत दर्शन "कर्मोंपनिषद्-व्यष्टि में है। कृष्ण ने गीता में जो परिणाम का ज्ञान दिया था वह सिर्फ अर्जुन जैसी परिस्थिति में खड़े व्यक्ति के लिए ही था, न कि आम जनता के लिए। इस अवतार द्वारा व्यक्त "कर्मवेद: प्रथम, अन्तिम तथा पंचमवेद एवं आधारित उपनिषद्" में आम जनता सहित संयुक्त मन को कर्म करने के लिए प्रेरित की गई है जिसमें कर्मज्ञान का पूर्ण और अन्तिम प्रकाश है। इस प्रकार इस विश्व के कल्याणार्थ सम्पूर्ण ज्ञान साहित्य धीरे-धीरे संक्रमणीय, संग्रहणीय और गुणात्मक रूप से भारत व्यक्त कर अपने कर्तव्य और दायित्व की पूर्ति कर चुका है। अब विश्व को सिर्फ कर्म करना है। इसके बाद भी वर्तमान वातावरण में आम जनता से राजनेता तक को घर सफाई एक मन होकर करना चाहिए। न तो श्रीकृष्ण, न ही स्वामी विवेकानन्द ने किसी के उपर अपने अस्तित्व को स्थापित करना चाहा था। वे तो मात्र इतना चाहते थे कि प्रत्येक नेतृत्वकर्ता मानवता को प्राथमिकता में रखें जिससे आम जनता का हित हो और नेतृत्वकर्ता भी अपने को सदैव जनता से जुड़ा एवं समर्थन युक्त रहे। लेकिन स्वयं के प्रकृति के अनुसार अहंकार से युक्त नेतृत्वकर्ता इन जैसे लोगों को सदैव अपने लिए संकट ही समझते रहे।

इस "मैं", "शिव", "आत्मा" और "ब्रह्म" का बोध होने से सबसे बड़ी शक्ति जो प्राप्त होती है वह है- स्वयं को जिम्मेदार ठहराना। इस बोध का सबसे बड़ा लाभ भी यही है। इससे व्यक्ति स्वयं द्वारा स्वयं का निरीक्षण, परीक्षण, सर्वेक्षण, नियंत्रण, कर्तव्य, दायित्व इत्यादि पूर्ण करता है। वह किसी दूसरे को जिम्मेदार नहीं ठहराता। "मैं ही कर्ता हूँ, मैं ही भोक्ता हूँ" ऐसा बोध मानव को आत्मशक्ति और संघर्षशील बनाता है जो वर्तमान और भविष्य के समाज की नितांत आवश्यकता है या यूँ कहे कि मानव इसके बिना सफलता व पूर्णता को प्राप्त नहीं कर पायेगा।

प्रश्न - बहुत ही विस्तार से आपने पहले विवादास्पद प्रश्न की व्याख्या की इससे जनता को अवश्य बड़ा लाभ होगा।

विश्वमानव - प्रश्न विवादास्पद था इसलिए विस्तार से उत्तर देना पड़ा। यह आवश्यक इसलिए भी था कि भारत की स्थायी एकता का प्रश्न, अस्मिता का प्रश्न, वास्तविकता का प्रश्न, सर्वोच्चता का प्रश्न, देश प्रेम का प्रश्न और उसके आत्मज्ञान सहित आत्म प्रकाश एवं आत्म शक्ति का बोध इस मेरे सम्पूर्ण कार्य से जुड़ा हुआ है ऐसे में समाज के सभी मन स्तर-निम्नतम से उच्चतम सभी की ओर से उसे सर्वोच्च और अन्तिम तक जोड़ना था।

प्रश्न - अब दूसरा सार्वाधिक विवादास्पद प्रश्न-आपने स्वयं को भगवान विष्णु का 10वाँ और अन्तिम कल्कि तथा भगवान शंकर का 22वाँ और अन्तिम भोगेश्वर का संयुक्त अवतार सम्बोधित किया है यह कैसे है और इसकी उपयोगिता क्या है?

विश्वमानव - वर्तमान में अवतारों की संख्या विशेषकर कल्कि की दक्षिण भारत में बाढ़ आ गयी है। एक बात का हमेशा ध्यान रखेंगे जो कुछ भी मैं बोल रहा हूँ उसमें जो सार्वजनिक प्रमाणित है वही धर्म है, धर्मनिरपेक्ष है,

सर्वधर्मसमभाव है, विश्वमानक है। अन्य सब मत और विचार है। बीच-बीच में पौराणिक कथाओं के उल्लेख से यह न समझें कि मैं सीधे एक धर्म की सर्वोच्चता सिद्ध करना चाहता हूँ। उसका उद्देश्य मात्र यह है कि आज कल दूरदर्शन इत्यादि के माध्यम से आम जनता ने अनेक पौराणिक कथाओं का परिचय प्राप्त कर लिया है जिससे उन्हें विषय को समझने में सहायता प्राप्त होगी। और वर्तमान समय में उसके धर्मनिरपेक्ष और सर्वधर्मसमभाव स्वरूप को निकालने में भी सहायता होगी। धर्मनिरपेक्ष और सर्वधर्मसमभाव का अर्थ यह नहीं कि सत्य और एकता को छोड़ दिया जाये। क्योंकि छोड़ने पर शेष रूप में असत्य और अनेकता ही बचता है। और यह धर्मनिरपेक्ष और सर्वधर्मसमभाव का अर्थ यह नहीं हो सकता अन्यथा यह विनाशकारी शब्द होगा। यदि ऐसा होता तो भारतीय संविधान में यह शब्द न आता। (इसके आगे की वार्ता कुछ कारणों से यहाँ नहीं दी जा रही है पूर्ण भाग "विश्वशास्त्र" के परिशिष्ट में उपलब्ध है)

"विश्वमानव" से वार्ता- 3

एक तरफ है विश्व का वर्तमान समाज जो सार्वजनिक प्रमाणित रूप से व्यक्ति से विश्व स्तर तक के समक्ष व्यक्त है जिसमें व्यक्ति से विश्व स्तर तक के प्रत्येक स्तर पर अपने-अपने समस्याओं के अनुसार प्रश्न ही प्रश्न है, जिसके उत्तर व उसके कल्याण के लिए ज्योतिषि, धार्मिकों के अनुष्ठान, राजनीतिज्ञ, जनजागरण, वैज्ञानिक अनुसंधान इत्यादि अनवरत जारी है परन्तु स्थितियाँ एकता या सार्वभौमिकता के वजाय विपरित दिशा अनेकता और व्यक्ति केन्द्रीत होती जा रही है।

दूसरी तरफ है सम्पूर्ण ब्रह्माण्ड के समक्ष व्यक्त एक ऐसा मानव शरीर व सार्वभौम सत्य-सिद्धान्त जिसके द्वारा व्यक्ति स्तर से विश्व ब्रह्माण्ड स्तर तक के समस्याओं का सार्वभौम सत्य-सिद्धान्त आधारित हल प्रस्तुत किया जा चुका है। चाहे वह पूर्ण मानव निर्माण हो चाहे स्वस्थ लोकतन्त्र, स्वस्थ समाज, स्वस्थ उद्योग, स्वस्थ अर्थ प्रणाली, स्वस्थ शिक्षा पाठ्यक्रम-प्रणाली या ब्रह्माण्ड की व्याख्या जिसे वर्तमान भौतिक विज्ञान के दूसरे आईन्सटीन कहे जाने वाले ब्रिटिश वैज्ञानिक प्रो0 स्टीफेन हाकिंग सुलझाने में उलझे हुये हैं।

सहस्त्राब्दि के प्रथम महाकुम्भ के अवसर पर सभी आध्यात्मिक, धार्मिक संतों, आचार्यों व संगठनों-संस्थाओं के अपने-अपने स्वभावानुसार क्रियाकलाप व्यक्त करने के उपरान्त महाकुम्भ के अन्तिम दिन 21 फरवरी, 2001 (महाशिवरात्रि) को इस सार्वभौम सत्य-सिद्धान्त के आविष्कार के आधार को ''प्रकटीकृत अमृत कुम्भ'' के रूप में प्रकाशित कर भारत में तथा भारत में स्थित दूतावासों को लगभग 1000 प्रति डाक द्वारा प्रेषित की गयी थी। यहाँ प्रस्तुत है अमृत कुम्भ प्रकट करने वालें उस असीम मानव-"विश्वमानव" से की गयी भेंट वार्ता।

- डा0 विकास मानव (संपादक - "उपासना देश", जौनपुर, उ0 प्र0, भारत)

प्रश्न - अमृत कुम्भ पर कोई प्रतिक्रिया नहीं हुई जबकि यह देश के धार्मिक संस्थाओं, समाचार पत्र के सम्पादक, समाचार ऐजेन्सीयों, विश्वविद्यालय - महाविद्यालय के प्रोफेसर इत्यादि को व्यापक रूप से प्रेषित किया गया था। इस पर आपके विचार से क्या कारण हो सकते हैं?

विश्वमानव - किसी भी नवीन संस्करण के आविष्कार के प्रति निष्क्रियता नया नहीं है, प्रतिक्रिया का न होना दो कारणों को व्यक्त करता है। पहला यह कि आविष्कार नया नहीं है। दूसरा यह कि नवीनता की पहचान का अभाव। अमृत कुम्भ पिछले चरण के आविष्कारों से आगे के चरण के नवीन आविष्कार का ही सूचना पत्र था। उसमें सिर्फ भूतकाल की ही बातें नहीं थी, वर्तमान और भविष्य की भी थी। इसका अर्थ यह है कि नवीनता की पहचान का आभाव समाज में व्याप्त है। और यह इसलिए है कि समाज में प्रत्येक स्तर पर बैठा व्यक्ति अलग-अलग किसी विशेष- विशेष विषय का विशेषज्ञ है। वह जिस विषय का विशेषज्ञ है उसके अलावा दूसरे विषय से वह पूर्ण अनभिज्ञ है। जैसे जो दर्शन का विशेषज्ञ है तो वह भौतिक विज्ञान का नहीं। जो भौतिक विज्ञान का है वह दर्शन का नहीं। यदि है तो अन्य विषय का नहीं। वह अपने विषय की ओर से सिद्धान्त को तो जानता है परन्तु दूसरे विषय की ओर के सिद्धान्त को नहीं। यहाँ हम यह कहना चाहेंगे कि किसी एक विषय के एकीकरण के सिद्धान्त को हम सिद्धान्त कहते हैं। जबकि अनेकों विषय के एकीकरण के सिद्धान्त को हम सार्वभौम सत्य-सिद्धान्त कहते हैं और वह तभी समझा जा सकता है जब सार्वभौम दृष्टि हो। जिसका वर्तमान समय में अभाव है। और यह कुछ तो मैंकाले शिक्षा प्रणाली की देन है तो कुछ व्यक्ति का अपने दायरे में सिमट जाने का परिणाम है। प्रत्येक महापुरूषों ने कहा है कि भविष्य का मनुष्य दर्शन तथा विज्ञान दोनों से युक्त होना चाहिए।

प्रश्न - सार्वभौम सिद्धान्त की उपयोगिता क्या है ?

विश्वमानव - सार्वभौम सिद्धान्त मनुष्य के मस्तिष्क द्वारा सर्वोच्च अन्तिम आविष्कार है जो प्रत्येक विषयों को विवादमुक्त करने का मूल आधार है। वर्तमान समय के चर्चित मुद्दों जैसे - संविधान का सत्यरूप, शिक्षा पाठ्यक्रम का सत्यरूप, धर्म का सत्यरूप, लोकतन्त्र का सत्य रूप, आदर्श वैश्विक मानव का सत्य रूप,

क्रियाकलाप का सत्य रूप, जीने की सत्य कला, अर्थतन्त्र का सत्य रूप, प्रबन्ध का सत्य रूप, विकास का सत्य रूप इत्यादि को कैसे प्राप्त करेंगे? ये सब वर्तमान रूप में भारत सहित विश्व के लिए चर्चित और आवश्यक राजनीतिक मुद्दे हैं। बड़े-बड़े संस्थाओं द्वारा सेमिनार, विचार मंथन, शोध, आयोग होते हैं कि इसे कैसे प्राप्त किया जाये परन्तु वहाँ सिर्फ भूतकाल को देखकर एक कदम आगे के लिए अपनी दिशा से रिर्पोट प्रस्तुत कर दिये जाते हैं जो एक समयान्तराल बाद पुनः विचार करने व संशोधन के योग्य हो जाता है इस प्रकार से संशोधन करते-करते अन्ततः हम वही प्राप्त करेंगे जो सार्वभौम सत्य-सिद्धान्त द्वारा पहले ही इन विषयों का विवादमुक्त स्वरूप व्यक्त कर दिया गया है। इन मुद्दों को जो भी राजनीतिक दल प्रस्तुत करेगा वह वर्तमान राजनीति क्षेत्र में तथा मानव के स्वर्णिम भविष्य को प्रारम्भ करने का श्रेय प्राप्त करेगा। और यह कर्म एक व्यक्ति का नहीं बल्कि राष्ट्र का है इसलिए इसे सार्वभौम कार्य माना जाना चाहिए। परन्तु लोग अपने अंहकार से बाहर नहीं निकल पाते हैं। जबकि हमारा उद्देश्य राष्ट्र निर्माण के लिए दार्शनिक, नैतिक व नीतिक परम्परा का उत्थान व पुर्नस्थापना है। यह सब कैसे होगा उसका सम्पूर्ण दर्शन और योजना "विश्वभारत" में प्रकाशित है।

प्रश्न - मीडिया के लिए तो यह समाचार था उसके विषय में आपका विचार क्या है ?

विश्वमानव - मीडिया क्या है, वर्तमान में सूचना का एक व्यापारिक संस्था। जिसमें व्यक्ति ही कार्य करते है और जब व्यक्ति सार्वभौम सिद्धान्त या दृष्टि से युक्त न हो तो उसके लिए वह व्यर्थ ही होगी, परन्तु जिस दिन उसे यह एहसास हो जायेगा कि इस समाचार से उसका कारोबार और गुणवत्ता बढ़ सकता है वह सक्रिय हो जायेगी, ठीक वैसे ही जैसे प्रो0 स्टीफेन हाकिंग के जनवरी 2001 में भारत यात्रा पर मीडिया ने अपनी सक्रियता दिखाई थी जबकि उनका व्याख्यान गिनती के लोगों को ही समझ में आया होगा।

प्रश्न - मीडिया की स्थिति के सम्बन्ध में आपके क्या विचार है ?

विश्वमानव - लोक तंत्र के चार स्तम्भों- कार्यपालिका, न्यायपालिका, विधायिका और पत्रकारिता (मीडिया) है। पत्रकारिता को चौथा स्तम्भ कहा जाता है। कुछ लोग पत्रकारिता को पहला स्तम्भ का दर्जा दिलाने के लिए कहते हैं परन्तु कोई भी दर्जा देने से पहले दर्जा लेने वाले को योग्यता दिखानी पड़ती है। योग्यता दिखाने के पश्चात् दर्जा स्वतः प्राप्त हो जाता है। पत्रकारिता लोकतंत्र व समाज का दर्पण है परन्तु यदि दर्पण ही धुंधला हो जाय तो समाज व लोकतंत्र का चेहरा भी धुंधला हो जायेगा। फिर इस दर्पण को कौन साफ करेगा? वर्तमान समय में यह पत्रकारिता रूपी दर्पण धुंधला हो चुका है। इसकी सफाई के लिए वह विषय चाहिए जो पत्रकारिता का लक्ष्य है अर्थात् "स्व" या "लोक" या "गण" या "जन" का सार्वभौम रूप और इसका स्वरूप व्यक्त हो चुका है। इसके बाद भी पत्रकारिता अपने को पहला स्तम्भ होने का दर्जा प्राप्त नहीं कर पाती तो यहाँ से पत्रकारिता का पतन प्रारम्भ होगा क्योंकि पत्रकारिता की गुणवत्ता नापने का पैमाना व्यक्त हो चुका है। वर्तमान तथा भविष्य की पत्रकारिता-रचनात्मक पत्रकारिता का ही समय है और यह वहीं से प्रारम्भ होगा जहाँ "स्व" का वैश्विक रूप का ज्ञान होगा जिससे व्यक्ति स्तर से विश्व स्तर तक के लिए रचनात्मक मार्गदर्शन दिया जा सके। पत्रकारिता को शीघ्रता से इसे अपनाना चाहिए जिससे उसके प्रति समाज में विश्वास, गुणता और उपयोगिता का विकास हो जिसके लिये पत्रकारिता से जुड़े लोगों को "विश्वभारत" का अध्ययन करना चाहिए।

प्रश्न - भारत की स्थिति के सम्बन्ध में आपकी क्या दृष्टि है ?

विश्वमानव- वर्तमान समय में भारत दर्शन, नीतिक और नैतिक सहित इच्छा शक्ति के पूर्ण अभाव में है परिणामस्वरूप भारत लगातार वैश्विक नीतियों से मार खा रहा है। और सिर्फ बचो और बचाओं की नीति में उलझा हुआ है। यहाँ न तो भविष्य में झाँककर नीतियों को प्रस्तुत करने की दृष्टि बची है न ही ऐसा करने की इच्छा शक्ति, और न ही अनुकूलन क्षमता है। कुल मिलाकर यथास्थिति बनाये रखने का फार्मूला देश में व्याप्त है। भारत को वैश्विक नीतियों के मूल का सत्य सैद्धान्तिकरण के लिए प्रयत्न करना चाहिए, जिससे उससे निकलने वाली सभी

शाखाएँ स्वतः ही सत्य-सिद्धान्त के अनुसार हो जायें। वर्तमान में ऐसा करने के लिए कोई राजनीतिक दल भी इच्छा शक्ति से युक्त नहीं है। जबकि स्थायी राजनीति के लिए यह एक अच्छा मुद्दा है जिससे राष्ट्रीय एकता, अखण्डता इत्यादि सहित व्यक्ति भारत व विश्व का कल्याण निश्चित है। और ऐसा करने से ही स्वदेशी, स्वराज और सुराज को प्राप्त किया जा सकता है अन्यथा नहीं।

प्रश्न - देश के तमाम धर्माचार्य यज्ञ कुण्ड में आहूति के द्वारा भी तो विश्व कल्याण कर रहे है?

विश्वमानव- उद्देश्य सत्य है परन्तु उद्देश्य अनुसार कर्म नहीं। दोनों लगभग विपरीत दिशा में चल रहे हैं क्योंकि काल ज्ञान से वे मुक्त हैं। उद्देश्य सार्वजनिक प्रमाणित दृश्यकाल का है तो कर्म भूत काल के व्यक्तिगत प्रमाणित अदृश्य काल का। यह ऐसे ही है जैसे कोई कहे कि - मैं चीनी खा रहा हूँ डायबीटीज समाप्त करने के लिए, तो फिर परिणाम आप स्वयं समझ सकते हैं। व्यक्तियों की भी यही स्थिति है। आप देखते होंगे कोई धर्माचार्य "विचार क्रान्ति" की बात करता है तो कोई "आध्यात्मिक क्रान्ति" की। और कोई राजनेता "स्वराज" या "सुराज" या "स्वतन्त्र" इत्यादि की बात करता है। यह कैसे होगी? यह तभी हो सकती है जब "स्व" का वैश्विक रूप व्यक्त होगी और वह हो चुकी है। यह वही कार्य है जिसके लिए धर्माचार्य, राजनेता, वैज्ञानिक तथा स्वयं भारत एवं संयुक्त राष्ट्र संघ व्यक्ति सहित विश्व के लिए करना चाहता है। देखना यह है कि इच्छा व्यक्त करने वालों की इच्छा पूर्ति होने पर वे अपना कर्तव्य निर्वाह कर पाते है कि नहीं।

प्रश्न - आपकी दृष्टि में राजनीतिक संगठन का स्वरूप क्या होना चाहिए?

विश्वमानव- आदर्श राजनीतिक दल का रूप बहुमुखी होना चाहिए। उसे मूल रूप से प्रत्यक्ष और अप्रत्यक्ष दोनों कार्यों पर समान रूप से ऊर्जा खर्च करनी चाहिए। प्रत्यक्ष कार्यों में - जनसभा, जनजागरण, प्रदर्शन, रैली, अन्याय व अत्याचार के विरूद्ध आवाज व विरोध सहित संगठन संरचना में मूल विषयों के प्रकोष्ठ द्वारा व्यापक जाल आवश्यक है। अप्रत्यक्ष कार्यों में रचनात्मक दर्शन व उसका लगातार मीडिया, पत्र पत्रिका द्वारा प्रसार होना चाहिए जो व्यक्ति स्तर से विश्व स्तर तक के लिए हो तथा अन्य की आलोचना के बजाय अपने विचारों की प्राथमिकता होनी चाहिए। संगठन की संरचना को भी एक साथ प्रसारित करना चाहिए जिससे प्रत्येक व्यक्ति शीघ्रता से उसके व्यापक रूप को देख सके। रचनात्मक दर्शन होने से व्यक्ति को वह स्फूर्त स्व चेतना प्रदान करेगा। परिणामस्वरूप वे स्वयं अपनी चेतना से अन्य संगठन से तुलना कर सकेंगे। प्रायः नेतृत्वकर्ता अप्रत्यक्ष कर्म को उतना महत्व नहीं देते परन्तु स्थायी सम्बन्ध और अपने निराकार रूप को प्रत्येक स्थान पर पहुँचाने के लिए यही अन्तिम माध्यम है। प्रत्यक्ष कर्म से नेतृत्वकर्ता बोलते हैं, जनता सुनती है। जो केवल उसी समय के लिए ही होता है, परन्तु अप्रत्यक्ष कर्म से लम्बे समय के लिए नेतृत्वकर्ता जनता के समक्ष उपस्थित रहते हैं। और जनता बोलती रहती है जिससे संगठन अपने कार्यों का सत्य मूल्यांकन करते हैं। और यह अलग से आवश्यक योगदान होता है। प्रायः नेतृत्वकर्ता को जमीनी सत्य का पता नहीं चल पाता वे मात्र जातिय गणित और वोट बैंक के प्रतिशत से ही अपने भविष्य का गणित निकालते है जो प्रायः गलत हो जाता है। दल के कार्यकर्ताओं को हमेशा ऐसी दृष्टि में रहना चाहिए जिससे वे अन्य द्वारा प्रसार की जाने वाली विचारों को पकड़े तथा अपने दल के हित के लिए अपने दल के मुखिया तक पहुँचाये अन्यथा अपने पार्टी को कमजोर करने के जिम्मेदार वे स्वयं होते हैं।

प्रश्न - देश के लिए जाति और धर्म आधारित राजनीति का परिणाम क्या होगा?

विश्वमानव- दो बाते हैं - स्व का व्यक्तिगत रूप और स्व का सार्वभौम रूप। व्यक्तिगत रूप व्यक्ति धर्म तथा सार्वभौम रूप सार्वजनिक धर्म कहलाता है। सार्वजनिक धर्म ही मनुष्य का वास्तविक धर्म है। व्यक्तिगत धर्म का तो पशु भी पालन करते हैं। कार्य करने के दो तरीके हैं - पहला समाज में जनता के स्वभावानुसार, दूसरा अपने अनुसार। व्यक्तिगत धर्म में स्थित कोई भी राजनीतिज्ञ या धर्माचार्य जो अपने पीछे भीड़ चाहता है वह जनता के स्वभावानुसार ही कार्य करता है। उसे वह वही प्रस्तुत करेगा जो जनता को प्रिय लगे चाहे वह जनता को भ्रमित और

दूरगामी परिणाम को खतरनाक ही क्यों न बनाता हो। जबकि सार्वजनिक धर्म में स्थित कोई भी राजनीतिज्ञ व धर्माचार्य जनता के समक्ष वही प्रस्तुत करेगा जो स्व के सार्वभौम रूप के अनुसार होगा चाहे उसे जनता समझे या न समझे। जबकि वह जनता में रचनात्मक बुद्धि व दूरगामी परिणाम सुखद ही बनाने का प्रयास होता है। देश में जाति-धर्म आधारित राजनीति व्यक्ति धर्म में स्थित राजनीतिज्ञों और धर्माचार्यों की देन है। इससे सिर्फ जाति-धर्म जागरण, उसके आधार पर व्यक्ति का शारीरिक एकीकरण तथा जाति-धर्मों का आपस में विरोध का विकास ही सम्भव है। न कि कोई बौद्धिक या मस्तिष्क या विकास का विकास। और जब तक कोई राजनीतिज्ञ व धर्माचार्य बुद्धि या मस्तिष्क विकास के लिए रचनात्मक ज्ञान नहीं देता तब तक जनता को यह समझना चाहिए कि वह उनके द्वारा उनके स्वार्थ के लिए इस्तेमाल हो रहे हैं। जिस प्रकार कोई राजनीतिज्ञ जाति आधारित व्यक्ति के शारीरिक एकीकरण से जाति कल्याण का दावा नहीं कर सकता उसी प्रकार कोई भी धर्माचार्य धर्म आधारित व्यक्ति के शारीरिक एकीकरण से धर्म के कल्याण का दावा नहीं कर सकता। क्योंकि वे अपने पीछे समर्थकों की भीड़ बढ़ाने के लिए ये मुद्दे उठाते हैं जबकि उनके लिए सार्वजनिक कार्य करना विवशता होती है। जाति-धर्म का कल्याण पूर्णतया राजनीतिज्ञ, धर्माचार्य और जनता के बुद्धि-मस्तिष्क पर निर्भर करता है न कि भीड़ पर। और ऐसी स्थिति में यह असम्भव हो जाता है जब राजनीतिज्ञों और धर्माचार्य की पूरी पीढी ही सार्वभौम धर्म से हटकर व्यक्तिगत धर्म में स्थापित हो गयी हो। प्रश्न हो सकता है कि ये राजनीतिज्ञ और धर्माचार्य जनता को मार्गदर्शन दे रहे हैं परन्तु इन्हें मार्गदर्शन कौन देगा?

प्रश्न - आपका कार्य तो व्यापक है फिर राजनीति की ओर भी आप कार्य किये होंगे?

विश्वमानव - बिल्कुल हमने सार्वभौम सत्य-सिद्धान्त के अप्रत्यक्ष कर्म को राजनीति के प्रत्यक्ष कर्म से जोड़कर "राष्ट्रीय क्रान्ति मोर्चा" का एक संगठन संरचना तैयार कर दिया है जिसमें देश के सक्रिय आन्दोलन जो सत्य-सिद्धान्त के अनुरूप है, उन्हें शामिल कर दिया है, और राष्ट्रीय क्रान्ति मोर्चा का नेतृत्व करने के लिए मेरी ओर से स्पष्ट घोषणा है कि- "है कोई बचा भारत में पुरूष तत्व से युक्त राजनेता जो सार्वभौम सत्य-सिद्धान्त आधारित योजनाबद्ध राष्ट्रीय क्रान्ति मोर्चा का नेतृत्व कर सके।" चूंकि मोर्चा का सम्पूर्ण दर्शन ही रचनात्मक सार्वभौम सिद्धान्त पर आधारित है इसलिए उसकी समस्त योजनाएँ व नीतिया सफलता के लिए फिक्स है। और यह सभी राजनीतिक दलों के लिए आमंत्रण है।

प्रश्न - पुरूषतत्व से आपका तात्पर्य क्या हैं?

विश्वमानव - भारतीय दर्शन के सर्वप्राचीन और अभेद दर्शन में प्रकृति और पुरूष दो शब्द हैं। जो कुछ नित्य परिवर्तनशील है उसे प्रकृति तथा जो अपरिवर्तनशील है उसे पुरूष कहा गया है। इस प्रकृति को ही स्त्रीयोचित या माया कहा गया है। यह प्रकृति या पुरूष गुण नर या नारी दोनों में सम्भव है अर्थात् कोई नारी पुरूषोचित भी हो सकती है तथा कोई पुरूष स्त्रीयोचित भी हो सकता हैं। यह व्यक्त व्यवहार से निर्धारित होता है।

प्रश्न - वर्तमान राजनीति में तो अधिकतम स्त्रीयोचित गुण ही दिखाई देते हैं फिर आप स्वयं क्यों नहीं मोर्चा का नेतृत्व करते?

विश्वमानव - पहली बात, मोर्चा का समस्त दर्शन व्यक्त और स्थिर है इसलिए वह अपरिवर्तनीय पुरूषोचित है। कोई भी नेतृत्वकर्ता मोर्चा का नेतृत्व सभालते ही वह अपने भूतकाल से मुक्त हो पुरूषोचित गुण के आवरण में आ जायेगा, इसलिए बात यह नहीं है कि नेतृत्वकर्ता कौन है। बात इच्छाशक्ति की है। और यह वही होगा जहाँ पुरूष तत्व का अंश या पूर्ण रूप विद्यमान होगा। दूसरी बात, मेरा कार्य देश काल मुक्त कार्य है यही मेरी सीमा है। विषय क्षेत्र असीम होने से मैं किसी क्षेत्र में प्रत्यक्ष रूप से बद्ध नहीं हो सकता। वैसे भी एक ही शरीर से अनेक क्षेत्रों के प्रत्यक्ष नेतृत्व की आशा लोगों को नहीं करनी चाहिए। समन्वय का सिद्धान्त है जो विषय जिसके पास न हो, उस विषय के विशेषज्ञ के साथ समन्वय स्थापित करना एकीकरण है। इस प्रकार आप अपने विषय के सीमा में रहकर कम समय में अधिक सफलता प्राप्त कर सकते हैं। इसे कहते हैं-ईश्वरत्व भाव से भोग। अभी लोग भोग

करना भी नहीं जानते। मैं सिर्फ प्रेरक हूँ और प्रेरक ही रहूँगा। चाहे इसे मीडिया, राजनीति इत्यादि क्षेत्र राष्ट्र के निर्माण के लिए प्रयोग करे या न करें। मैं मात्र प्रेरक हूँ। प्रेरक सदा अदृश्य और अविश्वसनीय होता है ऐसा समाज मानता है। यदि समाज प्रेरक को दृश्य और विश्वसनीय मानता तब वह "आत्मा" को भी सत्य मानता परन्तु यह दुर्भाग्य है कि प्रत्येक व्यक्ति में आत्मा के होने के कारण वह जीवित दिखायी पड़ता है। फिर भी वह आत्मा को नहीं मानता। यह एक "मूर्खता पूर्ण" स्थिति है कि जिसके कारण व्यक्ति है, जो उसे प्रेरित कर रहा है, उसी के प्रति उसका विश्वास नहीं है। जब व्यक्ति में विश्वास उत्पन्न हो जायेगा मैं प्रेरक भी प्रत्यक्ष हो जाऊँगा।

प्रश्न - यदि कोई नेतृत्वकर्ता मोर्चा का नेतृत्वकर्ता बनना चाहता हो तो आपकी मुलाकात कैसे होगी ?

विश्वमानव - मुलाकात तो तब आवश्यक है जब सूटकेस इधर-उधर करना हो या कोई गुप्त नीति तय करनी हो। यहाँ इनमें से कुछ भी नहीं करना है, जो कुछ है सब व्यक्त है, वही वार्ता है, वही मुलाकात है जो अपरिवर्तनीय है। जिन्हें मोर्चा का नेतृत्व करना हो वे अपनी शैली में जनसभा मीडिया से सार्वजनिक रूप में "राष्ट्रीय क्रान्ति मोर्चा" के गठन की सूचना व अन्य दलों को शामिल होने का आमंत्रण की घोषणा करें। बस इतना ही पर्याप्त है, फिर अपने आप सभी सूत्र सक्रिय हो जायेंगे। और वही परिणाम प्राप्त होने लेगेंगे जो फिक्स किये गए हैं। यहाँ परिणाम व्यक्त है जो स्वयं के कर्मों पर निर्भर है।

प्रश्न - ऐसा तो नहीं कि नेतृत्वकर्ता भी फिक्स हों।

विश्वमान - सब कुछ सम्भव है, और कुछ भी सम्भव नहीं। लोग एक दो कदम भी आगे नहीं सोच सकते यहाँ तो दूरी इतनी है कि अनुमान लगाना ही असम्भव है मेरा सम्पूर्ण कार्य, जीवन, मन इत्यादि सभी विश्व ऐतिहासिक स्तर पर फिक्स है। मेरे सम्पूर्ण कार्य में दो राजनीति क्षेत्र से तथा दो धर्म क्षेत्र से स्थान फिक्स है लेकिन उस पर पीठासीन होने वाले शरीर फिक्स नहीं है। क्योंकि जिन्हें उस के लिए आमंत्रित किया जाता है, वे सतचण्डी, लक्षचण्डी यज्ञ इत्यादि अनुपयोगी कर्मकाण्ड तथा अपने सीमित बुद्धि-चेतना से मेरा मूल्यांकन करने लगते हैं तथा अपने भले सहित विश्व कल्याण के इस महान अन्तिम कार्य को भी त्याग देते है। मेरी स्थिति तो फिक्स है और मेरे समक्ष व्यक्त होने के अनेक विषय क्षेत्र हैं। इसलिए ही कहता हूँ आप लोग सिर्फ अपना लाभ इसमें देखें क्योंकि आप लोग ऐसा ही करते आये हैं।

प्रश्न - आप यह कैसे सिद्ध कर सकते हैं कि आपका सम्पूर्ण कार्य फिक्स है?

विश्वमानव - इसे सर्वप्रथम एक उदाहरण से समझे, मान लिजिए आप हावड़ा से दिल्ली की ओर जा रहे हैं और इस यात्रा के बीच में आपकों कई स्थानों पर रूकना है जहाँ आपका कुछ कार्य है। दिल्ली की ओर आपकी यात्रा उत्थान हुआ और लक्ष्य दिल्ली की दृष्टि में बीच में रूकना पतन। अगर हमें यह पता हो कि आप पतन से फिर उत्थान की ओर अग्रसर होते हुये दिल्ली पहुँचेंगे ही, और मैं पहले से ही दिल्ली पहुँचकर बैठा रहूँ तो मुझे आपसे यह कहने में कोई शक नहीं होगा कि हमारा दिल्ली में मिलना फिक्स है। इसी प्रकार व्यक्तिगत प्रमाणित सत्य से सार्वजनिक प्रमाणित सार्वभौम सत्य-सिद्धान्त तक की यात्रा में बीच-बीच में पतन के कार्य होने के बावजूद संयुक्त रूप से संयुक्त मानव समाज का मन उत्थान की ओर अग्रसर होते हुये सार्वभौम सत्य-सिद्धान्त के अन्तिम लक्ष्य की ओर ही जा रहा है। जो लोग विश्व ब्रह्माण्ड स्तर पर अनेक विषयों की स्थिति का ज्ञान नहीं रखते उन्हें इसका ज्ञान नहीं हो पाता फलस्वरूप वे पतन को ही उत्थान समझ सकते हैं या अनजाने ही उत्थान की ओर जा रहे होते हैं। यहाँ स्थिति यह है कि यह सार्वभौम सत्य-सिद्धान्त पहले ही आविष्कृत किया जा चुका है, ऐसी स्थिति में हमें यह कहने में कोई शक नहीं कि मेरा सम्पूर्ण कार्य फिक्स है। लोगों ने व्यक्तिगत लाभ के लिए "फिक्सिंग" कर रखा है। मैंने सर्वकल्याण के लिए "फिक्सिंग" कर रखा है। इस सर्व में मैं भी हूँ। इसलिए हम अपने कार्यों के प्रति आश्वस्त हूँ, निर्विरोध हूँ, और बिना किसी को पदच्युत किये पीठासीन हूँ।

प्रश्न - प्रो0 स्टीफेन हाकिंग का लक्ष्य क्या है?

विश्वमानव - प्रो0 स्टीफेन हाकिंग विश्व के सभी बलों को समेटने वाला एक सार्वभौमिक सिद्धान्त को खोजने में जुटे हुये हैं। वे कहते हैं कि यदि एक सार्वभौमिक सिद्धान्त उपलब्ध हो जाता है तो वह मानव मस्तिष्क की एक महान विजय मानी जायेगी, तब हम ईश्वर के दिमाग को भलि-भाँति समझ जायेंगे। प्रो0 स्टीफेन हाकिंग भौतिक विज्ञान क्षेत्र से ब्रह्माण्ड की व्याख्या को उस मोड़ पर पहुँचा चुके हैं। जो मेरे विचार से भौतिक विज्ञान में सैद्धान्तिक क्षेत्र से अन्तिम शेष कार्य है। वे इसे ब्लैक होल के अपने नवीनतम व्याख्या से प्रस्तुत कर चुके हैं। इस सार्वभौमिक सिद्धान्त की खोज के लिए प्रो0 हाकिंग आगामी 20 वर्ष का लक्ष्य निर्धारित किये हैं। जबकि सेंटर फार फिलासफी एण्ड फाउण्डेशन आफ साइंस के निदेशक प्रो0 रंजीत नायर ने इस समय को बहुत कम बताया है। प्रो0 नायर का कहना है कि दर्शन और विज्ञान एक दूसरे से जुड़े हुये हैं, जिन समस्याओं का हल हम वैज्ञानिक ढंग से समाधान नहीं कर पाते, वहाँ दर्शन की जरूरत होती है। दर्शन, विज्ञान से अलग नहीं है। दर्शन ऐसा विषय है जहाँ सच तर्क से साबित होता है। आपको मैं यह बताउँ कि प्रो0 हाकिंग ने ब्रह्माण्ड की व्याख्या को जहाँ लाकर भौतिक विज्ञान के लिए समस्या बताया है वे सब सत्य-सिद्धान्त के द्वारा व्याख्या किये जा चुके है जो मेरे शास्त्र-साहित्य के पुस्तक - "विश्वशास्त्र" में है। इस प्रकार सत्य-सिद्धान्त का व्यापक दायरा भौतिक विज्ञान के सबसे बड़ी अन्तिम समस्या को भी मार्गदर्शन व हल देने में सक्षम है। इसमें सबसे बड़ा लाभ व्यक्ति के दृष्टि में सुधार पर होगा अर्थात् व्यक्ति जो एक आयामी दृष्टि को ही सत्य मानते हैं उन्हें अब बहुआयामी दृष्टि को सत्य मानना होगा। एक आयाम से ईश्वर या आत्मा या सिंगुलरिटी को सिद्ध किया जा सकता है परन्तु बहुआयामी से ईश्वर के मस्तिष्क अर्थात् कार्यप्रणाली को जाना जाता है। ईश्वर के होने न होने का निर्धारण हमारे लिए जरूरी नहीं है परन्तु उसका मस्तिष्क हमारे लिए अतिआवश्यक है। दर्शन आन्तरिक अनुभूति है। तो भौतिक विज्ञान बाह्य अनुभूति है, अब इन क्षेत्रों का पूर्ण मिलन हो चुका है। इस सम्बन्ध में मैंने ब्रह्माण्ड वैज्ञानिकों के लिए सहायता सम्बन्धित सूचना टाटा इन्स्टीच्यूट आफ फण्डामेण्टल रिसर्च, मुम्बई का भेज दी है।

प्रश्न - कहीं ऐसा तो नहीं कि "पुनर्जन्म और अवतार" के रूप में स्वयं को प्रस्तुत करने के कारण मीडिया और अन्य लोगों के निष्क्रीयता का कारण हो ?

विश्वमानव - ऐसा हो सकता है परन्तु सरलतम ढंग से समझने के लिए-इच्छाओं का पुनर्जन्म तथा सार्वभौम सत्य-सिद्धान्त का अवतरण होता है। व्यक्तिगत प्रमाणित सार्वभौम सत्य से सार्वजनिक प्रमाणित सार्वभौम सिद्धान्त तक की यात्रा अवतारी यात्रा है। और इस यात्रा में अंशावतार तथा पूर्णावतार होते हैं। पूर्णावतार वे होते हैं जिनसे सत्य या सिद्धान्त की पूर्णता व्यक्त होती है। श्रीकृष्ण क्या है? वे पिछले सभी विज्ञान सम्मत विचारों के एकीकरण के साथ स्वयं अपने मस्तिष्क के व्याख्याता और स्थापक हैं। चूंकि आत्मा अब तक व्यक्तिगत प्रमाणित ही रही इसलिए उनका गीतोपनिषद् सार्वभौम सत्य होते हुये भी उस रूप में स्थापित नहीं हो सका। सामान्यजन अपने वर्तमान समय के मस्तिष्क के बराबर भी नहीं होते, फिर उस समय के सार्वभौम मस्तिष्क से आगे की मस्तिष्क को इतनी सरलता से नहीं जाना जा सकता। फलस्वरूप अन्य लोगों द्वारा मेरे लिए अहंकारी जैसा भाव व्यक्त होना स्वाभाविक है जबकि यह स्वतः उनके भूतकाल में होने के कारण है। वह अवतार गुणों से पूर्ण हो ही कहता है, और प्रत्येक का यह अधिकार है कि वह अपने गुणों के अनुसार अपना निर्धारित पद स्वयं व्यक्त कर सकता है। जिन्हें गुणों के पहचान का ज्ञान नहीं वह कैसे अपना या किसी अन्य का पद निर्धारित कर सकते हैं। इसलिए लोगों के मानने या न मानने से अपने उपर कोई प्रभाव नहीं पड़ता। सार्वभौम सत्य-सिद्धान्त अन्तिम पूर्णावतार का ही निराकार रूप है, और जो अन्तिम होगा वह निश्चित रूप से किसी के अन्तिम इच्छा का पुनर्जन्म रूप भी होगा। अवतार तथा पुनर्जन्म विज्ञान के सिद्धान्त के अनुरूप होता है। अवतार कभी भी विज्ञान विरूद्ध नहीं चलता। इस प्रकार यह सत्य है कि जो कुछ विज्ञान सम्मत है सिर्फ वही धर्म का सत्य रूप है। अन्ततः सिर्फ वही बचेगा। न तो विज्ञान का सार्वजनिक विरोध हो सकता है न ही पूर्णावतार का। अद्वैत दर्शन का कहना है सभी ईश्वर है। परन्तु युगों में कोई एक ही उसे व्यक्त कर सकता है। अब तो व्यक्त करने की बात पुरानी हो गयी। अब सीधे

सत्य-सिद्धान्त और ईश्वर के मस्तिष्क को जानकर लोग ईश्वर अनुसार बनें और कर्म करें यही बुद्धिमानी है। अन्य जो इस जीवन में न समझेंगे उन्हें पुर्नजन्म में आना होगा। यह अवतार या पुनर्जन्म कोई नई बात तो है नहीं, पहले भी हुआ था और अब अन्तिम रूप से वर्तमान में प्रत्यक्ष है।

प्रश्न - आपका अपना कर्म-सिद्धान्त क्या है ?

विश्वमानव - मेरा व्यक्तिगत कर्म सिद्धान्त यह है कि विषय क्षेत्रवार रचनात्मक योजनाओं को सम्बन्धित विषय पर कर्म करने वालों के समक्ष प्रस्तुत करो और उनके उत्तर की प्रतीक्षा किये बिना आगे बढ़ते रहो। यह कुछ ऐसे ही है जैसे -स्टेशन पर खड़ा व्यक्ति और उसके मंजिल की ओर जाने वाला ट्रेन। ट्रेन पर वह यात्री न बैठे तो ट्रेन की क्या गलती? यदि ट्रेन पर बैठता है तो व्यक्ति का सहयोगी ट्रेन और ट्रेन का सहयोगी व्यक्ति बन जाता है। मंजिल पर दोनों पहुँच जाते हैं। एक का पहुँचना "फिक्स" था, दूसरा सहयोग से पहुँच जाता है। साथ ही जो "फिक्स" था उसकी रूचि और गति बढ़ जाती है।

प्रश्न - अन्त में एक प्रश्न, आपकी दृष्टि में समाज का रूप क्या होना चाहिए।

विश्वमानव - पूर्ण ज्ञान-ध्यान-कर्मज्ञान से युक्त अपने अपने पेशे में संलग्न स्त्री-पुरूष और संस्था अर्थात् मानक आधारित समाज न कि विचार या व्यक्ति आधारित समाज। यही वर्तमान लडखड़ाती लोकतन्त्र का विकसित रूप पूर्ण स्वस्थ लोकतन्त्र में समाज का स्वरूप है। अभी समाज व लोकतन्त्र पतन और उत्थान के तरंगाकार गति से उत्थान की ओर बढ़ रहा है। जो इस कार्य से पहले ही जुड़ जायेंगे, वे ही पूर्ण स्वस्थ लोकतंत्र व समाज के निर्माणकर्ता कहलायेंगे। बस गति-देने की बात है सब कुछ तो आविष्कृत कर व्यक्त किये जा चुके हैं। यह सब बाते वर्तमान की है परन्तु अधिकतम लोगों का मस्तिष्क भूतकाल में होने से उन्हें भविष्य की बात लगती है।

भाग-2
विश्वमानव - वक्तव्य

विश्व शान्ति के लिए मन का मानकीकरण केवल शब्द नहीं, बल्कि उसके मानक का निर्धारण व प्रकाशन हो चुका है।

मैं भारत और अमेरिका के हताश होने की प्रतीक्षा कर रहा हूँ

रचनात्मक पत्रकारिता - पत्रकारिता का सत्य-रूप

21 दिसम्बर, 2012 को सर्वनाश नहीं बल्कि पाँचवें युग - स्वर्ण युग और सत्यकाशी तीर्थ प्रकट हुआ है

मेरे विश्व शान्ति के कार्य हेतु बनाये गये पाँच ट्रस्ट मानवता के लिए सत्य-कार्य एवं दान के लिए सुयोग्य पात्र

विश्व शान्ति के लिए मन का मानकीकरण केवल शब्द नहीं बल्कि उसके मानक का निर्धारण व प्रकाशन हो चुका है।

(सन् 2000-2001 ई0 के बीच श्री लव कुश सिंह "विश्वमानव" द्वारा सर्वजीत साधना भवन, रेनुकूट, सोनभद्र (उ0प्र) भारत, पिन-231217 में दिया गया वक्तव्य)

हिन्दू धर्म के धर्म शास्त्रों में पुराण नामक धर्म शास्त्र विभिन्न स्तरीय मानक चरित्रों के कथाओं का प्रक्षेपण है जिससे ब्रह्मा परिवार व्यक्ति एवं व्यक्ति परिवार का मानक चरित्र, विष्णु परिवार सामाजिक व्यक्ति एवं सामाजिक परिवार का मानक चरित्र तथा शिव-शंकर परिवार वैश्विक-ब्रह्माण्डीय व्यक्ति एवं वैश्विक-ब्रह्माण्डीय परिवार का मानक चरित्र के रुप में प्रक्षेपित है। प्रक्षेपण का अर्थ है- उस मानक चरित्र में गुणों के संगम के साथ प्रस्तुत करना। स्वयं हिन्दू भी वर्तमान समय में इससे भ्रमित हो चुके हैं। वे समझते हैं कि ब्रह्मा, विष्णु व शिवशंकर नाम से शरीरधारी मनुष्य रुप में कभी थे या हैं। उन्हें यह समझना चाहिए कि मनुष्य को मानवीय व्यवहारों द्वारा आदर्श एवं मानक चरित्र की ओर ले जाने के लिए पुराणों का सृजन किया गया था परन्तु कालान्तर से यह वर्तमान समय में उस दृष्टि से मनुष्य हट गया। धर्म शास्त्र हमेशा से एकात्मता व मनुष्य को आदर्श मानव के रुप में निर्माण के लिए सृजित किये जाते रहे हैं। जब-जब मनुष्य जिस रुप में समझने में सक्षम होता है उस रुप में उसका सृजन किया जाता रहा है। नये शास्त्र साहित्यों का सृजन हिन्दू धर्म में लगातार होता चला आ रहा है।

हिन्दू धर्म तो सम्पूर्ण ब्रह्माण्ड को ही देवता के रुप में देखता है। जिसके परिणामस्वरुप ही तैंतीस करोड़ देवी देवताओं की चर्चा धर्म शास्त्रों में मिलती है जिसका आधार मात्र यह है कि मनुष्य इसी प्रकृति द्वारा सृजित है फलस्वरुप ब्रह्माण्ड के जिन-जिन वस्तुओं से वह प्रभावित होता है, उसकी दृष्टि में वे सभी देवी-देवता के ही रुप हैं। स्वाभाविक है मनुष्य जिनसे संरक्षण प्राप्त करता है वे पूज्यनीय ही होते हैं बावजूद इन सभी देवी-देवताओं के मूल रुप से देवी-देवताओं का त्रिस्तरीय संरचना ही सर्वोच्च है। ब्रह्मा-मूल स्तरीय, विष्णु- मध्यम स्तरीय तथा शिव-शंकर सर्वोच्च और अन्तिम स्तरीय। शिव-शंकर का स्वरुप विश्व-ब्रह्माण्डीय होने से वे सर्वत्र विद्यमान हैं इसी कारण वे सर्वमान्य और सार्वाधिक पूज्यनीय हैं। वर्तमान समय के विश्व समाज में जिस प्रकार से भूमण्डलीकरण हो रहा है उसमें विश्व शान्ति व विश्व कल्याण के लिए अब केवल शिव तन्त्र ही शेष अन्तिम मार्ग है। क्योंकि मात्र शिव और उनका तन्त्र ही सर्वत्र विद्यमान हैं। ईश्वर या शिव या आत्मा या ब्रह्म और कुछ भी नहीं सिर्फ सिद्धान्तों का समुच्चय अर्थात् सार्वभौम सत्य-सिद्धान्त ही है। विश्वमानक - शून्य श्रृंखला और कुछ भी नहीं विश्व कल्याण व शान्ति के लिए सिद्धान्तों का समुच्चय शिव तन्त्र है। जो व्यक्ति स्तर से ब्रह्माण्ड स्तर तक की व्याख्या करने में पूर्ण सक्षम है। व्यक्ति जब तक इस सर्वोच्च स्तर तक नहीं उठता तब तक उसे यह समझना चाहिए कि वह ईश्वर के सम्बन्ध में कुछ भी नहीं जानता है और न ही ईश्वर का लाभ उठा सकता है। क्योंकि ईश्वर को मानने या न मानने से कोई कल्याण होने वाला नहीं जब तक कि ईश्वर को समझा न जाय ईश्वर को समझने का अर्थ होता है उन सिद्धान्तों को समझना जिससे व्यक्ति से लेकर ब्रह्माण्ड संचालित हो रहा है। फलस्वरुप मानवीय व्यवहारों को भी समझने की शक्ति आ जाती है जिससे उन रास्तों से जीने की कला का ज्ञान हो जाता है। जिस पर विरोध कम हो। साथ ही समन्वय की विचारधारा सहित वह सभी गुण स्वतः प्रकट होने लगते हैं। जो एक आदर्श मानक मानव के लिए आवश्यक होते हैं। ईश्वर मनुष्य की गुणवत्ता मापने का एक पैमाना है। कोई भी व्यक्ति अपने गुणों को धारण कर ब्रह्मा, विष्णु या शिव-शंकर रुप में व्यक्त हो सकता है परन्तु सर्वोच्चता के शिखर पर एक-एक ही हो सकता है।

महाशिवरात्रि की रात शिव और शक्ति के मिलन की रात है। पुराणों में शिव को धारण करने वाले शंकर तथा शक्ति को धारण करने वाली पार्वती हैं। इसलिए इस रात को ही शंकर-पार्वती के विवाह द्वारा मिलन के रुप में प्रक्षेपित किया गया है। शक्ति के बिना शिव का आभास नहीं होता उसी प्रकार शिव के बिना शक्ति की

उपयोगिता नहीं समझ में आती। शिव, शक्ति बिना अधूरे हैं तो शक्ति, शिव बिना अधूरी हैं। दोनों का मिलन ही एक दूसरे के अस्तित्व का प्रमाण है। यह शक्ति ही माया, प्रकृति, नारी तथा शिव ही मायापति, पुरुष, नर के रुप में जाने जाते हैं। जब व्यक्ति प्रकृति के संरक्षण में जीता है तब वह संतान रुप में होता है, जब व्यक्ति प्रकृति से प्रेम करता है तब वह प्रेमी के रुप में होता है तथा जब व्यक्ति प्रकृति पर विजय प्राप्त करता है तब वह पति के रुप में होता है, इसी को मायापति कहते हैं। मुझे प्रकृति ने ही उत्पन्न किया, संरक्षण दिया जिससे कि मैं उससे प्रेम कर सकूँ और विजय प्राप्त कर सकूँ। मेरा प्रकृति के प्रति प्रेम, समर्पण, श्रद्धा, विश्वास यदि न होता तो विजय का परिणाम सार्वभौम सत्य-सिद्धान्त मुझसे व्यक्त न होता। मन के विश्वमानक का प्रस्तुतीकरण सम्पूर्ण ब्रह्माण्ड के प्रति मेरे असीम प्रेम का ही परिणाम है जिसके लिए मैं प्रकृति द्वारा उत्पन्न और संरक्षित किया गया था। धरती पर मेरे शरीर धारण का उद्देश्य यही था जो पूर्ण हुआ। विश्व कल्याण के समस्त प्रकाशित मार्गों से युक्त शरीर में स्थित मैं एक सार्वभौम आत्मा हूँ। जो अपना कार्य सम्पन्न कर मुक्त हो जायेगा। सार्वभौम सत्य-सिद्धान्त एक समन्वयीकृत सिद्धान्त है जिसका विस्तार सभी विषयों में प्रवेश उसी भाँति करता है जिस प्रकार शिव को सर्वव्यापी कहा जाता है परिणामस्वरुप धारणकर्ता व्यक्ति किसी भी विषय के साथ जुड़ने पर उसके मूल तक आसानी से पहुँचकर शीघ्रता से कुशलता प्राप्त कर लेता है। ऐसी स्थिति में ऐसे व्यक्ति का सम्बन्ध अनेकों विषयों से होता है तथा समाज में उसके अनेकों रुप व्यक्त होते हैं और सम्बन्ध रखने वाले अलग-अलग व्यक्ति अलग-अलग रुप में उसे देखते हैं परिणामस्वरुप व्यक्तियों के समक्ष भ्रम की स्थिति उत्पन्न होने लगती है जबकि धारणकर्ता व्यक्ति अभिनेता की भाँति विषयों से जुड़कर सफलतापूर्वक अभिनय करता चला जाता है।

सार्वभौम सत्य-सिद्धान्त आधारित शास्त्र-साहित्य विश्वमानक - शून्य श्रृंखला वही शास्त्र है जिससे विश्व समाज मार्गदर्शन प्राप्त कर स्वयं का कल्याण सहित विश्व की एकता के साथ उसका नियन्त्रण करेगा। समाज में अराजकता, अव्यवस्था और विकेन्द्रीकृत मानव शक्ति का एक ही उपाय है- मन का विश्वमानक तथा पूर्ण मानव निर्माण। यदि विश्व समाज ऐसा नहीं कर सकता है तो मनुष्यता की सारी शक्ति अराजकता और अव्यवस्था के लिए ही खर्च होती चली जायेगी इसलिए आवश्यक है कि संयुक्त राष्ट्र संघ और सदस्य देशों के द्वारा पूर्ण मानव निर्माण की तकनीकी द्वारा पूर्ण मानव निर्माण करना चाहिए क्योंकि ऐसी प्रक्रिया एक लम्बी अवधि की प्रक्रिया होती है जबकि समय व्यतीत होने के साथ-साथ सार्वभौम प्राकृतिक बल द्वारा व्यक्ति और समाज की यही अन्तिम परिणति है अर्थात् मन के विश्वमानक स्तर पर प्रत्येक व्यक्ति व समाज का आना सुनिश्चित है जो उसके पूर्णता का प्रमाण है। लोकतन्त्र का धर्म-विश्वधर्म है अर्थात् वर्तमान अर्थों में सभी धर्मों का समन्वयरुपी धर्म जिसमें सभी धर्मों के आध्यात्मिक सिद्धान्तों का समन्वय हो। जो मनुष्य के ज्ञान व कर्मज्ञान मात्र से सीधे जुड़ता हो न कि जीवन शैली से। निश्चित रुप से यह आवश्यकता है कि विश्व में एक धर्म हो, एक प्रबन्ध हो, एक शिक्षा हो तथा एक कर्मज्ञान हो जो अब मनुष्य की इच्छा नहीं बल्कि सावभौम प्राकृतिक बल द्वारा यह आवश्यकता उत्पन्न हो जायेगी। अन्यथा मनुष्यता ही खतरे में पड़ जायेगी। इसलिए इसके लिए विश्व के नीति निर्धारक स्वयं ही विवश हो जायेंगे।

भारत विश्व व्यापक होने की ओर नहीं बल्कि अपने सीमा में संकुचित होने की ओर बढ़ चुका है कारण सिर्फ वोट की राजनीति तथा ध्येय से दूर हटकर श्रेय की ओर नेतृत्वकर्ताओं का बढ़ जाना है। ऐसा कोई प्रयत्न या वक्तव्य नहीं दिखाई पड़ता जिससे विश्व शान्ति व कल्याण के लिए कोई प्रक्रिया प्रारम्भ होने की झलक दिखाई पड़े।

मैं एक योजनाबद्ध व परिणाम को जानते हुए इस कार्य को सम्पन्न किया। अब मेरा अगला लक्ष्य भौतिक विज्ञान की ओर से ब्रह्माण्ड की व्याख्या व सम्पूर्ण समन्वयीकृत सिद्धान्त को खोजने के लिए प्रयत्नशील ब्रिटिश ब्रह्माण्ड वैज्ञानिक प्रो0 स्टीफेन हाकिंग की सहायता दर्शन क्षेत्र के सहयोग द्वारा करना है जिससे वे अपने कार्य को इसी जीवन में सम्पन्न कर सकें। सम्पूर्ण एकीकृत सिद्धान्त व सार्वभौम सिद्धान्त इत्यादि के पूर्ण विवादमुक्त स्वरुप के व्यक्त हो जाने से धर्म और ईश्वर सम्बन्धी धारणा का यथार्थ रुप विश्व के समक्ष स्पष्ट हो जायेगा जिससे विश्व को एक नई दिशा मिलेगी और शायद विश्व के उज्जवल भविष्य के लिए वह नई सुबह भी होगी।

मैं भारत और अमेरिका के हताश होने की प्रतीक्षा कर रहा हूँ

(सन् 2000-2001 ई0 के बीच श्री लव कुश सिंह "विश्वमानव" द्वारा "उपासना देश" समाचार पत्र कार्यालय, जौनपुर (उ0प्र) भारत में दिया गया वक्तव्य)

नोबेल पुरस्कार का अगला सशक्त दावेदार होने का स्पष्टीकरण "विश्वमानव" ने आज यहाँ अपने 34 वें जन्मदिवस के अवसर पर की। उन्होंने कहा कि संयुक्त राष्ट्र महासचिव श्री कोफी अन्नान और साहित्यकार श्री वी.एस.नायपाल को शान्ति और साहित्य का नोबेल पुरस्कार देने के निर्णय से अब यह स्पष्ट हो चुका है कि आने वाले वर्षों में शांति और साहित्य का संयुक्त नोबेल पुरस्कार निश्चित रूप से आइ.एस.ओ./डबल्यू.एस-0 श्रृंखला के आविष्कार के लिए पुनः एक बार भारत के ही पक्ष में आयेगा। क्योंकि नई सदी में संयुक्त राष्ट्र के समक्ष आने वाली अनेक प्रकार के नई चुनौतियों से निपटने के लिए सर्वमान्य आइ.एस.ओ. /डबल्यू.एस-0 श्रृंखला ही एक मात्र मार्ग है। विश्व को उसके लिए प्रतीक्षा करने के लिए स्वयं श्री कोफी अन्नान घोषणा और आमंत्रण दे चुके हैं। ऐसा साहित्य जो विश्व में शान्ति का अन्तिम मार्ग है, निश्चित रूप से वही साहित्य के नोबेल पुरस्कार के भी योग्य होगा। इस वर्ष साहित्य का नोबेल पुरस्कार प्राप्त करने वाले भारतीय मूल के साहित्कार श्री वी.एस.नायपाल ने भी अपने सूक्ष्म दृष्टि से यह देखे हैं कि भारत बौद्धिक विस्फोट के मुहाने पर खड़ा है। यह बौद्धिक विस्फोट आइ.एस.ओ./डबल्यू.एस-0 श्रृंखला ही है। पुरस्कार किसे प्राप्त होगा इस संबंध में विश्वमानव ने कहा कि आने वाले समय में यदि प्राकृतिक सत्य मिशन का गठन हो जाता है। तो यह पुरस्कार प्राकृतिक सत्य मिशन को मिलना चाहिए। प्राकृतिक सत्य मिशन के गठन के लिए मेरी ओर से लगातार आमंत्रण समाज में प्रसारित किये जा रहे हैं परन्तु समाज में व्यक्ति के दूरदर्शिता का अन्दाजा इसी से लगाया जा सकता है कि एक भी व्यक्ति आगे निकल कर नहीं आया जो ऐसे कार्यों में साथ आ सके। जबकि आइ.एस.ओ./डबल्यू.एस-0 श्रृंखला का आविष्कार और इस पर आधारित सभी गतिविधियों के संचालन के लिए योजनाबद्ध प्राकृतिक सत्य मिशन शान्ति, एकता, अन्तर्राष्ट्रीय विचार, साहित्य, संस्कृति, सामाजिक, आर्थिक, विकास इत्यादि से सम्बन्धित राज्य, देश, अन्तर्राष्ट्रीय तथा संयुक्त राष्ट्र संघ के अनेक पुरस्कारों के योग्य है। और यह जाति, निवास, जन्म स्थान, क्षेत्र, प्रदेश, और देश के लिए गर्व का विषय होगा कि अब तक देश के सभी नोबेल पुरस्कार प्राप्तकर्ताओं में सबसे कम उम्र के व्यक्ति के दो नोबेल पुरस्कार संयुक्त रूप से प्राप्त होगा। इतनी कम उम्र में बौद्धिकता के चरम ऊँचाईं पर पहुँचने की कला को स्पष्ट करते हुए उन्होंने कहा कि प्रत्येक अवतार अपने उसी जीवन में भविष्य की कार्यशैली और कला का सूत्र व्यक्त कर देता है। परन्तु साधारण व्यक्ति उसे पकड़ नहीं पाते अब जबकि अवतारी श्रृंखला का अन्त हो चुका है। इसलिए इस जीवन में भविष्य और वर्तमान की कार्यशैली स्पष्ट करना आवश्यक है और वह यह है कि व्यक्ति को कम समय में यदि अधिकतम कार्य करना हो तब हमेशा वहीं से कार्य प्रारम्भ करना चाहिए जहाँ तक उसके पहले के महापुरूष कार्य पूर्ण कर चुके हों। अगर ऐसा नहीं करते तो निश्चित जानना चाहिए कि उनके शब्दों का कोई मूल्य नहीं होता और न ही वह हम जैसों के साथ वह जुड़ सकता है। व्यक्ति को सभी में सिर्फ सकारात्मक पक्ष को ही देखना चाहिए तभी वह किसी का उपयोग कर सकता है। मेरे समक्ष अधिकतम व्यक्ति ऐसे आये जो मेरे नकारत्मक पक्ष को ही पकड़ते रहे और मेरी अधिकतम हँसी उड़ाते रहे परन्तु वहीं दूसरी तरफ मैं अपनी कला जो मेरी सार्वजनिक प्रमाणित कृष्ण कला है उसका सफल प्रयोग करते हुए उन पर हमेशा मन से हँसता रहा। उन लोगों के मस्तिष्क में जरा सी भी यह बात नहीं आती जो अपने आप को अवतार जैसे पद पर बिठा रहा है वह विचार प्रधान है या सत्य प्रधान। लोगों को जानना चाहिए कि विचार की स्थापना में व्यक्ति का समर्थन आवश्यक होता है परन्तु सत्य की स्थापना में व्यक्ति का समर्थन आवश्यक नहीं वह तो प्रकृति समर्थित होती है। और एक स्थिति के बाद उसकी आवश्यकता अपने आप समाज को हो जाती है। मैं, सार्वभौम बल के साथ तथा उसके आगे चल रहा हूँ। समाज में यदि बुद्धि का विकास नहीं होता तो वह नकारात्मक और विध्वंसात्मक की ओर स्वतः ही बढ़ जाता है। ऐसी स्थिति में सकारात्मकता और रचनात्मकता की माँग स्वयं हो जाती है। आतंकवाद के विरूद्ध विश्वव्यापी चिन्ता ने हमारे कार्य को प्राकृतिक रूप से और भी अधिक

सरल कर दिया है। मैं अमेरिका तथा भारत को विश्वव्यापी शान्ति की स्थापना में हताश होने की प्रतीक्षा कर रहा हूँ। और यह निश्चित भी है क्योंकि मेरी कार्यशैली यह है कि हम ऐसे व्यक्ति का निर्माण ही क्यों करे जो अलगाववाद की ओर सोचता हो। जबकि अन्य की कार्यशैली यह है कि जो जैसे बनना चाहता हो बने जब वह विध्वंस करेगा या कर चुका होगा, तब हम उसे रोकेंगे और उसी के लिए तमाम मिशाइल, तोप, बम इत्यादि बनाये जा रहे हैं। मनुष्य को अभी तब तक विकास करना है जब तक वह स्वयं अपने कृति को देख आश्चर्य में पड़ स्वयं सृष्टिकर्ता होने की अनुभूति न कर ले। इसलिए आवश्यक है कि पृथ्वी के मानसिक विवादों को समाप्त किया जाए जिसके लिए पहला और अन्तिम माडल आइ.एस.ओ./डबल्यू.एस-0 श्रृंखला आधारित प्रस्तुत किया जा चुका है। कोई अन्य व्यक्ति/संस्था भी माडल प्रस्तुत करने के लिए स्वतंत्र हैं और उसके लिए उन्हें प्रयत्न भी करना चाहिए। अवतारी गुणों को और अधिक स्पष्ट करते हुए उन्होंने कहा कि जो अवतार होते हैं या जो स्वयं को अवतार कहते है उनमें गुणों की इतनी व्यापकता होती है कि समाज में उपलब्ध सभी चरित्र का अंश उनमें विद्यमान होता है और उनका प्रदर्शन एक साथ बहुत कम और विश्वसनीय व्यक्ति के समक्ष ही करते हैं विश्वसनीय का अर्थ यह है कि वे जो उनके उद्देश्य और लीला में अंतर करने में सक्षम होते हैं। ऐसे व्यक्ति जो विश्वसनीय नहीं होते उनको दूर भगाने के लिए या संबंध विच्छेद करने के लिए केवल एक नकारात्मक गुणों का प्रयोग कर देना ही काफी होता है। क्योंकि वे मल्टीडायमेन्सनल अर्थात् बहुआयामी को नहीं समझते। अवतारों के साथ अनेक गुण होते हैं। उनमें अन्तर्यामी, भावातीत, गुणतीत, चेतनातीत इत्यादि प्रमुख हैं। इन गुणों के कारण कोई भी व्यक्ति जब दिल या दिमाग का प्रयोग अवतारों के समक्ष करता है तो वह अवतार द्वारा तुरन्त समझ लिया जाता है। और उसी अनुसार व्यवहार किया जाता है। ईश्वर और अवतार सम्बंधी धारणा में समाज बहुत पीछे है। उसकी दृष्टि में पूर्व के श्रीराम, श्रीकृष्ण इत्यादि की छवि दिमाग में बैठी है, वे आज भी यही सोचते हैं कि कोई ईश्वर या अवतार आयेगा तो हाथ में तीर धनुष, सुदर्शन चक्र, चार हाथों वाला, मुकुट इत्यादि पहनकर टपक पड़ेगा वहीं दूसरी ओर जीवन के लीला कथा भी जानते हैं। जब भी कोई अवतार आया तो उन लोगों ने अपने जीवन में संघर्षशीलता की एक मिशाल खड़ी की और जब तक वे सशरीर रहे तब तक अधिकतम विरूद्ध ही रहे और जब शरीर त्याग दिये तब उनके नाम पर रोजी-रोटी चलाने लगे। कोई भी महान कार्य चमत्कार से नहीं बल्कि सतत् बुद्धि युक्त कर्मशील रहने से सम्पन्न होता है। जातिवाद-सम्प्रदायवाद के सम्बंध में विश्वमानव ने कहा कि जो सत्य रूप में महापुरूष होते हैं। वे मानव प्रकृति मात्र के लिए कार्य करते हैं। परन्तु जब वे कर्तव्य मार्ग पर बढ़ते है तो अन्य मानव चूंकि वे जातिवाद-सम्प्रदायवाद के पक्षधर होते हैं। इसलिए उस महापुरूष को भी उसी अनुसार देखते हुए जुड़ना नहीं चाहते फिर विवशतावश वह महापुरूष अपने परिचितों को ही साथ लेता है। और ऐसे में उसे सर्वप्रथम अपनी जाति सम्प्रदाय के लोग ही मिलते हैं। इन स्थितियों में यह नहीं सोचना चाहिए कि वह जातिवाद के अधीन ऐसा करता है। उसका कारण लोगों का साथ न आना होता है और उसका कारण भी अन्य जाति के लोग ही होते हैं। क्योंकि उनका साथ न आना, उनकी ही गलती होती है। जो अपना अवसर तो गँवाते ही हैं, साथ ही उस जाति के एकीकरण का अवसर भी देते हैं। (उपासना ग्रुप पब्लिकेशन तथा जर्नलिस्ट कौंसिल आफ इण्डिया के सदस्यों के साथ "विश्वमानव" ने अपना जन्मदिन एक सादे समारोह में उनके कार्यालय में मनाया और उसी अवसर पर उन्होंने अपने विषय में उपरोक्त स्पष्टीकरण दी।)

रचनात्मक पत्रकारिता - पत्रकारिता का सत्य-रूप

(सन् 1999 - 2000 ई0 के बीच श्री लव कुश सिंह "विश्वमानव" द्वारा सर्वजीत साधना भवन, रेनुकूट, सोनभद्र (उ0प्र) भारत, पिन-231217 में दिया गया वक्तव्य)

रचनात्मक पत्रकारिता - पत्रकारिता का सत्य रूप है इसलिए वह पत्रकारिता को नियंत्रित करने वाले किसी भी कानून के दायरे से बाहर रहेगी। "विश्वमानव" ने अपने एकल प्रवचन में कहा कि एकत्व के विरूद्ध किया गया प्रत्येक शारीरिक, आर्थिक व मानसिक क्रियाकलाप आतंकवाद का ही रूप है जिसका स्तर परिवार, मुहल्ला, शहर, जिला, प्रदेश, देश व विश्व स्तर पर हो सकता है। वर्तमान समय में समाज सिर्फ शारीरिक रूप से होने वाले आतंकवाद से ही परिचित है जबकि आर्थिक व मानसिक आतंकवाद अभी विध्वंसक रूप में सामने नहीं आ सका है। इसलिए उससे समाज अभी परिचित नहीं है परन्तु यह अवश्यसम्भावी है। यदि हम विश्व से शारीरिक आतंकवाद को समाप्त कर सकें तो आर्थिक व मानसिक आतंकवाद बारी-बारी से विश्व के समक्ष आयेंगे। आर्थिक आतंकवाद के अन्तर्गत व्यक्ति या देश स्तर पर धन का संग्रह हो जाने से उत्पन्न होगा और मानसिक आतंकवाद उस वक्त जन्म लेगा जब ऐसी शिक्षा उपलब्ध कराने की साजिश रची जायेगी जो सिर्फ उनके मत के समर्थकों को बढ़ावा देने वाली होगी। आर्थिक व मानसिक आतंकवाद आज भी समाज में विद्यमान है परन्तु वह देश व विश्व स्तर पर अपना प्रभाव पूर्ण रूप से नहीं डाल पायी है। वर्तमान समय में व्यक्ति अपने आप में इतना अधिक केन्द्रित हो चुका है कि जब तक उसे व्यक्तिगत क्षति व समस्या न हो तब तक वह न तो आंदोलित हो सकता है और न ही अपने आप से उपर उठकर समाज व देश के लिए सोच सकता है। विश्व व ब्रह्माण्ड स्तर पर सोचना व ऐसे विषयों का अध्ययन तो दूर की बात है। व्यक्ति की यही भावना उसे लगातार दूर से आने वाले ऐसे विनाशक घेरे में घेरते जा रहा है जिसका अनुमान उसे नहीं है। देश व विश्व स्तर पर होने वाले आतंकवाद को तो हम जानते है व उसके विरूद्ध कार्यवाही में लगे हुये हैं परन्तु प्रत्येक परिवार में उसके सदस्य ही परिवार के लिए आतंकवाद सिद्ध होते जा रहे हैं। यह तभी समाप्त हो सकता है। जब व्यक्ति को संकीर्ण मानसिकता की शिक्षा के बजाय सार्वभौमिक शिक्षा के द्वारा उसे विश्व व्यापक बनाया जाय तभी हम व्यक्ति को प्रत्येक स्तर पर आतंकवादी बनने से रोक सकते हैं। और प्रत्येक व्यक्ति को उसके व्यक्तिगत केन्द्रित विषयों से उठाकर समाज व विश्व केन्द्रित विषयों पर ला सकते हैं। जिस प्रकार विश्व इस समय आतंकवाद के विरूद्ध कार्यरत है उसी प्रकार प्रत्येक परिवार से घर के आतंकवादियों का सफाया भी सार्वभौमिक शिक्षा द्वारा अभियान के तहत आवश्यक है। विश्वमानव ने आगे कहा कि भारत का यह दुर्भाग्य है कि सभी कुछ यहाँ तक कि मानसिक व आर्थिक आतंकवाद को समाप्त करने के लिए सार्वभौम शिक्षा और सार्वभौम सत्य-सिद्धान्त पर आधारित आई.एस.ओ./डब्ल्यू.एस.-शून्य श्रृंखला उपलब्ध होने के बावजूद वह पूर्ण रूप से परिणामों पर कार्य करने की पश्चिमी संस्कृति पर कार्यशील है। आध्यात्मिक विचारों से सहमति और उसे व्यवहार में उतारना ये दो अलग बाते हैं जिसमें जमीन आसमान का अन्तर है। भारत निश्चित रूप से आध्यात्मिक है परन्तु उसके नेतृत्वकर्ता उन विचारों का ढ़िढ़ोरा पिटवाकर अपना व्यक्तिगत लाभ प्राप्त करने में संलग्न है। यदि ऐसा न होता तो भारत परिणाम व मूल दोनों पर एक साथ कार्य करता अर्थात् वह एक तरफ आतंकवाद के विरूद्ध कार्यवाही करता तो दूसरी तरफ आतंकवादी पैदा ही न हो ऐसी शिक्षा व्यवस्था लागू करता। सार्वभौम सत्य-सिद्धान्त पर आधारित मानव संसाधन की गुणवत्ता का विश्वमानक आइ.एस.ओ./डब्ल्यू.एस.-शून्य श्रृंखला का आविष्कार हो चुका है। जो विश्वशान्ति का विवशता पूर्ण अन्तिम मार्ग भी है। विश्वशान्ति की प्रक्रिया का प्रारम्भ कब होगा, अब यह अमेरिका, संयुक्त राष्ट्र संघ व भारत के सर्वोच्च नेतृत्वकर्ताओं के कर्म पर ही निर्भर है तथा उसके प्रारम्भ न करने से होने वाली क्षति के जिम्मेदार भी वे ही हैं विश्वमानक आइ.एस.ओ./डब्ल्यू.एस-शून्य श्रृंखला से विश्व में अ-वाद अर्थात् सार्वभौम सत्य-सिद्धान्त की स्थापना होगी जो सर्वमान्य और सार्वभौम विषय है फलस्वरूप लोकतंत्र के धर्म सत्य-धर्म का स्वरूप विकसित होगा तभी एक शान्त व लोकतंत्र आधारित लगातार विकासशील विश्व को हम प्राप्त कर पायेंगे। मानवी बौद्धिक क्षमता अपने चरम लक्ष्य को प्राप्त हो वापसी की ओर हो गयी है। यह

उसी प्रकार है जैसे एक गेंद को उपर उछालने पर वह एक सीमा तक जाकर वापस होने लगती है। ऐसी स्थिति जब आती है। तब प्रकृति ही मनुष्य को विवशता पूर्वक ऐसे आविष्कारों को स्थापित करने के लिए बाध्य कर देती है। जिस पर वे अपने अनेकों प्रकार के अहंकारों के कारण सोचना पसन्द नहीं करते। वर्तमान समय में विश्व समुदाय जिन समस्याओं से लड़ रहा है। वह सब मनुष्य निर्मित ही है। इसलिए अन्ततः मनुष्य ही उसे हल करेंगे। यदि वे उसे हल नहीं कर पायें तब उस निराकार-ईश्वर और साकार-अवतार को समझ सकेंगे। और यह विवशता है कि सार्वभौम सत्य-सिद्धान्त भी मनुष्य शरीर के अलावा कहीं से व्यक्त नहीं हो सकता। पूर्व मैं कहे गये अपने शब्दों की याद दिलाते हुए विश्वमानव ने कहा कि मैंने कहा था कि परमाणु बम उतना खतरनाक नहीं है। जितना की उपर से लागू होने वाली नीतियाँ हैं। आतंकवाद निरोधक अध्यादेश के कारण उतना डर लोगों में व्याप्त नहीं है जितना की ऐसे समाज में इसे लागू करने के लिए है जहाँ मनुष्य का नैतिक पतन हो चुका है। क्योंकि कोई भी शस्त्र-अस्त्र गलत नहीं होता परन्तु वह किस उद्देश्य के लिए प्रयोग किया जा रहा है इस पर ही उसका मूल्यांकन होता है। जो पूर्णतया: मनुष्य के नियत पर निर्भर करती है। कानून का दुरूपयोग निश्चित रूप से इसके प्रयोगकर्ता अपने व्यक्तिगत हित के लिए करते हैं क्योंकि समाज में व्यक्तिहित ही पूर्ण प्रभावी हो चुकी है। जबकि सार्वजनिकहित इसका उद्देश्य होना चाहिए जिसकी संभावना नहीं के बराबर है। पत्रकारिता के क्षेत्र में, खोजी पत्रकारिता के क्षेत्र में प्रभाव डाल सकता है। रचनात्मक पत्रकारिता व्यक्ति स्तर से विश्व स्तर तक के शारीरिक, आर्थिक व मानसिक विकास के लिए मार्गदर्शन होता है। जो अलगाववाद को नहीं बल्कि एकीकरण के लिए होता है, न कि विध्वंस के लिए। विश्वमानव ने अपने एकल प्रवचन के दौरान कहा कि विश्व की गति सार्वभौमिकता की ओर ही है। जिसके प्रक्रिया में प्रत्येक विषय व नीतियाँ विवादों के घेरे में चली जा रही हैं। कारण जिस ओर से प्रथम कदम उठता है। उसे उसी ओर के मत से प्रेरित समझा जाने लगता है। और ऐसा तब तक होता रहेगा जब तक सर्वमान्य सार्वभौम सत्य-सिद्धान्त के मूल बीज से आधार प्राप्त न किया जाय क्योंकि सर्वमान्य सार्वभौम सत्य-सिद्धान्त कोई मत नियम नहीं है बल्कि वह समग्र ब्रह्माण्ड में व्याप्त नियम है, और प्रकृति तथा मनुष्य दोनों के नियमों के मिलने का समय आ रहा है। विवादों का एक उदाहरण है-पाठ्यक्रम है जिसमें परिवर्तन से शिक्षा के भगवाकरण का आरोप भारत सरकार पर लग रहा है। अभी भारत के ज्ञानीजन इतिहास अर्थात् भूतकाल की व्याख्या और उसके पुनर्लेखन में ही व्यस्त है जबकि यहाँ वर्तमान और भविष्य का साहित्य पूर्ण किया जा चुका है। जो एक घटना है। घटनायें तो प्रत्येक क्षण घटित हो रही है। परन्तु व्यक्ति को जो पता होता ह उसे ही सत्य मानता है। शेष अविश्वसनीय हो जाता है। रामायण और महाभारत में भविष्य के सम्बंध में यही हुआ है। और वर्तमान में भविष्य के साहित्य विश्वशास्त्र के साथ भी यही हो रहा है। जिन्हें पता है उनके लिए विश्वसनीय है। शेष के लिए अविश्वसनीय होगा। इस प्रकार रामायण व महाभारत की रचना कैसे हुई समझा जा सकता है। जो हमेशा जीवित व जीवनोपयोगी बनी रहेगी इसलिए वह पुरातत्व के साक्ष्य से प्रमाणित हो या न हो उसकी महत्ता सदैव रहती है। हिन्दुत्व का पाठ सारे समाज को पढाने वाली राष्ट्रीय स्वयं सेवक संघ के रज्जू भैया ने अपने पुस्तक में लिखा है कि ब्रह्मास्त्र आज का अणु बम ही है आश्चर्य होता है कि एक तरफ ये लोग ब्रह्म को ज्ञान कहते हैं दूसरी तरफ बह्मास्त्र को अणुबम बताते हैं। जबकि इसका सीधा सा अर्थ है ज्ञान का अस्त्र, इसी प्रकार नारायणास्त्र अर्थात् सुदर्शन चक्र का अर्थ है- अच्छे दर्शन का चक्र तथा पशुपास्त्र का अर्थ है- पशु प्रवृत्तियों के नाश का अस्त्र अर्थात् सार्वभौम सत्य-सिद्धान्त। नारायणास्त्र में ब्रम्ह्मास्त्र तथा पशुपास्त्र में नारायणास्त्र की शक्ति समाहित है। बह्मास्त्र ब्रह्मा का नारायणास्त्र विष्णु का तथा पशुपास्त्र शिव-शंकर का अस्त्र है। सार्वभौम सत्य-सिद्धान्त आधारित आइ.एस.ओ./डब्ल्यू.एस-शून्य श्रृंखला पशुपास्त्र ही है। भारत के नेतृत्वकर्ता जरा इसे चलाकर देखें कि कैसे पशु प्रवृत्तियों का नाश होता है। आई.एस.ओ/डब्ल्यू.एस-शून्य श्रृंखला विश्वव्यापी तहलका मचाने में सक्षम है। वही धार्मिक आतंकवाद को हमेशा के लिए समाप्त करने में सक्षम है। वर्तमान समय में मनुष्य किसी भी पुस्तक व अंश को पढ़कर मनमाने ढंग से इतिहास की व्याख्या करने लगा है। बावजूद इसके कि भारत में सब कुछ उपलब्ध हो चुका है। मैं भारत तथा विश्व के उज्जवल भविष्य की कामना करता हूँ।

21 दिसम्बर, 2012 को सर्वनाश नहीं बल्कि पाँचवें युग - स्वर्ण युग और सत्यकाशी तीर्थप्रकट हुआ है

(सन् 2011 ई0 में श्री लव कुश सिंह "विश्वमानव" द्वारा अपने निवास - नियामतपुर कलाँ, पुरूषोत्तमपुर, मीरजापुर (सत्यकाशी क्षेत्र) (उ0प्र) भारत, पिन-231217 में दिया गया वक्तव्य)

श्री लव कुश सिंह "विश्वमानव" ने यहाँ अपने निवास स्थान पर बताया कि 21 दिसम्बर, 2012 को मायां कैलेण्डर के व्याख्याकारों के अनुसार दुनिया का सर्वनाश होगा। परन्तु ऐसा कुछ नहीं होने जा रहा है। बल्कि उस दिन से युग परिवर्तन का समय "विश्वशास्त्र" के माध्यम से और सत्यकाशी तीर्थ का निर्माण प्रारम्भ हो जायेगा। कितना विचित्र संयोग है कि विन्ध्य क्षेत्र से ही भारत का मानक समय निर्धारित होता है और इसी क्षेत्र से युग परिवर्तन की घोषणा हो रही है। यह भी विचित्रता ही है कि व्यासजी द्वारा काशी को शाप देने के कारण विश्वेश्वर ने व्यासजी को काशी से निष्कासित कर दिया था और वे गंगा पार आ गये और गंगा पार से ही उनके बाद विश्वशास्त्र रचना हुई है।

जिस प्रकार त्रेतायुग से द्वापरयुग में परिवर्तन के लिए वाल्मिकि रचित "रामायण" आया, जिस प्रकार द्वापरयुग से कलियुग में परिवर्तन के लिए महर्षि व्यास रचित "महाभारत" आया उसी प्रकार कलियुग से पाँचवें युग-स्वर्णयुग में परिवर्तन के लिए "विश्वशास्त्र" सत्यकाशी क्षेत्र से भारत और विश्व को दिया जा रहा है।

उन्होंने बताया कि इस कार्य से सम्बन्धित तीन क्षेत्र हैं- विश्वशास्त्र, सत्यकाशी क्षेत्र जो वाराणसी-विन्ध्याचल- शिवद्वार-सोनभद्र के बीच का क्षेत्र है और स्वयं इसका रचनाकार। तीनों आपस में ऐसे जुड़े हुए हैं कि एक की स्थापना से सभी स्थापित हो जायेंगे। आधुनिक तकनीकी ज्ञान न होने और कार्य की नीति क्षेत्रवासियों के समाने स्पष्ट न होने से उन्हें यह कार्य असम्भव सा लगता है। क्षेत्रवासियों को यह जानना चाहिए कि मैं इस क्षेत्र का कम्प्यूटर तकनीकी शिक्षा ग्रहण करने वाला प्रथम व्यक्ति (सन् 1988 में) हूँ। वह भी प्रोग्रामिंग और सिस्टम एनालिसिस में जो आजकल इंजिनियरिंग पाठ्यक्रम का विषय बन चुका है। इसलिए हमारी कार्य प्रणाली अलग ढंग की है। अभी आप जो सूचना सुन रहें हैं, वह देश के सभी समाचार पत्रों के सम्पादक, पत्रकार, धार्मिक-सामाजिक-राजनीतिक संस्था, पर्यटन विभाग, लेखकगण इत्यादि लगभग 8000 को ई-मेल से पहले ही पहुँच चुका है। इसलिए ये न समझें कि सिर्फ मैं ही सुन-जान रहा हूँ। संसार इस कार्य और सत्यकाशी को पहले जान रहा है और आपको बाद में पता चल रहा है।

सत्यकाशी क्षेत्र का इतिहास और इसकी आध्यात्मिक विरासत अत्यन्त समृद्ध है। जरूरत थी इसकी समृद्धि पर एक ऐसे प्रोजेक्ट की जो इसे क्षेत्र को ऐसे उद्योग में स्थापित कर दे जो बीघे-बिस्से में बँट रहे यहाँ के परिवार के सामने रोजगार के अन्तहीन मार्ग को खोल दे। आप सिर्फ अपने परिवार के बच्चे के प्रति चिन्तित हैं, मैं पूरे क्षेत्र के बच्चों के प्रति चिन्तित हूँ। यही आप में और मुझमें अन्तर है। सत्यकाशी क्षेत्र व्यापारिक शिक्षा संस्थानों से परिपूर्ण है। मैं यह चाहता हूँ कि इस क्षेत्र के विद्यार्थी विश्वशास्त्र के माध्यम से पूर्ण ज्ञान से युक्त और मानसिक रूप से स्वतन्त्र हों क्योंकि यह क्षेत्र हमारे प्रत्यक्ष कर्म का क्षेत्र है। विश्वशास्त्र में ब्रह्माण्ड और पृथ्वी की स्थिति सहित सभी धर्मों, दर्शनों, अवतारों और उनके संस्थापकों के ज्ञान, सभी देवी-देवताओं की शक्तियाँ और उत्पत्ति का कारण व कथा, महर्षि व्यास के पौराणिक कथा लेखन कला रहस्य का पहली बार खुलासा, पृथ्वी पर चल रहे अनेकों प्रकार के व्यापार इत्यादि के समावेश के साथ, वर्तमान और भविष्य की आवश्यकता का सम्पूर्ण प्रक्रिया उपलब्ध है। द्वापरयुग में भी सभी विचारों का एकीकरण कर एक शास्त्र "गीता" बनाया गया था। गीता, ज्ञान का शास्त्र है जबकि विश्वशास्त्र ज्ञान समाहित कर्मज्ञान का शास्त्र है। गीता, प्रकृति (सत्व, रज और तम) गुणों से ऊपर उठकर ईश्वरत्व से एकाकार की शिक्षा देती है जबकि विश्वशास्त्र उससे आगे ईश्वरत्व से एकाकार के उपरान्त ईश्वर कैसे कार्य करता है उस कर्मज्ञान के बारे में बताती है। आप चुनार क्षेत्र के लोग अपने दक्षिण दिशा के लोगों को "दखिनहाँ" कहते हैं परन्तु आप लोगों को मालूम होना चाहिए कि आप काशी (वाराणसी) के लिए "दखिनहाँ" हैं। पहले आप काशी के

बराबर बनें। इस बराबरी का नाम ही सत्यकाशी है। भगवान बुद्ध ने बुद्धि, संघ और धर्म के शरण में जाने की शिक्षा दी थी। विश्वशास्त्र बुद्धि का सर्वोच्च उदाहरण है। श्रीराम के कारण चित्रकूट पर्यटन व धार्मिक क्षेत्र बना, श्रीकृष्ण के कारण मथुरा, द्वारिका पर्यटन व धार्मिक क्षेत्र बना, भगवान बुद्ध के कारण सारनाथ, कुशीनगर, बोधगया पर्यटन व धार्मिक क्षेत्र बना। "विश्वशास्त्र" के कारण सत्यकाशी स्थापित है। भगवान बुद्ध के कारण काशी के उत्तर में काशी का प्रसार हुआ, विश्वशास्त्र के कारण काशी के दक्षिण में काशी का प्रसार हो रहा है। अभी पिछले महीने में जगदगुरू शंकराचार्य स्वामी स्वरूपानन्द जी ने दण्डी स्वामी शिवानन्द द्वारा लिखित और उनके द्वारा खोज पर आधारित पुस्तक "बृहद चौरासी कोस परिक्रमा" का श्री विद्यामठ में विमोचन किये हैं। सत्यकाशी क्षेत्र के निवासीयों को जानना चाहिए कि इस चौरासी कोस परिक्रमा में सत्यकाशी क्षेत्र के भाग वैकुण्ठपुर (नरायनपुर), शिवशंकरी धाम व चुनार भी शामिल हैं। यदि आप पर्यटन उद्योग को समझते होंगे तो आपको यह मालूम होना चाहिए कि यह फैक्ट्री की भाँति बन्द नहीं होता। "सत्यकाशी" नाम किसी व्यक्ति का नाम नहीं, यह तो पूरे क्षेत्र का नाम है, न ही यह "म्यूजिकल वाटर पार्क" जैसी आम जनता को कुछ भी लाभ न देने वाली योजना है। आगे के वर्षों में पूर्वांचल राज्य का बनना तय है। ऐसे में मीरजापुर जिले से अलग होकर चुनार भी एक जिला बन सकता है। जिसके नाम का निर्धारण "चुनार गढ़", "चरणाद्रि", "नैनागढ़", "सत्यकाशी" इत्यादि या इनको मिलाकर नाम निर्धारण पर भी विचार करने की आवश्यकता आ गई है।

हम सभी साधारण जीवन में ऐसा देखते हैं कि जहाँ कहीं भी कोई फैक्ट्री या नगर निर्माण का कार्य प्रारम्भ हो जाता है। वहाँ एक अलग ही दुनियाँ बसने लगती है और एक व्यापक जन समुदाय को अपने जीवन संचालन के लिए मार्ग प्राप्त हो जाता है। जो किसी जाति, सम्प्रदाय या धर्म आधारित नहीं होती। वह सिर्फ व्यक्ति की योग्यता पर आधारित और वह पीढ़ी दर पीढ़ी के लिए होती है।

चुनार व मड़िहान विधान सभा क्षेत्र को विकसित बनाने वाला प्रस्तावित "सत्यकाशी नगर" प्रत्येक दिन एक-एक कदम बढ़ रहा है और उसका नामकरण यूँ ही नहीं बल्कि वह वर्तमान की उपलब्धि, व्यापक पौराणिक आधार व कारण लिए हुए है। काशी (वाराणसी) के पास अब टाउनशिप के विकास के लिए बड़ी जमीन नहीं बची है। उन्हें पर्यटन के लिए चुनार व मीरजापुर के सिद्ध पहाड़ी क्षेत्र में ही आना होगा। काशी के विभिन्न धार्मिक संस्थाओं के लिए भी हर प्रकार से यह क्षेत्र सुयोग्य है। चुनार क्षेत्रवासियों को अपने इतिहास को जानना चाहिए क्योंकि संसार में वो ही व्यक्ति, नाम एवं स्थान अमरता व विकास को प्राप्त होता है जिसका पौराणिक इतिहास हो या विश्व ऐतिहासिक कार्य हो, शेष सभी पशु-पक्षियों व कीड़ों-मकोड़ों के भाँति आते हैं और चले जाते हैं।

आप सभी इस गलतफहमी में कभी न पड़े कि इस योजना को हमने प्रस्तुत किया है तो इसके निर्माण की जिम्मेदारी भी हमारी है। यह उसी भाँति है जिस प्रकार एक मकान के नक्शे को बनाने वाले के पास अनेकों प्रकार के नक्शे होते हैं या आपके जमीन के अनुसार नक्शा बनाता है और आप उसे लेकर अपना मकान बनाते हैं। चुनार क्षेत्र के समग्र विकास के लिए एक नक्शा प्रस्तुत कर दिया गया है और आप सभी अपना घर स्वयं बना लें, या उनसे कहें जिन्हें आप अपना बहुमूल्य वोट देते हैं और पीछे-पीछे अपने व्यक्तिगत स्वार्थ व हित के लिए लगे रहते हैं। हम केवल आपको उस नक्शे से परिचय मात्र करा रहे हैं जिससे इस क्षेत्र को पीढ़ी दर पीढ़ी के लिए खुशहाली का मार्ग प्राप्त हो जाये। इस क्षेत्र के लिए हमारे कार्य की सीमा यहीं समाप्त होती है क्योंकि इससे जिन ईंट, गिट्टी, सीमेण्ट, बालू, भूमि इत्यादि के व्यापारी को लाभ है अगर वे नहीं सोचेंगे तो मुझे कोई लाभ नहीं है। मैं इस प्रकार का व्यापारी नहीं हूँ। ऐसा कार्य करने वाला जे.पी. ग्रुप आपके क्षेत्र में है। यहाँ के लोगों व अधिवक्ताओं को सम्पर्क कर प्रस्ताव देना चाहिए क्योंकि इससे कचहरी कार्य में भी तेजी आयेगी। मुझे सिर्फ सत्यकाशी क्षेत्र से मतलब है, नगर निर्माण से नहीं। बी.एच.यू. के दक्षिणी परिसर को मालवीय जी के सपनों को साकार करने हेतु उसे स्वतन्त्र बनाकर नाम "सत्यकाशी हिन्दू विश्वविद्यालय" करने के लिए प्रयास करना चाहिए।

हमारे कार्य की स्थिति यह है कि एक तरफ देश के सामाजसेवी और राजनेता व्यवस्था परिवर्तन के लिए अनशन और रथयात्रा कर रहें है जिनके पास ऐसा करने का कोई प्रारूप नहीं है, और दूसरी तरफ इसका पूर्ण प्रारूप "विश्वशास्त्र" के रूप में यहाँ उपलब्ध है। जिसे एक मार्केटिंग कम्पनी से एग्रीमेण्ट कर उसे देश भर में

वितरण करने के लिए दे दिया गया है। साथ ही 1. पूर्ण शिक्षा का अधिकार 2. राष्ट्रीय शास्त्र 3. नागरिक मन निर्माण का मानक 4. सार्वजनिक प्रमाणित सत्य-सिद्धान्त 5. गणराज्य का सत्य रूप, का प्रश्न सर्वोच्च न्यायालय में जनहित याचिका के माध्यम से जनहित हेतु पूछने की ओर तैयारी हो रही है जिससे इस शास्त्र को राष्ट्रीय शास्त्र के रूप में स्थापित किया जा सके। जो शास्त्र व्यक्ति सहित संविधान को मार्गदर्शन दे सके, सिर्फ और सिर्फ वही राष्ट्रीय शास्त्र हो सकता है।

जिस प्रकार भारत में एक राष्ट्रीय ध्वज (तिरंगा), एक राष्ट्रीय पक्षी (भारतीय मोर), एक राष्ट्रीय पुष्प (कमल), एक राष्ट्रीय पेड़ (भारतीय बरगद), एक राष्ट्रीय गान (जन गण मन), एक राष्ट्रीय नदी (गंगा), एक राष्ट्रीय प्रतीक (सारनाथ स्थित अशोक स्तम्भ का सिंह), एक राष्ट्रीय पंचांग (शक संवत पर आधारित), एक राष्ट्रीय पशु (बाघ), एक राष्ट्रीय गीत (वन्दे मातरम्), एक राष्ट्रीय फल (आम), एक राष्ट्रीय खेल (हाकी), एक राष्ट्रीय मुद्रा चिन्ह, एक संविधान है उसी प्रकार एक राष्ट्रीय शास्त्र भारत को यह सत्यकाशी क्षेत्र देने जा रहा है।

एक फिल्म "विश्वगुरू: द ब्रेन टर्मिनेटर" हिन्दी, अग्रेंजी व बांग्ला में लिखकर तैयार है जिससे पिछले 65 वर्षों से अकेले रह रहे हमारे राष्ट्रपिता महात्मा गाँधी को एक राष्ट्रपुत्र स्वामी विवेकानन्द के रूप में प्रस्तुत करने की योजना है। इस फिल्म की कहानी में सत्यकाशी भी है। हो सकता है कि शूटिंग भी इस क्षेत्र में हो। विश्वशास्त्र के व्यक्त हो जाने से "महाभारत" दूरदर्शन धारावाहिक की भाँति अब उसके आगे की कहानी "विश्वभारत" दूरदर्शन धारावाहिक का भी मार्ग खुल चुका है। इसी प्रकार शनि और कलियुग का नाश करने वाली देवी "माँ कल्कि देवी" की कथा भी व्यक्त हो चुकी है।

इन सब कार्यों से आप हमसे यह पूछ सकते हैं कि ये सब करने से हमें क्या लाभ है? आपका प्रश्न सांसारिक व स्वाभाविक है क्योंकि आप उसे ही कार्य समझते हैं जिससे धन प्राप्त होता है। परन्तु मैं आपसे पूछता हूँ कि श्रीराम के नाम पर कितने का व्यापार है? श्रीकृष्ण के नाम पर कितने का कारोबार है?, शिव-शंकर इत्यादि के नाम पर कितने का कारोबार है? और इस कारोबार का मालिक कौन है? क्या उसका लाभ लेने के लिए वे आते हैं? ये ऐसे नाम के व्यापार हैं जो कभी बन्द नहीं होने वाले और न ही उसका वे लाभ लेने वाले हैं। ये एक विचार है, इस विचार पर मनुष्यों की आजिविका चलती है। सत्यकाशी, एक विचार है। अगर इससे इस क्षेत्र का लाभ होता है तो करो, अन्यथा कभी मत करो, इससे मेरा कोई मतलब नहीं है। प्रत्येक व्यापार एक विशेष विचार पर आधारित होता है। साधारणतया: लोग यही सोचते हैं कि ज्ञान की बातों से क्या होगा, परन्तु ज्ञान ही समस्त व्यापार का मूल होता है। किसी विचार पर आधारित होकर आदान-प्रदान का नेतृत्वकर्ता व्यापारी और आदान-प्रदान में शामिल होने वाला ग्राहक होता है। "रामायण", "महाभारत", "रामचरितमानस" इत्यादि किसी विचार पर आधारित होकर ही लिखी गई है। यह वाल्मिीकि, महर्षि व्यास और गोस्वामी तुलसीदास का दुर्भाग्य है कि वे ऐसे समय में जन्म लिये जब कापीराइट और रायल्टी कानून जैसी व्यवस्था नहीं थी अन्यथा वे वर्तमान समय के सबसे धनवान व्यक्ति होते। परन्तु इसी को दूरदर्शन पर दिखाकर रामानन्द सागर और बी.आर.चोपड़ा ने इसे सिद्ध किया। "विश्वशास्त्र" इसी श्रृंखला की अगली कड़ी है जिसका बाजार विश्वभर में मानव सृष्टि रहने तक है और इससे प्राप्त धन को सत्यकाशी के विकास में लगाने की योजना है। बस इस कार्य के प्रारम्भ करने के लिए शुरूआती समय में थोड़े से धन की आवश्यकता है जिसे मैं समाज से उम्मीद करता हूँ और वह भी सिर्फ उनसे जो स्वयं इन सब कार्यों की महत्ता को समझकर सहयोग देंगे। उनसे नहीं जिनके यहाँ मैं सहयोग के लिए जाऊँ और वे भिक्षा के रूप में सहयोग दें। ऐसा सहयोग तामसिक कहा जाता है जिससे कार्य की सिद्धि नहीं होती।

सर्वप्रथम युग शारीरिक शक्ति आधारित था, फिर आर्थिक शक्ति आधारित वर्तमान युग चल रहा है। अब आगे आने वाला समय ज्ञान शक्ति आधारित हो रही है। वर्तमान में रहने का अर्थ है कि वैश्विक ज्ञान जहाँ तक पहुँच चुका है उसके बराबर स्वयं को रखना। किसी व्यक्ति या क्षेत्र को विकसित क्षेत्र तभी कहा जाता है जब वह शारीरिक, आर्थिक व मानसिक तीनों क्षेत्र में विकास करे। मानसिक विकास का परिणाम समाज क्षेत्र के सहयोग से सार्वजनिक कार्य का पूर्ण होना होता है। समाज का प्रथम जन्म चुनार क्षेत्र में भगवान विष्णु के 5वें अवतार वामन अवतार द्वारा हुआ था, जब प्रजा राज्य पर आधारित होने लगी थी। वर्तमान में भी ऐसी स्थिति बनी हुई है कि जनता

अपने राज्य आधारित नेताओं से सम्पूर्ण विकास की उम्मीद रखती है। जबकि समाज आधारित कार्य शून्य है। समाज का अर्थ लोगों के बीच मात्र उठना-बैठना नहीं है बल्कि लोगों के सहयोग से सार्वजनिक कार्य करना है। पद पर बैठकर मनुष्य पद के अनुसार एक निश्चित काम ही कर सकता है समाज का विकास नहीं। इसलिए राजनीतिक नेताओं से उनकी क्षमता से अधिक उम्मीद न करें। क्षेत्र के विकास के लिए आप सभी को स्वयं आगे आकर उन कार्यों के लिए उन नेताओं को विवश करना पड़ेगा जो आपके और क्षेत्र के विकास के लिए पीढ़ी दर पीढ़ी काम आने वाली है। जो स्थायी हो, जो नेताओं पर निर्भर न होकर यहाँ के निवासियों पर निर्भर हो। तब समाज का जन्म होगा। सत्यकाशी क्षेत्र को जानें और अपने मन को इस क्षेत्र के ऊपर रखकर और ज्ञान में स्थित होकर सोचें कितने सौ करोड़ रूपये का कभी न बन्द होने वाला प्राजेक्ट आपके सामने पड़ा हुआ है। इसी को कहते हैं- उपलब्ध संसाधनों पर आधारित होकर योजना बनाना। और अन्त में अपने बारे में-

लगा ली दो घूँट, यारो की खुशी से,

जानता था लोग समझेगें शराबी।

छुपाना था खुद को, जहाँ से,

तो लोगों बताओ, पीने में क्या थी खराबी।

मेरे विश्व शान्ति के कार्य हेतु बनाये गये सभी ट्रस्ट मानवता के लिए सत्य-कार्य एवं दान के लिए सुयोग्य पात्र

अधिकतम व्यक्ति अपने बहुत सी खुशियों व इच्छाओं की पूर्ति अपने व्यक्तिगत समस्याओं के कारण नहीं कर पाते। इसी कारण ऐसा कार्य जो उन्हें आनन्द प्रदान करता है, कार्य करने वाले को पुरस्कार या दान देकर स्वयं को संतुष्टि प्रदान करते हैं। मेरे सम्पूर्ण कार्य हेतु बनाये गये सभी ट्रस्ट भारत सहित विश्व के मानवता के लिए सर्वोच्च व अन्तिम कार्य है। फलस्वरुप यह अनेक मानवों की इच्छा की पूर्ति भी है। ट्रस्ट का कार्य मनुष्य के उस बिन्दु पर कार्य है, जहाँ से मनुष्य स्वयं अपनी सहायता के लिए तैयार हो सके। ट्रस्ट संघर्षशीलता व कर्म में विश्वास करता है न कि मनुष्य को सीधे धन उपलब्ध कराकर उसे निकम्मा बना देने में। ट्रस्ट इस सर्वोच्च और अन्तिम कार्य के लिए जन साधारण से सहयोग की अपेक्षा करता है जिसका वह सुयोग्य पात्र भी है।

"इस कलयुग में मनुष्यों के लिए एक ही कर्म शेष है आजकल यज्ञ और कठोर तपस्याओं से कोई फल नहीं होता। इस समय दान ही अर्थात् एक मात्र कर्म है और दानों में धर्म दान अर्थात् आध्यात्मिक ज्ञान का दान ही सर्वश्रेष्ठ है। दूसरा दान है विद्यादान, तीसरा प्राणदान और चौथा अन्न दान। जो धर्म का ज्ञानदान करते हैं वे अनन्त जन्म और मृत्यु के प्रवाह से आत्मा की रक्षा करते है, जो विद्या दान करते हैं वे मनुष्य की आँखें खोलते, उन्हें आध्यात्म ज्ञान का पथ दिखा देते है। दूसरे दान यहाँ तक कि प्राण दान भी उनके निकट तुच्छ है। आध्यात्मिक ज्ञान के विस्तार से मनुष्य जाति की सबसे अधिक सहायता की जा सकती है।"

- महर्षि मनु

"पुण्य, व्यक्तिगत कर्म के लिए सत्य पात्र को दान, दूसरों की सेवा और देखभाल, अपने पुण्य का भाग दूसरों को देना, दूसरे द्वारा दिये गये पुण्य के भाग को स्वीकारना।"

-भगवान बुद्ध

"सावधान रहो! तुम मनुष्यों को दिखाने के लिए अपने धर्म के काम न करो, नहीं तो अपने स्वर्ग स्थित पिता से कोई फल नहीं पाओगे। इसलिए जब तू दान करे, तो अपने आगे तुरही न बजवा जैसा कपटी लोग सभाओं व गलियों में करते हैं, ताकि लोग उनकी बड़ाई करें। मैं तुमसे सच कहता हूँ कि वे अपना फल पा चुकें।"

- ईसामसीह

"यह कि तू कहे कि मैंनें सर्वोच्च अल्लाह की दासता स्वीकार की है और मैं उसका ही हूँ और यह कि तू नमाज (प्रार्थना) कायम कर और जकात (दान) दे। यह कि तू भूखों को खाना खिला और तू जिन्हें जानता है और जिन्हें नहीं जानता, उन सबको सलाम कर"

- मुहम्मद पैगम्बर

"धनी व्यक्तियों को अपने धन से भगवान और भक्तों की सेवा करनी चाहिए और निर्धनों को भगवान का नाम जपते हुए उनका भजन करना चाहिए।"

- श्री माँ शारदा

"दान से बड़ा और धर्म नहीं। हाथ सदा देने के लिए ही बनाए गये थे। कुछ मत माँगों बदले में कुछ मत चाहो। तुम्हें जो देना है दे दो, वह तुम्हारे पास लौटकर आयेगा, पर अभी उसकी बात मत सोचो। वह वर्धिक होकर,

सहस्त्र गुना वर्धिक होकर वापस आयेगा, पर ध्यान उधर न जाना चाहिए। तुममें केवल देने की शक्ति है। दे दो, बस बात वहीं पर समाप्त हो जाती है।"

- स्वामी विवेकानन्द

"भगवान से दान लेने वाले थक जाते हैं किन्तु उनकी उदारता अथक है। युगों से मानव, भगवान की उदारता पर पलता आ रहा है। अरे नानक, उनकी इच्छा संसार का निर्देशन करती है परन्तु फिर भी वे असक्त अथवा चिन्ता से अलिप्त रहते है।"

-गुरू नानक

ट्रस्ट के योजनाबद्धकर्ता की घोषणा

इस शास्त्र-साहित्य व आविष्कार से प्राप्त समस्त आर्थिक लाभ मेरे मार्गदर्शन में स्थापित पाँचों ट्रस्ट में से सक्रिय ट्रस्ट के माध्यम से सामाजिक कार्यों, मानवता व एकात्मता के विकास हेतु वितरित कर दिये जायेगें। पाँच ट्रस्ट निम्नलिखित हैं-

1: साधु एवं सन्यासी के लिए

- सत्ययोगानन्द मठ (ट्रस्ट)

2: राजनीतिक उत्थान व विश्वबन्धुत्व के लिए

- प्राकृतिक सत्य मिशन (ट्रस्ट)

3: श्री लव कुश सिंह के रचनात्मक कार्यों के संरक्षण के लिए

-विश्वमानव फाउण्डेशन (ट्रस्ट)

4: व्यावहारिक ज्ञान पर शोध के लिए

-सत्यकाशी ब्रह्माण्डीय एकात्म विज्ञान विश्वविद्यालय (ट्रस्ट)

5: ब्राह्मणों के लिए

- सत्यकाशी (ट्रस्ट)

भाग-3
विश्वमानव – वाणीयाँ एवं उद्गार

"विश्वमानव" की वाणीयाँ

"विश्वमानव" के उद्गार

"विश्वमानव" की वाणीयाँ

01. काशी (वाराणसी) की परम्परा सत्य के समर्थक एवं प्रवर्तक के रूप में रही है। सत्य को किसी विशेष के समर्थन की आवश्यकता नहीं होती क्योंकि वह प्रत्यक्ष होता है। मुझे विश्वास है कि काशी अपने परम्परा का पालन अवश्य करेगा।

02. राम, प्राकृतिक थे अर्थात् व्यष्टि थे क्योंकि वे अपना कार्य परिस्थितियों के अनुसार किये जो उनके द्वारा निर्मित नहीं थे। कृष्ण, सत्य थे अर्थात् समष्टि थे क्योंकि वे अपना कार्य परिस्थितियों के अनुसार, अपने कार्य के लिये परिस्थितियों का निर्माण कर किये जिसके फलस्वरूप अन्त में सभी परिस्थितियाँ उन पर ही निर्भर करने के लगी और वे यह कहने में सक्षम हुये "मैं प्रकृति को नियंत्रित कर स्वयं उत्पन हूँ। जिसे कृष्ण चेतना के रूप में माना जाता है। श्रीकृष्ण में राम समहित थे। धर्म स्थापना का कार्य जब भी होता है वह श्रीकृष्ण चेतना से ही होता है। राम चेतना से नहीं।

03. राम अर्थात् व्यष्टि अर्थात् प्राकृतिक चेतना से धर्म स्थापना उस समय होता है जब धर्म संस्थापक के जन्म का समाज धर्म युक्त होता है। तथा श्रीकृष्ण समष्टि अर्थात् सत्य चेतना से धर्म स्थापना उस समय होता है। जब धर्म स्थापना के जन्म समय का समाज अधर्मयुक्त होता है। राम के समय के उपरान्त से धर्म का लगातार ह्रास होता जा रहा है। इसलिए जब भी धर्म स्थापना होगा वह श्रीकृष्ण चेतना अर्थात् सत्य चेतना से ही होगा।

04. रामकृष्ण परमहंस, स्वामी विवेकानन्द के गुरू थे जिनके नाम उन्होने 1897 में "रामकृष्ण मिशन" की स्थापना की। वर्तमान काल क्रम में में 100 वर्ष बाद 1997 में "प्राकृतिक सत्य मिशन " की स्थापना लव कुश सिंह "विश्वमानव" द्वारा की जा रही है जो सभी सर्वोच्च कार्यों का नये नाम से अन्तिम रूप है।

05. प्रकृति का अरिवर्तनीय, सर्वव्यापी, दृश्य, सर्वमान्य, विवादमुक्त, अटलनीय नियम आदान-प्रदान ही प्राकृतिक सत्य है। जब व्यक्ति प्राकृतिक होता है तो उसका अधिकतम नियंत्रण व्यक्ति के बाहर होता है। जब व्यक्ति सत्य होता है तो इसका अधिकतम नियंत्रण व्यक्ति के अधीन होता है। जिसका उच्चतम स्तर मृत्यु को छोड़कर सभी अदान-प्रदान पर नियंत्रण होता है।

06. जो प्राकृतिक है, वही भाग्यवादी है, बुद्धिबद्ध है, विषेशीकृत है। जो सत्य है, वही कर्मयोगी है, ज्ञानी है, सामान्यीकृत है। जो प्राकृतिक है वही व्यष्टि सत्य-धर्म-ज्ञान में स्थित है। जो सत्य है वही समष्टि सत्य-धर्म-ज्ञान में स्थित है।

07. वर्तमान काल सम्पूर्ण दृश्य काल में है परन्तु उसका ज्ञान न होने से यह काल अदृश्य एवं दृश्य काल का मिश्रित काल प्रतीत होता है जो एक से चलकर अदृश्य काल एवं दृश्य काल से होता हुआ पुनः उस एक की ओर ही जा रही है। जब तक काल के पूर्णज्ञान व कर्मज्ञान का परिचय नहीं होता तब तक यह मिश्रित काल ही प्रतीत होगा और विवाद, अशान्ति एवं अस्थिरता बढ़ती ही जायेगी।

08. व्यष्टि सत्य-धर्म-ज्ञान से साम, दाम, दण्ड, भेद की रीति से मुक्ति एवं समष्टि सत्य-धर्म-ज्ञान का लगातार पालन करने का प्रयत्न ही सत्य है। यही कर्मयोग है। यही समष्टि सत्य-धर्म-ज्ञान की रक्षा है। यही धर्म की रक्षा है। जब-जब इसका अभाव हुआ धर्म की हानि हुयी और जब भी होगा, धर्म की हानि ही होगी।

09. काल परिवर्तन (अदृश्य से दृश्य) की घोषणा मानव सृष्टि में सिर्फ एक बार होती है। मैं अदृश्य से प्रारम्भ हुआ था तथा दृश्य में अन्त हो जाऊँगा। यह प्रारम्भ और अन्त में मैं एक ही हूँ। काल परिवर्तन के उपरान्त सत्य-धर्म-ज्ञान का प्रयोग करके परिवर्तित काल के प्रत्येक विषय को विवाद मुक्त करना ही मेरा धर्म है। यह एक व्यापक कार्य है। ऐसे में कार्य से बद्ध होते हुए भी मुक्त होकर कार्य करना पड़ता है। यही माया मुक्त अवस्था है।

10. सत्य चेतना युक्त मानव को दो प्रकार के ज्ञान की आवश्यकता पड़ती है एक वह जो उसे जीवन निर्माण में सहायता करता है। जिससे वह अपने को आत्मप्रकाश की ओर ले जाता है। यही देश काल मुक्त ज्ञान अर्थात्

समष्टि सत्य-धर्म-ज्ञान कहलाता है। दूसरा वह जो कि आजीविका का निर्माण में सहायता करता है जिसमें वह अपने को जीवित व इन्द्रिय सुख प्राप्त करता है यही देश-काल-बद्ध ज्ञान अर्थात् व्यष्टि सत्य-धर्म-ज्ञान कहलाता है।

11. व्यापार अर्थात् आदान-प्रदान का दर्शन अर्थात् आदान-प्रदान, ग्रामीण, आधुनिकता, विकास एवं शिक्षा का शारीरीक, आर्थिक एवं मानसिक क्षेत्र का विकास ही पाश्चात्य विज्ञान, संस्कृति एवं भाव है। क्योंकि यह दिशा विहिन है अर्थात् यह केन्द्र अर्थात् एकता, शान्ति स्थिरता की ओर नहीं है। अर्थात् इसमें आध्यात्म एवं धर्म की दिशा का अभाव है।
12. योग का अर्थ होता है-जुड़ना। और प्रत्येक व्यक्ति किसी न किसी विषय से अवश्य जुड़ता है। जब व्यक्ति मन द्वारा व्यष्टि अदृश्य विषयों सहित समष्टि दृश्य विषयों से जुड़ता है तो वह अदृश्य योगी कहलाता है। तथा जब व्यक्ति दृश्य विषयों से जुड़ता है तो वह दृश्य योगी कहलाता है। अदृश्य योगी, निवृत्ति मार्गी तथा दृश्य योगी, प्रवृत्ति मार्गी होते हैं। निवृत्ति मार्गी, आध्यात्म विज्ञान में तथा प्रवृत्ति मार्गी, आध्यात्मिकता सहित पदार्थ विज्ञान दोनों में प्रवेश करते हैं। धर्मज्ञान, आध्यात्म तथा पदार्थ विज्ञान दोनों से मुक्त होने पर ही प्राप्त होता है। अदृश्य योगी की पहचान आप आसानी से कर सकते हैं। क्योंकि उन्हे योग में जाने के लिए एक विशेष वातावरण एवं स्थिति में जाना पड़ता है। जबकि दृश्य योगी साधारण व्यक्ति की तरह समाज में रहकर क्रियाकलाप करते हैं। इसलिए इनको पहचानना मुश्किल हो जाता है। अदृश्य योगी आत्मा का अध्ययन करते हैं जबकि दृश्य योगी आत्मा सहित क्रियाकलाप का अध्ययन करते हैं। धर्म स्थापना हमेशा दृश्य योगी द्वारा ही होता है। धर्मज्ञान तक दोनों योगी पहुँचते हैं। लेकिन अदृश्य योगी अर्थात् निवृत्ति मार्गी समष्टि मन की स्थिति का ज्ञान न होने से वे समाज से प्राप्त अवश्य करते हैं। जबकि दृश्य योगी समाज से जितना प्राप्त करते हैं कहीं उससे ज्यादा समाज को देते हैं।
13. जो दृश्य योगी होता है लगातार क्रियाकलापों पर ही ध्यान देता है न कि साधना पर। जब उसे, व्यष्टि कार्य करना होता है तो व्यष्टि क्रियाकलापों पर और जब समष्टि कार्य करना होता है तो समष्टि क्रियाकलापों पर ही ध्यान केन्द्रित करता है। यही कारण है कि भगवान श्रीकृष्ण का जीवन साधना रहित जीवन था। और जो भी ऐसे कार्यों को करेगा उसका जीवन साधना रहित हो जायेगा।
14. जब जब मानव समाज भयंकर रोगों से ग्रस्त हुआ तो मानव ने ही ईश्वरस्थ होकर संजीवनी रूपी वेद से समाज को रोग मुक्त किया। वेद मूलतः मानव तथा प्रकति दोनों को संयुक्त रूप से सन्तुलन, स्थिरता एवं शान्ति प्रदान करने में सक्षम होते हैं। वेद किसी भी मानव आविष्कृत सम्प्रदाय का नहीं, वह मूलतः प्रकृति आविष्कृत मानव सम्प्रदाय का है। वेदों का ज्ञान शाश्वत, सत्य एवं ईश्वरीय ज्ञान है। न कि वेद पुस्तक।
15. सामाजिक व्यवस्था तीन आधार पर टिकी है प्रथम-धर्म विज्ञान, द्वितीय-आध्यात्म विज्ञान अर्थात् अदृश्य विज्ञान, तृतीय-पदार्थ विज्ञान अर्थात् दृश्य विज्ञान। आध्यात्म विज्ञान के द्वारा व्यष्टि मन को सन्तुष्ट किया जाता जाता है। पदार्थ विज्ञान के द्वारा व्यष्टिमन एवं समष्टिमन को सन्तुष्ट किया जाता है। और धर्म विज्ञान के द्वारा जब भी समाज रोगग्रस्त होता है तो उसे रोगमुक्त कर दिया जाता है।
16. आध्यात्म एवं धर्म चर्चा में प्रायः निवृत्ति मार्गी एवं प्रवृत्ति मार्गी (अदृश्य योगी एवं दृश्य योगी) दोनों आपस में एक दूसरे से सहमत होते हैं। परन्तु उसकी स्थापना वही कर सकता है जो समष्टि मन की केन्द्रित वर्तमान स्थिति को निर्धारित कर सकता है। और उसके अनुसार सूत्र उपलब्ध करा सकता है। ऐसा न होने पर चर्चा का स्तर सहमत होते हुए भी वे दोनों स्थापना स्तर पर असहमत एवं विवाद में हो जाते हैं।
17. जिस प्रकार व्यष्टि रोगों की मुक्ति के लिए एक चिकित्सक व्यष्टि शरीर के साथ आपरेशन करता है लेकिन वह कार्य अवैध नहीं कहा जाता उसी प्रकार समष्टि (समाज) रोगों की मुक्ति के लिए धर्मज्ञानी समाज का आपरेशन करता है ऐसे में उसके ऐसे भी कार्य जो अव्यावहारिक, असंगत एवं अवैध दिखते हैं, नजर अंदाज कर दिये जाते हैं। क्योंकि असत्य से असत्य की उत्पत्ति तथा सत् से सत् की उत्पत्ति होती है।

18. पूर्ण ज्ञान तीन दर्शन का संयुक्त ज्ञान है। प्रथम-गाइडर फिलासोफी (मार्गदर्शन दर्शन), द्वितीय-आपरेटिंग फिलासोफी (क्रियान्वयन दर्शन), तृतीय-डेवलपमेन्ट फिलासोफी (विकास दर्शन)। मार्गदर्शक दर्शन वेदान्त का अदृश्य अद्वैत दर्शन है। क्रियान्वयन दर्शन वेदान्त का अदृश्य एवं दृश्य विशिष्टाद्वैत तथा द्वैत दर्शन है। विकास दर्शन वेदान्त का दृश्य अद्वैत दर्शन है। मार्गदर्शक दर्शन एवं क्रियान्वयन दर्शन वर्तमान समाज में पूर्णतया प्रकृति एवं मानव द्वारा प्रभावी हो चुकी है। विकास दर्शन स्वयं प्रकृति द्वारा आंशिक रूप से प्रभावी हो चुकी है। जिसका पूर्ण रूप ही विश्वमानक शून्य श्रृंखला अर्थात् कर्मवेद प्रथम, अन्तिम तथा पंचमवेदीय श्रृंखला है।

19. भगवान कृष्ण ने कहा है "कर्म की कुशलता ही योग है" अर्थात् सर्वोच्च कर्म की कुशलता, सर्वोच्च योग है और एकत्व, स्थिरत्व, शान्ति से युक्त होकर धारण करने वाला सर्वोच्च योगी अर्थात् योगेश्वर है और कर्मक्षेत्र है-यही दृश्य मानव जगत। समस्त विषय मानव मन से उत्पन्न होकर वह दृश्य जगत में व्यक्त होता है। स्वर्ग की धारणा भी उच्च मन स्तर से उत्पन्न हुआ है। वह भी व्यक्त होगा। वह यही मृत्यु लोक ही होगा। वह तभी होगा जब हम स्वयं को शून्य को अर्थात् मृत्यु स्थापित होकर कर्म करेंगे। यही योगेश्वर का रहस्य है। फिर तुम मृत्युलोक को ही स्वर्ग कहोगे। इसलिए मैं यह कहता हूँ कि यह वही सत्य है जिसे तुम वर्तमान में आत्मसात् करने की क्षमता खो बैठे हो।

20. ओ भारत के सिद्ध पुरूषों, योगियों, बुद्धजीवियों, सामाजिक नेतृत्वकर्ताओं आप सब क्या तलाश कर रहे हैं आप यदि भारतीय प्राचीन ज्ञान द्वारा भारत सहित विश्व के निर्माण हेतु प्रयासरत हैं तो इसके लिए प्रयत्न समाप्त कर दें। वह सभी कुछ तलाश किया जा चुका है। आ जाये समाज में और विश्व कल्याण हेतु सत्य-धर्म-ज्ञान आचार्‌य का सर्वोच्च स्थान ग्रहण करें। देखे समाज बिखर कर विनाश की कगार पर खड़ा हो गया है।

21. मैं (आत्मा) जानता हूँ कि तुम में से अधिकतम व्यक्ति ईश्वर नाम को धारण कर चुका है। इसलिए तुम्हें उसके वास्तविक अर्थ में स्थापित करने के लिए पूर्ण ज्ञान से युक्त होना पड़ेगा इस नाम के कारण ही तुम लड़ने में कम, लड़ाने में अधिक कुशल हो गये हो। मैं चाहता हूँ कि तुम सभी स्वार्थी बन जाओ जिसका स्तर स्वयं, ग्राम, क्षेत्र, जनपद, प्रदेश, देश या विश्व का में से कुछ भी चुन लो और अपने उस लड़ाने के गुण का प्रयोग करो जिससे एक ऐसे आत्मशक्ति आधारित युद्ध का जन्म हो जिसमें एक तरफ मैं रहूँ दूसरी तरफ सम्पूर्ण मानव समाज। विश्वास मानो आत्मशक्ति की विजय होगी और इस युद्ध का परिणाम सम्पूर्ण मानव समाज के लिए पूर्ण लाभकारी ही होगी। यदि मेरी बलि भी चढ़ गयी तो इसमें तुम्हारा क्या जायेगा?

22. हम राजतंत्र से निकलकर प्रजातंत्र (लोकतंत्र) की ओर बढ़ गये हैं जो मानव आविष्कृत राष्ट्र की सीमा में बद्ध हो गया है। लेकिन भविष्य में ये मानव आविष्कृत राष्ट्र की सीमा भी टूटकर पूर्ण प्रजातंत्र के लिए प्रकृति आविष्कृत राष्ट्र (विश्व) के रूप में परिवर्तित हो जायेगा, तभी हम पूर्ण प्रजातंत्र को प्राप्त कर पायेंगे।

23. स्वतंत्रता के तीन स्तर है-निम्न-शारीरिक, मध्य-आर्थिक, उच्च-मानसिक। लेकिन पूर्ण स्वतंत्रता तभी आती है। जब आध्यत्मिक स्वतंत्रता प्राप्त होती है। वर्तमान विश्व राष्ट्र को पूर्ण स्वतन्त्रता की अत्यन्त आवश्यकता है। क्योंकि इसके बिना कार्य की दिशा निर्धारित करना असम्भव है।

24. जब व्यक्ति एवं देश के शरीर को स्वतंत्र करना था अर्थात् प्रथम स्वतन्त्रता संग्राम था। तब देश भक्तों की आवश्यकता थी। अब जब द्वितीय स्वतन्त्रता संग्राम का अवसर है तब देश भक्त (भारत भक्त) सहित राष्ट्र भक्त (विश्व भक्त) की आवश्यकता है। क्योंकि देशभक्त की भावना में दूसरे देश के प्रति अपनत्व नहीं आ पाती। दूसरे देश के प्रति अपनत्व की भावना तभी आ सकती है जब वह राष्ट्र भक्त हो। प्रकृति आविष्कृत राष्ट्र एक विश्व है। जिसमें मानव आविष्कृत राष्ट्र-देश समाहित हैं।

25. यह प्रश्न हो सकता है कि पूर्ण ज्ञान या पूर्ण स्वतन्त्रता के बाद समाज और लोकतंत्र बिखर नहीं जायेगा? ऐसा कदापि नहीं होगा बल्कि वह स्वस्थ हो जायेगा क्योंकि व्यक्ति समाज और लोकतंत्र का देश काल मुक्त ज्ञान एवं कर्मज्ञान सभी में समान हो जायेगा और देश काल बद्ध ज्ञान एवं कर्मज्ञान से युक्त होकर अपने अधिकार

क्षेत्र में ही वे कार्य करेंगे। वर्तमान समय के तरह नहीं कि जो कर्म व्यक्ति को स्वयं कर लेने चाहिए उसे भी वे नेताओं पर छोड़े रहते हैं।

26. प्रथम स्वतंत्रता संग्राम से प्राप्त स्वतन्त्रता के उपरान्त भारत के संविधान का निर्माण हुआ जो सुरक्षा, कर्मफल एवं पश्चिमी भाव आधारित संविधान है। अब द्वितीय एवं पूर्ण स्वतंत्रता के उपरान्त भारतीय संविधान का विश्व संविधान में परिवर्तित करना हो तो शान्ति, कर्म-कारण एवं भारतीय भाव आधारित संविधान का निर्माण करना होगा जो एकात्मकर्मवाद पर आधारित होना चाहिए न कि एकात्म संस्कृति पर आधारित।

27. वर्तमान समय में प्रत्येक व्यक्ति का क्रियाकलाप विश्व स्तर तक को प्रभावित करने लगा है। ऐसी स्थिति में प्रत्येक व्यक्ति को इसके ज्ञान से युक्त करना आवश्यक है। जिसके लिए राष्ट्र एवं देश को परिभाषित करना पड़ेगा। प्रकृति आविष्कृत राष्ट्र, विश्व है। तथा मानव आविष्कृत राष्ट्र, देश है यदि ऐसा नहीं है तो हम कभी भी विश्व से नहीं जुड़ सकते क्योंकि राष्ट्र भक्त एवं देश भक्त की सीमा मानव आविष्कृत राष्ट्र तक ही सीमित रह जायेगी। हमें अपने समस्त सम्बन्धों को विश्व राष्ट्र से जोड़ देना चाहिए।

28. राष्ट्र जिसे हमें विश्व के विभिन्न अंशों में से किसी एक को कहते है। वह मानव द्वारा सीमा बद्ध किया गया है। प्रकृति से उत्पन्न राष्ट्र, विश्व है। मानवीय सत्य, प्राकृतिक सत्य में निहित है। यह प्राकृतिक सत्य, मानव निर्मित राष्ट्रों को मानव द्वारा ही तोड़ने पर मजबूर कर देगा और उसे उसके द्वारा निर्मित विश्व राष्ट्र की प्राप्ति हो जायेगी। राष्ट्र एक था और उस एक को वह प्राप्त करेगा ही।

29. हम राजनीतिक पार्टियों से उनके क्रियाकलापों का मानक माँगते हैं जिन पर वे अपने कार्यों की माप करते हैं। हम जानते हैं कि उनके पास कोई मानक नहीं क्योंकि उन्हें कोई धर्म ज्ञान नहीं। वे कभी गाँधी के एक विचार को लेंगे कभी अम्बेडकर के, कभी कुरान के, कभी विवेकानन्द के, कभी राम के, कभी गीता के, कभी मनु के, कभी लेनिन के, कभी माक्र्स के और कभी जो मन में आये स्वयं बोल लिए। यही उनका मानक है लेकिन वे ये नहीं जानते कि ये सभी व्यक्ति किसी न किसी रूप में प्राकृतिक सत्य के ज्ञान से युक्त थे लेकिन इनका विषय सन्तुलित न होकर सिर्फ एक ही था।

30. यह अतिशीघ्र सोचने का विषय है कि एक तरफ हम दूसरे ग्रहों पर स्वयं को स्थापित करने का प्रयत्न कर रहे हैं। दूसरी तरफ परमाणु युद्ध जैसी स्थिति उत्पन्न कर रहे हैं। ऐसे वातावरण में हम दो तरह के भविष्य का निर्माण कर रहे हैं। प्रथम यह कि आने वाली पीढ़ी को शायद यह कहकर आधुनिक विज्ञान का परिचय कराना पड़े कि यह हमारे पूर्वजों की तकनीकी थी जो अब विलुप्त हो गयी है दूसरा यह कि दूसरे ग्रह पर स्थापित करने के बाद वहां से सम्बन्द्ध विच्छेद हो जाये और वहाँ भी कुछ पीढ़ियों के बाद यह कार्य जो सत्य था एक कहानी मात्र बनकर रह जाये। इन दोनों रास्तों में से किसी रास्तों पर चलने के लिए मानव निर्माण नहीं हुआ है। मानव का निर्माण सम्पूर्ण ब्रह्माण्ड को आत्मसात् करने के लिए हुआ है।

31. यदि भारत आज समृद्धि की ओर है। सोने की चिड़िया पुनः बनने की ओर है अगर इसका श्रेय किसी को है तो इसके साथ आज भी बेरोजगारी का चादर ओढ़े युवक, गंदे राजनीति को बढ़ावा, अपराध, शोषण, अपूर्ण शिक्षा प्रणाली, महिलाओं को अभी भी अधिकार न देना, भ्रष्टाचार मानव आविष्कृत धर्म एवं जातियों को बढ़ाने की श्रेय भी उसी को है।

32. हम बेरोजगारी को दान से, साम्प्रदायिक दंगों को कानून से, मानव आविष्कृत धर्म को मानव आविष्कृत धर्म से, स्वार्थ को स्वार्थ से, गंदे राजनीति को गंदे राजनीति से कभी समाप्त नहीं कर सकते। इन सभी का समाप्त करने का एक ही उपाय है वह है देश काल विवादमुक्त दृश्य प्राकृतिक सत्य धर्म का ज्ञान।

33. भारत की एकता को खतरा मानव आविष्कृत धर्मों के समर्थकों से नहीं बल्कि उस भक्ति से है जो मानव ज्ञान को बद्ध कर देती है। यह भक्ति चाहे माँ का हो, पिता का हो, भाई का हो, बहन का हो, पुत्र का हो, पुत्री का हो, प्रेमी का हो, प्रेमिका का हो, अदृश्य ईश्वर/अल्ला का हो या किसी और का हो हमारे ज्ञान को अवरूद्ध कर देता है। हम प्रबन्धकीय क्षमता, नेतृत्वशीलता, संचालक गुणों को तो प्राप्त नहीं कर पाते साथ ही इन गुणों को पहचानने की क्षमता भी खो बैठते हैं। यह भक्ति उस काल का अविष्कार था जब मानव की

आवश्यकतायें नगण्य थी। और हमारे मन को किसी के भक्ति पर केन्द्रित करने की आवश्यकता थी। आज हमारा मन जिन स्थूल आवश्यकताओं पर केन्द्रित है उसके प्राप्ति के लिए प्राकृतिक सत्य के ज्ञान की आवश्यकता है। जिससे प्रबन्धकीय क्षमता, संचलनकर्ता, दार्शनिक, आविष्कारक जैसे गुण उत्पन्न होते हैं। ये वर्तमान स्थूल आवश्यकतायें कभी भी भक्ति से प्राप्त नहीं हो सकती। यदि हमें भक्ति करना है तो स्थूल आवश्यकताओं की कामना छोड़नी होगी। यदि स्थूल आवश्यकताओं को प्राप्त करना है तो प्राकृतिक सत्य के ज्ञान को धारण करना पड़ेगा।

34. भारत के राजनीतिक पार्टियों की पचास वर्षों की उपलब्धियों को यदि देखें तो पायेंगे कि कोई भ्रष्टाचार से युक्त मानव मन का निर्माण कर रहा है तो कोई बुद्धि बद्ध मानव मन का निर्माण कर रहा है। तो कोई जातिवाद एवं सम्प्रदायवाद से युक्त मानव मन का निर्माण कर रहा है और इसके दोषी भी ये नहीं है क्योंकि जो ज्ञान उपलब्ध नहीं है उसके कारण उत्पन्न दोष का दोषी मैं हूँ। आप स्वयं इन्हें नहीं पहचान सकते क्योंकि वेदान्त-सिद्धान्त का पूर्ण अभाव हो गया है। सत्य तो यह है कि कोई आप के लिए कार्य नहीं करता, सभी अपने लिए ही कार्य करते हैं। मैं भी यही कर रहा हूँ। बस अन्तर यह है कि मेरी शान्ति एवं स्थिरता का पूर्ण अंश समष्टि धर्म में है और अन्य का व्यष्टि धर्म में है।
35. निःस्वार्थ भाव से सामाजिक विकास एवं ज्ञान का मार्ग प्रशस्त करने वालो के संदेश से यह आवश्यक है कि लोग उसे निःस्वार्थ होकर ही समझने की कोशिश करें। यदि वे ऐसा नहीं करते तो निश्चय ही उनका मन ज्ञान पर केन्द्रित नहीं है। ऐसे में मार्ग प्रशस्त करने वाले इतिहास बन जाते हैं। और वे लोग जिनका मन ज्ञान पर केन्द्रित नहीं होता, भाग्य को कोसते रहते हैं।
36. वह मनुष्य क्या करे? जो धर्म, न्याय, सत्य की रक्षा करना चाहता हो लेकिन समाज में रहने के कारण उससे बड़े एवं छोटे व्यक्ति भी हैं। यदि बड़े लोग ही अधर्म, अन्याय व असत्य पर हो तो विरोध करने पर स्वयं उसके चरित्र पर कलंक लगता है और विरोध न करने पर वह मनुष्य स्वयं अपनी नजर में अधर्मी, अन्यायी व असत्य पर चलने वाला हो जाता है।
37. समाज, जाति या धर्म आधारित होती है। यह जाति प्रकृति द्वारा निर्धारित विभिन्न जीवों की जातियाँ हैं। तथा धर्म, ज्ञान है। प्रकृति द्वारा निर्धारित जातियों में मानव एक जाति है जिसका समाज, मानव समाज है। जो प्रकृति से अलग नहीं है। प्रकृति से मिलकर मानव प्राकृतिक समाज का निर्माण करता है। तथा धर्म, प्राकृतिक धर्म कहलाता है।
38. जो धर्म है। वह एकतावादी है। जो वाद है वह अलगावादी है, सम्प्रदायवादी है ये न ही एकतावादी है और न ही धर्म ज्ञान से युक्त है। समाजवाद, धर्म का तथा सम्प्रदायवाद, वाद अर्थात् अधर्म का स्वरूप है।
39. यह मैं नहीं जानता कि मेरा भविष्य क्या है, लेकिन मैं यह जानता हूँ कि मैं संपूर्ण मानव समाज को धर्म का अर्थ समझाने के लिए प्रयत्नरत हूँ जिस ओर बढ़ा प्रत्येक कदम ही अर्थ को प्रदर्शित एवम उसके रहस्य को उजागर करता कदम होगा। जिसका अन्त खुद के अन्तिम संस्कार को जलाने के अलावा किसी अन्य विधि से करवाने की इच्छा होगी। जिसका उद्देश्य किसी मानव आविष्कृत धर्म को प्रभावित करना नहीं बल्कि धर्म इन संस्कारों से मुक्त है को प्रमाणिक आधार देना होगा।
40. राजनीति, धर्म की स्थापना की सम्पूर्ण नीति है जिसका उद्देश्य ब्रह्माण्ड के विकास के लिए एकता एवं शान्ति को सन्तुलित बनाये रखना है। यह धर्म, प्राकृतिक धर्म है, न कि मानव आविष्कृत धर्म। यही राजनीति जब मानव आविष्कृत धर्म की स्थापना एवं व्यक्तिगत स्वार्थ अर्थात् विकास के लिए की जाती तो कूटनीति कहलाती है। वर्तमान समय में राजनीति शून्य अवस्था को तथा कूटनीति चरम अवस्था को प्राप्त है।
41. माया मुक्ति के पाँच रास्ते कर्म, ज्ञान, राज, प्रेम एवं भक्ति योग हैं, ये स्थूल एवं सूक्ष्म दोनों कार्यों में समयानुसार उपयुक्त हैं। ये मानव की असीम शक्तियाँ भी हैं। जिसके ज्ञान से मनुष्य को संघर्षशीलता, नेतृत्व क्षमता, धार्मिक कार्य, राजनीति, समय की पहचान जैसे गुण उत्पन्न होते हैं। इन रास्तों की अज्ञानता ही मनुष्य के दुःख का कारण हैं। क्योंकि इन रास्तों की अज्ञानता ही समस्याओं का हल निकालने में बाधक बनती है।

समाज ने समयानुसार उपयोगी इन रास्तों की जब भी उपेक्षा की है तब अधर्म, अन्याय, और असत्य की सत्ता कायम हुई है।

42. सभी मानव आविष्कृत धर्म राजतन्त्र के साम्राज्यवादी व्यवस्था में आविष्कृत किये गये हैं। जो अलगाववादी है जबकि धर्म एकतावादी है। वर्तमान समय में हम राजतंत्र एवं साम्राज्यवादी व्यवस्था से निकलकर लोकतन्त्र एवं राष्ट्रवादी व्यवस्था में आ गये हैं। हमें मजबूरन साम्राज्यवादी व्यवस्था को भूलना पड़ेगा। जब तक हम ऐसा नहीं करते हम अव्यवस्था एवं अशान्ति का शिकार होते रहेंगे। हमें लोकतंत्र का धर्म व उसका धर्मशास्त्र निर्धारित करना पड़ेगा।

43. अपराध, निजी स्वार्थ के लिए किया गया अधार्मिक कार्य है। निजी स्वार्थ के लिए किया गया कार्य अपराध जो धर्म युक्त हो अपराध नहीं होता है। उसी प्रकार सामाजिक विकास के लिए किया गया अपराध, अपराध नहीं होता क्योंकि धार्मिक कार्य जिस प्रकार अज्ञानी को ज्ञान देना, विकास कार्य करना, मुर्खों को यथावत् छोड़ देना है उसी प्रकार धार्मिक कार्य में बाधा उत्पन्न करने वालों का विनाश भी धार्मिक कार्य है लेकिन यह धर्म प्रकृति आविष्कृत धर्म होना चाहिए, मानव आविष्कृत धर्म (वाद) नहीं।

44. जिसे हम स्वर्ग या जन्नत कहते हैं वह अच्छे विचार, व्यवहार एवं कार्य का परिणाम है। जिससें हमें सुख प्राप्त होता है। वहीं जिसे हम नरक या जहन्नुम कहते हैं। वह बुरे विचार, व्यवहार एवं कार्य के परिणाम हैं। जिससे हमें दुःख प्राप्त होता है। जो यहीं हमारे जीवन में हमें और हमारे परिवार को भुगतना पड़ता है। यह व्यवहार ही मानव के मन में हमारे प्रति व्यवहार का निर्माण करवाता है। चाहे वह उस व्यक्ति द्वारा प्रकट रूप में महसूस हो या न हो, यही भविष्य में हमारे सुख एवं दुःख का निर्माण एवं वातावरण पैदा करता है। इस विश्व से बाहर नरक या स्वर्ग नाम की कोई जगह नहीं है।

45. थोड़ा स्वार्थ आने से अव्यवस्था आती है। थोड़ा निःस्वार्थ होने से व्यवस्था ठीक होने लगती है। थोड़ा सोने से कुछ खो जाना पड़ता है। थोड़ा जागने से कुछ बच जाता है। थोड़े समय के कारण कोई मर जाता है। थोड़े समय के कारण कोई जिन्दगी पा जाता है। यह थोड़ा बड़ी अजीब चीज है। थोड़ा स्वार्थी एवं अज्ञानी होने से मन्दिर, मस्जिद टूट जाते हैं। दंगा हो जाता है। भ्रष्टाचार बढ़ जाता है। इसलिए हम आपको थोड़ा निःस्वार्थ एवं निष्पक्ष होकर वक्त को पहचानने के लिए कह रहे हैं। इसलिए हमने थोड़ा सा ही कार्य किया, अपने मानव समाज के लिए, देश के लिए, विश्व के लिए। इस थोड़े से कार्य का हमारा उद्देश्य विषय, विशेषज्ञ्, परिभाषा, शिक्षा, मानव विभेद, मानव क्रियाकलाप, नीति, अपराध एवं मानव आविष्कृत धर्मों का विश्व मानकीकरण एवं स्थापना है। आपका थोड़ा सहयोग प्राप्त हो तो निःस्वार्थ कुछ थोड़ा छोटा-छोटा कार्य और करना चाहुँगा।

46. यह बड़े दुःख ही बात है कि भारत जैसा देश जो दर्शन का जन्मदाता रहा है। आज तक विषय और विशेषज्ञों की परिभाषा, मानव क्रियाकलापों, मानव विभेद, शिक्षा, नीति, अपराध एवं मानव आविष्कृत धर्मों का मानकीकरण नहीं कर सका। और न ही दृश्य गुणों से युक्त अर्थात् लोकतंत्र के लिए धर्म, ईश्वरनाम, पूजास्थल एवं धर्म ग्रन्थ का आविष्कार कर सका। यह इस बात को प्रदर्शित करता है कि हमारा मन ज्ञान पर नहीं बल्कि पद, प्रतिष्ठा, पूजास्थल, धन, मानव आविष्कृत धर्मों एवं जातियों, वेशभूषा, संस्कृति, भोजन, मनोरंजन, भाषा एवं अनुपयोगी साहित्यों के सृजन पर टिकी हुयी है। साहित्य से समाज की रूचि कम होने के कारण भी यही है। हमारा मन पूर्णतः धन पर केन्द्रित हो गया है और वह भी चाहे जैसे कर्मों से। यही कारण भी रहा कि शिक्षा का उद्देश्य नौकरी द्वारा धन कमाने से हो गया। यदि पूर्ण शिक्षा प्रणाली होती तो देश बेराजेगारी से नहीं घिरा होता। शिक्षा का उद्देश्य धन कमाना तो होता लेकिन वह नौकरी के साथ उद्यम भी होता। यह सोचने का विषय है कि यदि शिक्षा के प्रति भावना ये बन गयी हो कि "जिस शिक्षा से नौकरी नहीं वह शिक्षा क्यों"? तो इस भावना को उत्पन्न करने का जिम्मेंदार कौन है? जबकि ज्ञान से कर्म है, धर्म है, धन है, नेतृत्वकर्ता की पहचान है।

47. हम सभी को इस प्रश्न विचार करना होगा कि मानव जब पशु मानव के सहजात ज्ञान अवस्था से साधारण ज्ञान अवस्था में आया तो उसे प्राकृतिक सत्य का प्रथम अनुभव हुआ। उसके उपरान्त ही मानव ने सूक्ष्म विज्ञान के

द्वारा ईश्वर, अल्ला, गाड का अविष्कार किया। तब से लेकर वर्तमान तक मानव आविष्कृत धर्म विद्वानों ने उस अदृश्य विवादमुक्त ईश्वर, अल्ला, गाड की ओर ही मानव का मन केन्द्रित करते रहे जबकि धार्मिक स्थलों के साथ जुड़ी घटनायें जो हुयी, हो रही हैं, होती रहेगी, सर्वज्ञ है। क्या कारण था कि धर्मं विद्वानों ने आज तक उस देश, काल मुक्त प्राकृतिक सत्य की ओर मानव का मन केन्द्रित नहीं किये। ऐसा नहीं कि वे प्राकृतिक सत्य ज्ञान से युक्त नहीं हैं। मानव आविष्कृत धर्म विद्वानों की यह अवस्था ज्ञानी मानव की स्वार्थमय अवस्था थी और है। यदि प्राकृतिक सत्य की ओर मानव मन को केन्द्रित कर देते तो उनकी सत्ता भी समाप्त हो सकती थी। और वे सुख साधन से वंचित हो सकते थे। यही वे कारण हैं जिनसे वे सिर्फ सूक्ष्म कार्य में मानव का ध्यान केन्द्रित करते रहते हैं। ईश्वर, अल्ला, गाड के अवतार द्वारा सामाजिक परिवर्तन की शिक्षा देने वाले, मानव की सेवा करने की शिक्षा एवं कार्य करने की शिक्षा के बजाए वे अपनी सेवा कराने में व्यस्त रहते हैं।

48. प्राकृतिक सत्य के ज्ञान के बिना मानव अन्य जीव की भाँति सिर्फ जीव है।
49. मानव प्रकृति के अदृश्य ज्ञान को दृश्य ज्ञान में परिवर्तित करने का माध्यम मात्र है।
50. जो ससीम में असीम है, जो बद्ध में मुक्त है, जो पक्ष में निष्पक्ष है, जो साधारण में असाधारण, जो शक्ति में महाशक्ति है, वही विजेता है, वही आश्चर्य है और वहीं समर्पण है।
51. मनुष्य के अन्दर उत्साह, धर्म, न्यायप्रियता व सत्यता के गुण सर्वप्रथम माता-पिता या अभिभावक से ही प्राप्त होते हैं लेकिन माता-पिता या अभिभावक में ही ये गुण न हो तो सन्तानों या आश्रितों का क्या दोष?
52. पहले मनुष्य सिर्फ कार्य करता था फिर भूतकाल के कार्यों के सीख से वर्तमान में कार्य करने लगा। वर्तमान समय में वही मानव सफलता को प्राप्त करता है जो भूतकाल के सीख भविष्य की आवश्यकताओं के अनुसार वर्तमान में कार्य करता है।
53. किसी भी कार्य को करने में सफलता और असफलता दो रास्ते होते हैं लेकिन न करने में सिर्फ असफलता का एक ही रास्ता होता है।
54. उद्देश्य गलत अर्थात् अधर्म युक्त होने पर, अच्छा कर्म अर्थात् धर्म युक्त कार्य भी में विनाश का कारण होता है उद्देश्य अच्छा अर्थात् धर्म युक्त होने पर, गलत अर्थात् अधर्म युक्त कार्य भी विकास का कारण होता है।
55. कौन कहता है कि मोक्ष प्राप्त करना है, तुम्हारा यह मनुष्य जीवन ही सबसे बड़ा मोक्ष है बस तुम्हे कर्मज्ञान का ज्ञान न होने के कारण यह जीवन दुःखमय लगता है। तुम कर्मज्ञान से युक्त हो जाओ यह बात स्वतः प्रमाणित हो जायेगी।
56. वेद, सूक्ष्म विज्ञान द्वारा उत्पादित या आविष्कृत एक साहित्य है जो उस काल के ज्ञान, विज्ञान, सामाजिक, आर्थिक, मानसिक, शारीरिक स्थिति की व्यक्त अवस्था है।
57. धर्म ग्रन्थ, धार्मिक कार्य करने के ज्ञान का व्यक्त अवस्था है जो साहित्य है। सूक्ष्म कार्य करने का धर्म ग्रन्थ, सूक्ष्म धर्म ग्रन्थ तथा स्थूल कार्य करने का धर्म ग्रन्थ, स्थूल धर्म ग्रन्थ कहलाता है।
58. पूजा स्थल, सूक्ष्म विज्ञान द्वारा आविष्कृत एक ऐसा स्थल है जहाँ मानव के सूक्ष्म कारण केन्द्रित अस्थिर मन को स्थिरता प्राप्त होती है। यह विधि मानव के स्थूल कारण एवं विषयों पर केन्द्रित मन को कभी भी स्थिरता प्रदान नहीं कर सकती।
59. कर्म एवं उद्देश्य प्राप्ति, बिना दृढ़ निश्चय के नहीं होता। दृढ़ निश्चय जीवन की एक तपस्या है, तपस्या में परीक्षा, अग्निपरीक्षा, धर्मसंकट आते ही हैं। जिससे मनुष्य को हारना नहीं चाहिए उसके बाद तो रास्ते स्वतः ही खुल जाते हैं।
60. माया मुक्ति या मोह मुक्ति या निःस्वार्थ का अर्थ यह नहीं कि मनुष्य अपने जीवन उपयोगी सभी संसाधनों एवं सम्बन्धों का त्याग कर दें। इसका अर्थ है कि संसाधनों एवं सम्बन्धों से व्यक्ति इस प्रकार जुड़ा रहे जैसे उन सम्बन्धों एवं संसाधनों के रहने से कोई दुःख नहीं तो इसके न रहने से भी कोई दुःख न हो।

61. "रामायण" व "महाभारत" दो ऐसे ग्रन्थ है जिसमें पहले में मुख्यतः घर के सभी चरित्र तथा दूसरे में मुख्यतः समाज के सभी चरित्रों का चित्रण है जो आज भी हो रहा है आगे भी होता रहेगा। इनसे हमें शिक्षा लेकर चरित्र में धारण करना चाहिए। इनकी भक्ति से अच्छा इन्हे पढ़ना ही बेकार है।

62. माता और पिता तीन कारण से होते है-जन्म कारण, ज्ञान कारण एवं कर्म कारण। शास्त्रों में माता पिता आचार्य को ईश्वर का सम्मान प्राप्त है। जिनका सम्मान तभी तक बना रहता है जब तक इन तीनों कारणों में से ये कम से कम दो कारणों से युक्त होते हैं। और तभी तक पारिवारिक एवं सामाजिक स्वथता बनी रहती है।

63. जिस प्रकार नियम होने से टूटने पर अव्यवस्था फैलती है। और नियम न रहने पर नियमबद्ध होने से अव्यवस्था फैलती है। उसी प्रकार मानव का मन और ज्ञान एक था। इनका अलग होना ही अव्यवस्था, अस्थिरता, एवं असंतुलन का कारण है। हम अपने मन और ज्ञान को पुनः एक साथ कर दें तो धर्म को स्वतः ही समझ जायेंगे।

64. मानव प्रकृति से उत्पन्न, प्रकृति से युक्त एक ऐसा जीव है जिसका मन एवं ज्ञान पृथक है जिसके कारण एक ही साधारण ज्ञान अर्थात् द्वन्द अवस्था में रहता है। इन दोनों का योग ही मानव को सन्तुलन एवं स्थिरता प्रदान करता है। यही अवस्था मानव की ज्ञानातीत अवस्था होती है।

65. साहित्य काल के आर्थिक, सामाजिक, शारीरिक, मानसिक, स्थिति का व्यक्त अवस्था है। जिसका सृजन प्रत्येक व्यक्ति को किसी न किसी विषय पर करना चाहिए। ये शोध, अनुसंधान, इत्यादि के स्रोत हैं। जो ज्ञान के योग्य होती है, भक्ति के नहीं।

66. प्रत्येक त्याग के बाद जो हम खोते हैं उससे अधिक उपलब्धि हमारे साथ होती है प्रत्येक स्वार्थ के साथ जो हम पाते हैं उससे अधिक हम खोते हैं। यह बात अलग है कि हमें प्राकृतिक सत्य का ज्ञान न होने से यह नहीं जान पाते कि हमनें क्या खोया? क्या पाया? यह हमारी अज्ञानता है जो हमारे विकास में बाधक है।

67. हम कहाँ है? यह हमने नहीं सोचा लेकिन हम उस स्थिर, संतुलित, विवाद मुक्त अदृश्य कारण सत्य-धर्म-ज्ञान (ईश्वर, अल्ला, गाड) इत्यादि के दृश्य विवाद युक्त प्राकृतिक सत्य-धर्म-ज्ञान का अध्ययन करते हुये विकास कर उस स्थिर, संतुलित, विवाद युक्त, अदृश्य कारण सत्य-धर्म-ज्ञान की ओर स्थायित्व एवं संतुलन प्राप्ति के लिए बढ़ रहे हैं।

68. हम अगर यह सोचे कि धर्म, ज्ञान, मन एवं मानव में इस पृथ्वी पर इनका आने का क्रम क्या था तो पायेंगे, पहले मानव आया जो मन और ज्ञान से युक्त था, फिर मन और ज्ञान अलग हो गया तब धर्म की उत्पत्ति हुई। उसके उपरान्त मानव आविष्कृत धर्मों की उत्पत्ति हुई और पुनः उस धर्म के वास्तविक अर्थ की ओर बढ़ रहे है जो मनुष्य के आने से पहले से ही सर्वव्यापी है।

69. भाषा, गुणों को प्रदर्शित करता हुआ शब्दों का ऐसा संग्रह है जिससे मानव एक दूसरे से सम्पर्क स्थापित करता है। शब्द के गुण का ज्ञान न होने से अर्थात् नाम के गुण का भाव न होने से वह शब्द निरर्थक, गुणरहित, ध्वनि मात्र बनकर रह जाती है। यही मंत्र और ईश्वर नाम का रहस्य है।

70. गुण-अवगुण तो हर मनुष्य में होते हैं। किसी विशेष अवगुण के कारण ही मनुष्य घृणा का पात्र बनता है लेकिन उससे सभी गुणों का नाश नहीं होता। उसके उस अवगुण में भी कोई न कोई कारण अवश्य छिपी रहती है। यह अलग बात है कि हम उसे जानना नहीं चाहते।

71. ज्ञान से भरे संसार में एक अज्ञानता या मूर्खता का कार्य उसे समस्त संसार में मूर्खता का कारण बनाता है। उसी प्रकार अज्ञानता से भरे संसार में एक ज्ञानता या बुद्धिमता का कार्य उस समस्त संसार में प्रसिद्धि का कारण बनाता है। हमें स्वयं की प्रसिद्धि के लिए वक्त का पहचान करना पड़ेगा नहीं तो वक्त हमें भी पहचानने से इन्कार कर देगा।

72. किसी भी कार्य को करने के लिए पहला कदम है दृढ़ संकल्प, दूसरा कदम है उपलब्ध सुविधा या सूचना, जिससे योजना का जन्म होता है। इसके उपरान्त ही कोई कार्य सम्भव है। सूचना के लिए सम्पर्क आवश्यक है। सम्पर्क ही न रहे तो कोई भी कार्य असम्भव ही नहीं नामुमकिन है।

73. विकास के दो अलग कार्यों में दो अलग-अलग व्यक्तियों में मतभेद हो सकता है। उसका मूल्यांकन विकास की गति, कार्यों द्वारा प्राप्त साख तथा कार्य के भविष्य के आधार पर कर मतभेद समाप्त करना चाहिए। यदि कार्यों द्वारा प्राप्त साख व्यक्तिगत है तो मूल्यांकन हमेशा सामाजिक साख से कम होगा।

74. भविष्य के आधार पर कार्‍य करना उचित ही नहीं सर्वोत्तम है। प्रकृति में उपलब्ध सभी विषयों को अध्ययन के रूप में लेना चाहिए। क्योंकि प्रकृति हमारे ज्ञान के अनुसार नहीं चलता बल्कि वह अपने ही नियमानुसार चलता है उसमें से किसी प्रकार के ज्ञान की आवश्यकता असमय भी पड़ सकती है।

75. असाधारण एवं साधारण व्यक्ति में एक ही अन्तर है। पहला व्यक्ति सभी गलत कार्य ज्ञानयुक्त अवस्था में करता है। जो समाज में भौतिक साधन व ज्ञान उपलब्ध कराता है। दूसरा व्यक्ति अनजाने अर्थात् अज्ञानयुक्त अवस्था में करता है जिससे समाज में विनाश अवस्था उत्पन्न होती है।

76. व्यक्ति का ज्ञान दो प्रकार का होता है बाह्य एवं अन्तः। बाह्य ज्ञान द्वारा उसका मूल्यांकन सभी कर लेते हैं। लेकिन अन्तः ज्ञान का मूल्यांकन करने के लिए मूल्यांकनकर्ता में भी अन्तः ज्ञान का होना आवश्यक है ऐसा न होने पर अन्तः ज्ञानी तो सभी को मूल्यांकन कर लेता है। लेकिन बाह्य ज्ञानी सिर्फ स्वयं का ही मूल्यांकन करवाता है वह कभी भी दूसरों का मूल्यांकन नहीं कर पाता।

77. जरा सोचिए हमारी मंजिल क्या है? हम क्या चाहते है? उसको प्राप्त करने के लिए हमारा दृढ़ निश्चयता कितनी है और उसके लिए कार्य कितना कर रहें हैं। हमारे पास उपलब्धता क्या है। अनुपलब्धता की जानकारी कितने लोंगो को है। वक्त को पहचानने की उपलब्धता कितनी है। यदि हम में ये सब नहीं है तो मंजिल विहिन व्यक्ति पशु के समान है, मनुष्य उद्देश्यपूर्ण कार्य करता है। पशुओं का अपना कोई उद्देश्य नहीं होता है।

78. जब किसी व्यक्ति का क्रियाकलाप समाज की समझ में न आये तथा ये क्रियाकलाप समाज के लिए नुकसानदायक हों तो वही व्यक्ति समाज का असामाजिक तत्व है। जिसका डटकर विरोध करना चाहिए। तथा जब किसी व्यक्ति का क्रियाकलाप समाज की समझ में न आये तथा ये क्रियाकलाप समाज के लिए नहीं बल्कि उसे स्वयं के लिए नुकसानदायक हो तो वह व्यक्ति असामाजिक तत्व हो ही नहीं सकता। तब उसका हर शब्द रहस्यमय होता है। उसका हर सम्भव सहयोग ही उचित है।

79. तुम स्वयं को केन्द्र मानकर इस समाज के विभिन्न विषयों के आदान-प्रदान को गति दो। यही तुम्हारा अधिकार है। जो जितने बड़े आदान-प्रदान की योजना बनाता है। वही समाज का नियंत्रण करता है। यदि वह एकता, स्थिरता एवं शान्ति की ओर है तो यही ईश्वरीय कार्य है। व्यक्त ब्रह्म भाव है। जो तुम में से प्रत्येक कर सकता है। जिसमें तुम स्वयं को एक प्रबन्धक मात्र ही समझो।

80. यदि हमें किसी व्यक्ति से क्रोध है तो हम बदला अवश्य लेंगे। यदि हमें परिवार से क्रोध है तो हम बदला अवश्य लेंगे। यदि हमें देश से क्रोध है तो हम बदला अवश्य लेंगे। यदि हमें विश्व से क्रोध है तो हम बदला अवश्य लेंगे। लेकिन यह बदला उसके विनाश से नहीं बल्कि स्वयं के विकास एवं बेहतर व्यवस्था को देकर लेंगे। हम क्रोध में ही जीयेंगे, क्रोध में ही मरेंगे। लेकिन क्रोध विकास का होगा, विनाश का नहीं।

81. हमें स्वयं से निष्पक्ष होने के लिए, निःस्वार्थ होने के लिए मन को स्वयं से बाहर लाना होगा। परिवार से निष्पक्ष एवं निःस्वार्थ होने के लिए मन को परिवार से बाहर लाना होगा। देश से निष्पक्ष एवं निःस्वार्थ होने के लिए मन को देश से बाहर लाना होगा। विश्व से निष्पक्ष एवं निःस्वार्थ होने के लिए मन को विश्व से बाहर लाना होगा। हम कभी भी मन को स्वयं से, परिवार से, देश से, विश्व से जोड़कर निष्पक्ष एवं निःस्वार्थ नहीं हो सकते। उसी प्रकार बिना मानव आविष्कृत धर्मों से बाहर आये धर्म को नहीं जान सकते।

82. कौन कहता है कि तुम्हे जन्म दिया गया है। तुम स्वतः ही अपने पूर्व जन्मों के अधूरे संकल्पों को पूर्ण करने हेतु अपने योग्य माता-पिता सहित वातावरण का चुनाव कर जन्म लेते हो और अपने संकल्पों को पूर्ण करते हो। यह मनुष्य जीवन तुम्हे पूर्व जन्म के अधूरे संकल्प अर्थात् मुक्ति अर्थात् आध्यात्मिक स्वतंत्रता के लिए प्राप्त हुआ है। और यदि तुम इसे नहीं पहचान पाते तो पुनः निम्न योनि को प्राप्त होते हो। यह पूर्णतः तुम्हारे अधीन है कि तुम पूर्व जन्म के संचित शुद्धता को कम करो या अधिक संग्रहित कर लो। यह मेरे इस जीवन से सार्वजनिक रूप से प्रमाणित है।

83. महान व्यक्ति का जन्म विशेष रूप से नहीं होता है। प्रत्येक व्यक्ति ही महान व्यक्ति है। यह महानता प्राकृतिक सत्य के ज्ञान से उत्पन्न होती है। तथा उसका पुष्टिकरण कार्यों द्वारा होती है।

84. हम प्राकृतिक सत्य का अध्ययन करते हुए चाहे जितना भी विज्ञान युक्त क्यों न हो जाये। हम प्राकृतिक सत्य से आगे नहीं जा सकते क्योंकि यह मानवीय ज्ञान से ही उत्पन्न है। हमारा ज्ञान तभी स्थायित्व एवं संतुलन को प्राप्त करेगा जब हम सम्पूर्ण रूप से प्राकृतिक सत्य के ज्ञान से युक्त एवं आवश्यकताओं से तृप्त हो जायेगा।

85. मनुष्य अपनी परिस्थितियों का निमार्णकर्ता, नियंत्रणकर्ता एवं भोगकर्ता है। यह यदि स्वयं के अज्ञानता के कारण उत्पन्न हुई हैं। तो भक्ति और ईश्वर जैसी भावना को उत्पन्न करता है। यदि दूसरे के अज्ञानता के कारण उत्पन्न हुयी है तो स्वयं में ज्ञान को उत्पन्न करता है। यदि ज्ञान द्वारा स्वयं तथा समाज के विकास के लिए उत्पन्न की गयी है तो राजनीति कहलाती है तथा यही सिर्फ स्वयं के विकास के लिए उत्पन्न की गयी है तो कूटनिति कहलाती है। जो भविष्य किये गये कार्यों द्वारा स्पष्ट होती है।

86. जो सपने देखता है, वह सोचता है। जो सोचता है, वह कार्य करता है। जो गलतियाँ करता है, वह गलतियाँ सुधारता है। जो गलतियाँ सुधारता है, वह सफल होता है।

87. धन अर्जित करने की इच्छा मनुष्य का गुण है, जो उसके स्थायित्व प्राप्ति के लिए आवश्यक भी है लेकिन इसे प्राप्त करने के लिए कौन से रास्ते अपनाने पड़े इसी से उसके चरित्र का मूल्यांकन होता है।

88. वर्तमान समय के विज्ञान युग में प्रत्येक व्यक्ति संसाधनों के लिए बहुत परेशान है। फिर भी व्यक्ति स्वतः के विकास के लिए कम, दूसरों के विनाश और सलाह के लिए अधिक सोचता है। यह विनाश का रास्ता है। और जब यह एक परिवार, संगठन, देश, राष्ट्र में उत्पन्न हो जाए तो विनाश निश्चित है।

89. इस संसार में मानव के लिए कुछ भी असंभव नहीं है। जो आज असंभव लग रहा है उसे मानव कल अवश्य प्राप्त कर लेगा। यह मानव का ऐसा गुण है जिसके कारण वह विकास की चरम सीमा को प्राप्त कर विनाश को प्राप्त करेगा।

90. प्रकृति के सभी जीव गुणों में अलग-अलग है जिससे उनकी पहचान होती है। कुछ जीव ऐसे भी हैं जो समरूप हैं। उनमें मनुष्य के अन्दर सिर्फ सोचने की क्षमता उत्पन्न हो जाने के कारण जीवन रहस्य मतभेदों में उलझ गया। जिनमें मानव आविष्कृत एक रास्ते को उचित कहना असम्भव है।

91. इस प्रकृति के सभी जीव, प्रकृति में उपलब्ध पदार्थों को उपभोग करते हैं। प्रकृति के जीवों में मानव एवं सूकर सर्वाहारी है मानव भोजन से मन को जोड़कर करता है इसलिए वह इसे धर्म से जोड़ता है जबकि धर्म और भोजन का कोई सम्बन्ध नहीं है।

92. विकास, उस सामाजिक, आर्थिक, मानसिक, शारीरिक के संतुलन विकास को प्रदर्शित करता है। जिससे स्थायित्व एवं संतुलन प्राप्त होता है।

93. सम्पूर्ण विश्व के मानव समाज से हमारा कहना है कि कम से कम वे सामाजिक नेतृत्व के चुनाव में स्वयं को निःस्वार्थ करें। क्योंकि इस गलत नेतृत्व के चुनाव से सम्पूर्ण विश्व प्रभावित होता है। जिसका प्रभाव उन पर भी पड़ता है इस अव्यवस्था के जिम्मेदार हम स्वयं होते हैं।

94. यदि हमें कुछ पाना है तो स्वयं अपने लिए हमें जासूसी करना होगा कि हम कौन हैं? हम क्या चाहते हैं? हमारा अस्तित्व क्यों है? हम मानव के विभिन्न स्तर में कहाँ हैं? हमने जो खोया उसके बदले में निश्चित रूप से

मिला, वह क्या है? मानव का सबसे कठिन कार्य, स्वयं का समाज में मूल्यांकन ज्ञात करना है। जिसके आधार पर वह परिस्थितियों को मुट्ठी में रख सकता है।

95. जिस प्रकार हम राजतंत्र से निकल कर प्रजातंत्र की ओर आ गये है। उसी प्रकार हम साम्राज्यवादी व्यवस्था से निकल कर राष्ट्रवादी व्यवस्था में सीमा बद्ध हो गये है। यह प्रजातंत्र समाजवादी व्यवस्था है, न कि साम्राज्यवादी इसलिए राष्ट्रवादी व्यवस्था ही समाजवादी व्यवस्था है, न कि साम्प्रदायवादी व्यवस्था है।

96. ग्रामीण का व्यापक अर्थ, किसी मानव के उसके आर्थिक, मानसिक एवं शारीरिक स्तर से कम उपलब्धता को प्राप्त मानव को प्रदर्शित करता है। अर्थात् प्रत्येक मानव के नीचे ग्रामीण मानव है। इनका विकास ही उस मानव का विकास है। जिनके उपर उनसे सम्बन्धित हैं। इनका विनाश या शोषण उस मानव को आर्थिक, मानसिक, शारीरिक रूप से अस्थिर एवं असंतुलित कर देता है।

97. प्राकृतिक सत्य दृश्य है यह देश (स्थिति)-काल (समय) मुक्त एवं विवाद मुक्त भी है। इसका ज्ञान ही उस अदृश्य विवादमुक्त कारण सत्य-धर्म का ज्ञान है। यही ज्ञान ही मानव का सत्य-धर्म-ज्ञान है। यही ज्ञान ही सम्पूर्ण स्थिर ज्ञान है। यही ज्ञान मानव में प्रबन्धकीय क्षमता, नेतृत्व शीलता, दार्शनिक गुण एवं संचालक गुणों को जन्म देता है जिससे मानव महानता, स्थायित्व एवं संतुलन की ओर बढ़ता है।

98. विश्व, जिसे हम भूमण्डल (जल मण्डल सहित) या पृथ्वी के नाम से जानते हैं। इसके समस्त संसाधन के उपभोगकर्ता इस पर रहने वाले जीव हैं विश्व उनका है। इस पर वे स्वतंत्र थे। स्वतंत्र रहना चाहते हैं और स्वतंत्र विचरण की ओर बढ़ रहे हैं। मानव अपने ज्ञान का विकास कर सभी जीवों में श्रेष्ठ हो गया। वह भी इस विश्व में स्वतंत्र विचरण की ओर बढ़ रहा है। यह विश्व ही उसका राष्ट्र है, इस स्वतंत्रता में बाधा ही विवाद का कारण है।

99. यह न देखें कि अन्य को क्या प्राप्त हो रहा है। यह देखें कि आप क्या प्राप्त कर सकते हैं। अन्यथा कुछ भी प्राप्त न कर पायेंगे।

100. किसी व्यक्ति की महानता व सफलता, नौकरी प्राप्त कर जीवन यापन में निहित नहीं है। यह जीवन एक रंगमंच है जहाँ प्रदर्शन की आवश्यकता है, जितना अच्छा प्रदर्शन होगा, उतने ही महानता को हम प्राप्त होंगे। सभी प्रदर्शन का निर्देशन इच्छाओं को प्राप्त करने का दृढ़ संकल्प करता है।

101. संस्कृति, मानव समाज के रहन-सहन की स्थिति है जो साहित्य द्वारा व्यक्त होता है। इस संस्कृति को कभी हम एक समान न रख पायें है। और न रख पायेंगे।

102. सफलता कीमत मांगती है, सफलता जितनी बड़ी होगी, कीमत उतनी ऊँची होगी। लेकिन विफलता कि कीमत चुकाने की अपेक्षा सफलता की कीमत चुकाना हमेशा बेहतर है।

103. आधुनिकता, विज्ञान के ज्ञान के नवीनतम उपलब्धियों को व्यवहार में लाना है। जिससे विकास होता है। ज्ञान स्थिर एवं विज्ञान गतिशील होता है। विज्ञान के गति के साथ ही विकास होता है। नवीनतम उपलब्धियों को व्यवहार में लाना ही अनुकूलन है।

104. धर्म केवल ज्ञान से सम्बन्धित है। यह मंत्र, तंत्र, यंत्र, पूजास्थल, ग्रन्थ, वेशभूषा, भोजन, संस्कृति, रहन-सहन, दाह संस्कार विधि से कोई सम्बन्ध नहीं रखता। यह मात्र मानव आविष्कृत धर्मों (वाद) के आविष्कारों के द्वारा अपने मानव को संस्कारित एवं स्वयं के अस्तित्व के पहचान के लिए निर्धारित है।

105. ईश्वर, अल्ला, गाड इत्यादि शब्द, सूक्ष्म विज्ञान द्वारा उत्पादित या आविष्कृत शब्द है। जो मानव के सूक्ष्म कारण केन्द्रित अस्थिर मन को स्थिरता प्रदान करते हैं।

106. शिक्षा मानव ज्ञान के बढ़ाने का साधन है। माध्यम है। जिसका स्वरूप स्थिर ज्ञान अर्थात् प्राकृतिक सत्य का ज्ञान, गतिशील ज्ञान अर्थात् विज्ञान का ज्ञान तथा उनको व्यक्त करने का भाषा ज्ञान के सम्मिलित रूप से पूर्ण शिक्षा कहलाती है।

107. विनाश, विकास के मुख्य घटक सामाजिक, आर्थिक, मानसिक, शारीरिक से असंतुलित विकास का परिणाम है। जिससे स्थायित्व एवं संतुलन प्राप्ति में बाधा पहुँचती है।

108. विषय, मन द्वारा अनुभूति की जाने वाली समस्त तथ्य है। जो विषय देश-काल बद्ध हैं वे दृश्य विषय है। जो देश काल मुक्त हैं वे अदृश्य विषय हैं। देश-काल मुक्त दृश्य विषय सिर्फ एक विषय प्राकृतिक सत्य है।
109. सम्पूर्ण ब्रह्माण्ड, प्राकृतिक सत्य द्वारा प्रभावित क्षेत्र है। जिसमें मानव भी शामिल है। इसलिए मानव प्रकृति के सभी विषयों से प्रभावित होता है। यह सम्बन्ध ही विज्ञान का सम्पूर्ण स्रोत है। यह प्रभाव दिनों दिन बढ़ता जा रहा है। क्योंकि मानव प्रकृति से दूर हटता जा रहा है।
110. स्वर, भाषा का ध्वनि रूप है। जिसकी तीव्रता से मन की स्थिति की अभिव्यक्ति स्पष्ट होती है।
111. मानक, एक ऐसा दृश्य, विवादमुक्त सर्वमान्य विषय है। जिसके आधार पर विषयों कों मूल्यांकित एवं परिभाषित किया जाता है। मानव समाज के सभी विषयों का सम्पूर्ण मानक प्राकृतिक सत्य-धर्म-ज्ञान है। जो देश-काल एवं विवादमुक्त है तथा दृश्य भी है।
112. विज्ञान का उपयोग धर्म तथा दुरूपयोग अधर्म का स्वरूप होता है। चाहे वह सूक्ष्म विज्ञान हो या स्थूल विज्ञान।
113. कार्य सूक्ष्म हो या स्थूल उसका मूल पाँच कर्म ही हैं। ये हैं आदान-प्रदान, ग्रामीण, आधुनिकता, विकास एवं शिक्षा को प्राकृतिक सत्य और धर्म के ज्ञान से युक्त होकर इसी की ओर आगे बढ़ाना, ये कार्य ही कर्म योग है।
114. मनुष्य परिस्थितियों का दास अवश्य है। लेकिन वह मृत्यु जैसी परिस्थिति का दास पूर्णरूप से है। शेष परिस्थितियों का दास वह नहीं है। यदि वह है तो उस व्यक्ति के ज्ञान की स्थिति को कमजोर रूप में प्रकट करता है। जिसे वह आध्यात्म (अदृश्य आध्यात्म) या प्राकृतिक सत्य (दृश्य आध्यात्म) के द्वारा शक्तिशाली बना सकता है।
115. देश-काल मुक्त दृश्य ज्ञान अर्थात् प्राकृतिक सत्य ज्ञान, एकता, शान्ति एवं आत्मनिर्भरता को तथा देश-काल मुक्त अदृश्य ज्ञान अर्थात् मानव आविष्कृत धर्म का ज्ञान विभिन्नता, अशान्ति एवं समर्पण को उत्पन्न करता है।
116. शिक्षा का उद्देश्य धन अर्जित करना तो है। जो उसे स्थायित्व प्रदान करता है। साथ ही समाज को उचित आवश्यकता प्रदान करना, अन्याय और भ्रष्टाचार के विरूद्ध आवाज भी उठाना है जो अपनत्व एवं स्वार्थ की भावना से पूर्णतया मुक्त हो।
117. सभी मानव, धर्म में ही स्थित हैं लेकिन उसके ज्ञान की आवश्यकता मात्र एक ही कारण से होती है वह यह कि धर्म ज्ञानी अपने प्रत्येक कार्यों को लगातार समष्टि की ओर ले जाता है जिससे उसका परिणाम स्वयं एवं समाज के लिए अच्छा होता है जबकि धर्म अज्ञानी इसके विपरीत।
118. धर्म स्थापना का कार्य एक ही सूत्र से होता है वह यह कि समष्टि (समाज) का मन जिस अवस्था तक पहुँच गया है वहाँ से उसका केन्द्रियकरण। अदृश्य (व्यक्तिगत प्रमाणित) काल में यह अदृश्य ईश्वर नाम के दर्शन द्वारा तथा दृश्य (सार्वजनिक प्रमाणित) काल में यह दृश्य ईश्वर नाम के दर्शन द्वारा होता है। यही ईश्वर की स्थिरता का रहस्य भी है। केन्द्रियकरण का अर्थ मन को उसकी प्रकृति में स्थापित करना होता है।
119. धर्म स्थापना का कार्य ईश्वर की कार्यप्रणाली के अनुसार कोई भी मानव करने के लिए स्वतन्त्र है लेकिन समष्टि को धर्मपालन के लिए प्रेरित एवं लगातार धर्म में बाँधे रहने का कार्य करने वाला ब्राह्मण कहलाता है तथा धर्म स्थापना करने वाला साकार ब्रह्म (अवतार) कहलाता है।
120. धर्म स्थापना की आवश्यकता तभी पड़ती है जब धर्मज्ञान पूर्ण लुप्त हो जाता है। तब धर्म ज्ञानी ईश्वर की कार्यप्रणाली के अनुसार मानव शरीर द्वारा ज्ञान उपलब्ध करा देता है जिससे एकता, स्थिरता एवं शान्ति के साथ सभी विषय अपने शुद्ध अर्थ को प्राप्त हो जाते हैं।
121. सबसे बड़ा अधर्म तो तब होता है जब व्यक्ति उसी धर्म के रक्षार्थ नियुक्त होता है और सत्य का साक्षात्कार होने के बाद भी निष्क्रीय रहता है।
122. आशीर्वाद देना हमारी सत्य संस्कृति है। आशीर्वाद देने वाला सत्य प्रेमी है। आशीर्वाद देकर अपने शब्दों को सत्यापित करने के लिए कर्म करना सत्य सम्बन्ध उत्पन्न करता है। यह एक ओर से होने पर अधूरा सम्बन्ध

तथा दो या कई ओर से होने पर ईश्वरीय समाज को उत्पन्न करता है। जहाँ एकता एवं शान्ति का प्रयत्न है, वहीं धर्म है।

123. धर्मज्ञान की पूर्ण लुप्तता का आभास मूल तीन सम्बन्धों में विवाद से ही प्रकट हो जाता है-रक्त सम्बन्ध (निकटस्थ), रिश्ता सम्बन्ध (मध्यस्थ) एवं देश सम्बन्ध (दूरस्थ)। श्री राम (ब्रह्मा के पूर्णावतार) देश सम्बन्ध, श्री श्रीकृष्ण (विष्णु के पूर्णावतार) रिश्ता सम्बन्ध कारण से व्यक्त हुये थे। अब शिव-शंकर के पूर्णावतार का कारण, रक्त सम्बन्ध ही होगा।

124. मुझे वेद, पुराण, अन्य धर्म पुस्तकों, दर्शन, जीवनी, भाषा और आधुनिक शास्त्र इत्यादि के विशेष अध्ययन का अवसर नहीं मिला। मैं सिर्फ इतना जानता हूँ कि उन सभी महापुरूषों के सपनों का समाज कैसा होना चाहिए, जो इतिहास के अनुभव से युक्त एवं दर्शन, पुराण अन्य धर्म पुस्तकों द्वारा समर्थित हो, विवादमुक्त हो और उसे मैं व्यक्त कर सकूँ। जो वर्तमान मानव समाज की आवश्यकता भी है। मैं तो मात्र उस दृश्य कर्म ज्ञान को उपलब्ध करा रहा हूँ।

125. मानव जीवन में अब इतने अधिक विषय हो गये हैं कि ज्ञान के लिए उन्हे सिर्फ एक शास्त्र की आवश्यकता हो गयी है जिससे वे शीघ्रताशीघ्र मूल सत्य ज्ञान से जुड़ जायें। और जीवन निर्वाह के लिए विज्ञान के ज्ञान के लिए समय बच जाये।

126. व्यक्ति जब पूर्ण अदृश्य काल में हो तो उसे अदृश्य कर्मज्ञान के अनुसार तथा जब पूर्ण दृश्य काल में हो तो उसे दृश्य कर्मज्ञान के अनुसार कर्म करने चाहिए। तभी वह ब्रह्माण्डीय विकास के लिए धर्म युक्त कार्य करेगा।

127. समाज में जब व्यष्टि धर्म की अधिकता होती है, तब अव्यवस्था बढ़ती है। और जब समष्टि धर्म की अधिकता होती है तब समाज व्यवस्थित रहता है। धर्म युक्त समाज तब होता है जब अधिकतम व्यक्ति दोनों धर्मों अर्थात् व्यष्टि व समष्टि धर्म पर समान दृष्टि रखते हुए कार्य करते हैं।

128. ज्ञान से आप है, ज्ञान से ही मैं हूँ। ज्ञान से पूजा स्थल है। ज्ञान से ही चाँद है। ज्ञान से ही सूर्य है। ज्ञान से ही ईश्वर हैं। अल्ला और गाड हैं। ज्ञान से ही धर्म है। ज्ञान से ही धन है, ज्ञान नहीं तो न ही ये विषय हैं, न ही किसी विषय की अनुभूति है। अर्थात् ज्ञान ही धर्म है। ज्ञान ही सत्य है। यह ज्ञान यदि देश काल मुक्त दृश्य है तो सर्वमान्य सत्य-धर्म-ज्ञान है, यदि देश काल मुक्त अदृश्य है तो विवादयुक्त सत्य-धर्म-ज्ञान है।

129. सत्य या ज्ञान या ईश्वर या आत्मा का सम्बन्ध वेशभूषा, रहन-सहन, भोजन, वातावरण इत्यादि बाह्य विषयों से नहीं होता। न ही उसे प्राप्त करने के लिए किसी प्रक्रिया की अनिवयार्यता ही है। से मात्र साधन अवश्य हो सकते है पर यह अतिआवश्यक नहीं है। मैं स्वयं सत्य प्राप्ति के लिए अदृश्य काल के निर्धारित उन सभी नियमों को तोड़कर व्यक्त हुआ हूँ। मेरा यह जन्म इसका प्रत्यक्ष एवं सार्वजनिक रूप से प्रमाणित जीवन है।

130. मैं अदृश्य मार्गदर्शन दर्शन से अव्यक्त रूप से विकसित होकर, दृश्य विकास दर्शन (दृश्य मार्गदर्शन दर्शन) द्वारा व्यक्त होकर स्थिरता, शान्ति एवं एकता को प्राप्त होता हूँ। मुझे वे प्राप्त करते हैं जो अदृश्य मार्ग द्वारा मुझ तक आते हैं। और जो प्रवृति मार्ग अर्थात् दृश्य मार्ग द्वारा मुझ तक आते हैं उनमें मैं स्वयं होता हूँ। जो अदृश्य या दृश्य क्रियान्वयन दर्शन में उलझ जाते हैं उन्हें मैं इस जीवन में प्राप्त नहीं हो पाता।

131. मैं यह नहीं जानना चाहता कि आज के पहले समाज, देश, विश्व इत्यादि की व्यवस्था क्या थी? और आज क्या है? मैं सिर्फ यह जानता हूँ कि क्या होनी चाहिए जो निष्पक्ष हो, निःस्वार्थ हो और वह सार्वभौम सत्य-सिद्धान्त आधारित हो।

132. मुझे इस बात का दुःख है कि चाहकर भी मैं अपने नाम, मानव आविष्कृत धर्म व जाति से मुक्त नहीं हो सकता क्योंकि यह नाम, धर्म एवं जाति ही वर्तमान समाज का मूल आधार है। यह उसी समाज द्वारा मुझे प्रदान किया गया है। मेरे न चाहने के बावजूद भी वह मेरे जीवन के साथ जोड़ा ही जायेगा एवं उस आधार पर मूल्यांकित भी किया जायेगा। मेरे जीवन में वह सबसे महत्वपूर्ण व महान व्यक्ति होगा जो मुझे ऐसे उपाय से

अवगत करा दें जिससे मैं अपने नाम, जाति व धर्म से मुक्ति पा सकूँ ताकि मुझे मानव आविष्कृत धर्म व जाति से न जोड़ा जा सके।

133. मानव आविष्कृत धर्म कहता है बार-बार के जन्म-मृत्यु से मुक्त होना ही हमारा लक्ष्य है। जिसके कारण हम अपने जीवन को और दुःखमय बना देते हैं। लेकिन जब तक इस विश्व का प्रत्येक मानव साधारण ज्ञान से ज्ञानातीत अवस्था अर्थात् प्राकृतिक सत्य के ज्ञान से युक्त एवं व्यवहार मुद्रा को भावातीत नहीं कर लेता तब तक मैं मानव आविष्कृत धर्म के अनुसार जन्म-मृत्यु से मुक्त नहीं होना चाहता और बार-बार जन्म लेकर कर्म करना चाहता हूँ।
134. तुम इस जन्म में या किसी जन्म में यदि मोक्ष या मुक्ति प्राप्त करना चाहते हो तो अपने मन की इच्छा को मार डालो। इस स्थिति में तुम्हारी स्थिति ऐसी होनी चाहिए कि तुम्हारा मन सभी विषयों में होते हुये भी किसी भी विषय में न रहे। क्योंकि यही मन की इच्छा सूक्ष्म शरीर के रूप में परिवर्तित होकर पुर्नजन्म के लिए बाध्य करता है। और तुम्हें सुख एवं दुःख का अनुभव कराता है।
135. जहाँ सघर्ष है, वहीं चेतना है। इसके दो रूप हैं। प्रथम-चेतना जो दूसरों (मानव या प्रकृति) द्वारा उत्पन्न की जाती है तथा व्यक्ति उस परिस्थिति के अनुसार कार्य करता है, प्राकृतिक चेतना या व्यष्टि चेतना कहलाती है। दूसरी-चेतना जो स्वयं व्यक्ति द्वारा उत्पन्न की जाती है तथा व्यक्ति उस परिस्थिति के अनुसार कार्य करता है, सत्य चेतना या समष्टि चेतना कहलाती है। दूसरे रूप में प्राकृतिक चेतना केवल अन्य द्वारा उत्पन्न वर्तमान परिथितियों पर कार्य करना तथा सत्य चेतना परिणाम ज्ञान से युक्त, भूतकाल का अनुभव तथा भविष्य की आवश्यकतानुसार वर्तमान में कार्य करना है। अर्थात् प्राकृतिक चेतना में आदान-प्रदान का नियंत्रण दूसरों के अधीन तथा सत्य चेतना में आदान-प्रदान का नियंत्रण स्वयं व्यक्ति के अधीन होता है।
136. मानव समाज को जानना चाहिए कि समग्र जगत, बहुरूप में प्रकाशित एक ही सत्ता है। जिसे आत्मा कहते है। इसलिए समष्टि आत्मा ही व्यष्टि आत्मा है। इस आत्मा का यथार्थ रूप जिस प्रकार व्यष्टि रूप में व्यक्त होता है, ठीक उसी प्रकार समयोपरान्त समष्टि रूप में भी व्यक्त होता है। एक ही सत्ता का व्यष्टि रूप एवं समष्टि रूप में व्यक्त होने के बीच का समय ही विवाद, अविश्वास, अशान्ति, अनेकता इत्यादि का समय होता है। वर्तमान समय ऐसा ही समय है।
137. व्यष्टि क्रियाकलापों का स्वरूप ही समष्टि क्रियाकलापों में व्यक्त होता है। यदि सूक्ष्म दृष्टि से देखें तो व्यक्ति से व्यक्ति के सम्बन्ध के बीच एक न्यूनतम साझा कार्यक्रम है। इस सीमा को पार करने पर वह सम्बन्ध टूट जाता है। इसके समष्टि स्वरूप को व्यक्त करता भारत का लोकतंत्र है जिसमें "न्यूनतम साझा कार्यक्रम" कार्यक्रम व्यक्त हुआ। जिसका विकसित रूप ही "विश्व का न्यूनतम एवं अधिकतम साझा कार्यक्रम" है। जब यही सार्वभौम सत्य-सिद्धान्त से युक्त हो जायेगा तब वह विश्वमानक-शून्य श्रृंखला में अन्तिम को प्राप्त कर लेगा।
138. विश्वस्तरीय समस्यायें भी है। विश्वस्तरीय सत्य चेतना अर्थात् एकता, शान्ति, स्थिरता की ओर बढ़ता कदम भी है। और समस्याओं का विवादमुक्त हल विश्वमानक-शून्य श्रृंखला अर्थात् कर्मवेदः प्रथम, अन्तिम तथा पंचम वेद भी है।
139. मैं यह भलि-भाँति जानता हूँ कि यदि मैं वेशधारी सन्यासी या संत होता तो मुझे धन, समर्थन, यश आदि सभी कुछ प्राप्त हो जाता क्योंकि वर्तमान जन समुदाय में ऐसे कार्य को करने वालों के साथ ऐसा ही होता है। मैं ऐसा इसलिए नहीं होना चाहता कि फिर मैं यह कैसे कह सकता हूँ कि तुम में से प्रत्येक व्यक्ति यह कार्य कर सकता है। क्योंकि तुम सब शुद्ध, बुद्ध एवं मुक्त आत्मा हो और यह शक्ति तुम में भी विद्यमान है। तुम सब मेरे स्वरूप ही हो।
140. सत्य, आत्मसात करने का विषय है न कि विचार करने का विषय।
141. जो मन कर्म में न बदले वह मन नहीं और व्यक्ति का अपना स्वरूप नहीं।

142. ज्ञान को जानो, वाणी को जान जाओगे। प्रेम को जानो, कर्म को जान जाओगे। ध्यान को जानो, समर्पण को जान जाओगे। क्योंकि ज्ञान, प्रेम और ध्यान का ही व्यक्त रूप वाणी, कर्म और समर्पण है। वाणी, कर्म और समर्पण को जान लेने पर तुम व्यक्ति को जान जाओगे।
143. आजीवन प्रयोगशाला के तरह कर्मों का प्रयोग करके ज्ञान की ओर जाने से अच्छा है, कुछ समय अकर्मण्य होकर पहले ज्ञान पर प्रयत्न करना।
144. मन की व्यापकता ही शक्ति है और मन की संकीर्णता ही दुर्बलता है। मन का विषयों से मुक्त होना ही "मुक्ति" अर्थात् "निर्वाण" या "मोक्ष" है। और ऐसी अवस्था में होकर कर्म करना ही कर्मयोग है। अनासक्त कर्म है।
145. विज्ञान से संसाधन तथा ज्ञान से जीवन का निर्माण होता है।
146. यह न देखें कि अन्य को क्या प्राप्त हो रहा है। यह देखें कि आप क्या प्राप्त कर सकते हैं। अन्यथा आप कुछ भी प्राप्त न कर पायेंगे।
147. मनुष्य को भाग्य से ज्यादा नहीं बल्कि उसके ज्ञान, ध्यान और कर्म से ज्यादा कुछ भी प्राप्त नहीं होता।

"विश्वमानव" के उद्गार

01. व्यष्टि सत्य-धर्म-ज्ञान को ही हम देश-काल बद्ध सत्य-धर्म-ज्ञान अर्थात् मानवीय कार्य अर्थात् ब्रह्मचर्य एवं गृहस्थ आश्रम कहते है। यही पंचन्द्रियग्राह्य एवं उनसे उपस्थापित अर्थात् विज्ञान है तथा समष्टि सत्य-धर्म-ज्ञान को हम देश-काल मुक्त सत्य-धर्म-ज्ञान अर्थात् ईश्वरीय सत्य-धर्म-ज्ञान अर्थात् ईश्वरीय कार्य अर्थात् वानप्रस्थ आश्रम कहते हैं। यही इन्द्रियातीत सूक्ष्म योगज शक्ति अर्थात् वेद है। वर्तमान समय में इन आश्रमों के मूल सत्य को जानकर समाज में ही कार्य करना सम्भव है न कि किसी विशेष स्थल पर।

02. व्यष्टि सत्य-धर्म-ज्ञान से उच्च समष्टि सत्य-धर्म-ज्ञान होता है। समष्टि सत्य-धर्म-ज्ञान की जीत हमेशा निश्चित भी होती है। ज्ञान में कृष्ण ओर भीष्म पितामह दोनों ही बराबर थे लेकिन कृष्ण समष्टि सत्य-धर्म-ज्ञान के लिए अपने व्यष्टि सत्य-धर्म-ज्ञान को उसमें बँधे रहने के बाद भी छोड़ दिये थे जबकि भीष्म पितामह, इसके विपरीत कार्य किये थे।

03. ज्ञानी या शिक्षित वही हैं जो क्रियाकलापों के अध्ययन द्वारा कार्य के महत्व, क्षेत्र एवं भविष्य को समझ जाते हैं। जो नहीं समझ पाते वे सलाह लेने पर भ्रमित भी हो सकते हैं। लोग कहते हैं भाग्य से ज्यादा कुछ नहीं मिलता, मैं कहता हूँ ज्ञान व उसके अनुसार कर्म करने से ज्यादा कुछ भी प्राप्त नहीं होता। वहीं जब दृश्य भविष्य हो तो कर्म के साथ न जुड़ना दृश्य मूर्खता के प्रदर्शन के सिवा कुछ भी नहीं होता।

04. ज्ञानी अर्थात् शिक्षित मानव के नीचे तीन स्तर हैं। उपर-साहित्यीकृत, मध्य-साक्षर एवं नीचे-निरक्षर। साहित्यीकृत मानव बिना स्वयं का ज्ञान रखे पुस्तकों पर आधारित रहते हैं। मध्य-साक्षर स्तर का मानव ज्ञानी एवं साहित्यीकृत मानव के बीच का संर्घषमय स्तर है। साहित्यीकृत स्तर बुद्धि को बद्ध कर देता है जबकि साक्षर स्तर साहित्यीकृत एवं ज्ञानी स्तर की ओर जाने के लिए खुला होता है। केवल ज्ञानी अर्थात् शिक्षित स्तर ही मानव को प्रबन्धकीय नियंत्रण एवं नेतृत्व से युक्त कर अपने मालिक स्वयं या स्वतंत्र कर सकता है।

05. उच्च शिक्षा प्राप्त मनुष्य को अपनी शिक्षा के आधार पर, मध्यम शिक्षा प्राप्त मनुष्य को शिक्षा व अनुभव के आधार पर, स्वरोजगार में संघर्ष करना चाहिए जिससे वे स्वयं के साथ दूसरों को रोजगार उपलब्ध करा सके। ऐसे मनुष्य यदि नौकरी करते हैं तो वह अपना स्वार्थमय जीवन व्यतीत कर सकते हैं। वे अपने ज्ञान व विचारों को कार्य रूप नहीं दे सकते। ऐसे मनुष्य द्वारा स्वरोजगार की शिक्षा देना भी शोभा नहीं देता न ही उनके विचार प्रभावकारी होते हैं।

06. सम्पूर्ण मानव समाज से पूछता हूँ कि उनमें में से अधिकतम के मन की स्थिरता वर्तमान समय में किन विषयों पर केन्द्रित है। स्पष्ट है वर्तमान समय में न तो ज्ञान पर केन्द्रित है न ही इन्द्रिय पर बल्कि वह बाह्य विषयों धन एवं संसाधन पर केन्द्रित है। वे उनके लिए ही जीते हैं मरते हैं। यही उनका लक्ष्य है। और यह लक्ष्य पाश्चात्य विज्ञान के ज्ञान द्वारा ही प्राप्त हो सकता है। लेकिन उसकी स्थिरता तभी तक रह सकती है। जब उसके साथ आध्यात्म अर्थात् ज्ञान हो और यह है वेदान्त न तो सिर्फ वेदान्त से कार्य होगा, न ही सिर्फ पाश्चात्य से बल्कि चाहिए उनका संयुक्त दृश्य ज्ञान व सर्वोच्च दृश्य कर्मज्ञान।

07. जो मानव, मानव के लिए राजनीति करता है उसकी एक सीमा है वह एक सीमा तक जाकर उससे आगे नहीं बढ़ सकता क्योंकि वह मानक विहीन कार्य करता है। जो मानव, सत्य या ईश्वर या आत्मा के लिए राजनीति करता है वह असीम है। अर्थात् वह मानक युक्त कार्य करता है। प्राकृतिक सन्तुलन के लिए आत्मा है। मानव के सन्तुलन के लिए धन है। प्रकृति के असीम में मानव ससीम है।

08. आत्मा मानक है। मन का क्रम विकास एवं क्रम संकुचन मानव स्वयं करता है। जब यह मन दोनों दिशाओं में से किसी एक को पार करता है तब इस मन की तात्विक स्थिति, आत्मा अर्थात् मानक की स्थिति में पहुँच जाता है। यही स्थिति आत्म प्रकाश की स्थिति है। इस मानक का ज्ञान ही सत्य-धर्म है और लाने वाले कालानुसार सूत्र को ईश्वर नाम कहते हैं। मानक अर्थात् आत्मा अर्थात् सत्य-धर्म-ज्ञान स्थिर रहता है। लेकिन मन को इस ओर

लाने वाले सूत्र भिन्न-भिन्न होते हैं और होंगे क्योंकि जो उत्पन्न है, वह स्थिर नहीं है। अदृश्य काल में यह सूत्र अनेक होंगे लेकिन दृश्य काल के लिए हमेशा एक ही होगा क्योंकि वह सार्वजनिक प्रमाणित होगा।

09. सभी सम्प्रदायों के मूल में जो निहित है। जिससे वे अपना जीवकोपार्जन करते हैं। वह है कर्म, यह मानव का एक उत्पाद है। यह देश -काल बद्ध है। इस कर्म को सही दिशा में ले जाने के लिए मानक चाहिये-यह है ईश्वर या सत्य या आत्मा। यही ज्ञान है यह देश काल मुक्त है। यही वेद का सत्य ज्ञान है। यही धर्मनिरपेक्ष है, सर्वधर्मसमभाव है, धर्म है। जब मानक ज्ञान युक्त कार्य करते हैं, तब ब्रह्मभाव व्यक्त होता है। जो सभी सम्प्रदाय की आवश्यकता है। वर्तमान में समष्टि (समाज) दृश्य कर्म में केन्द्रित है। आवश्यकता है दृश्य कर्मज्ञान की। कर्मवेद-प्रथम, अन्तिम तथा पंचमवेद अर्थात् विश्वमानक-शून्य श्रृंखला उसी सत्य का सत्य रूप है। जो बारम्बार परिष्कृत होकर शुद्ध रूप से व्यक्त हो चुका है। और संगम है सत्य ज्ञान व सत्य कर्म (अदृश्य एवं दृश्य) का।

10. ज्ञान का सामान्यीकरण पूर्णता की ओर अर्थात् व्यष्टि एवं समष्टि की ओर तथा विशेषीकरण अपूर्णता अर्थात् सिर्फ व्यष्टि की ओर ले जाता है। वर्तमान शिक्षा प्रणाली मानव को विशेषीकरण की ओर ले जा रही है जो मानसिक पराधीनता, समाज के रूग्णता एवं विवाद का मुख्य कारण है। इस शिक्षा प्रणाली को पूर्ण बनाना अतिआवश्यक है क्योंकि अपूर्ण मानव मन को उत्पन्न करने का यही मुख्यश्रोत है। परिणाम पुरानी पीढ़ी एवं नई पीढ़ी के बीच टकराव एवं विवाद है।

11. अतः यदि भारत को महान बनाना है। भारतीय संविधान को विश्व संविधान में परिवर्तित करना है तो एकात्मकर्मवाद पर आधारित दृश्यकाल के लिए एक शब्द चाहिए। जो परिचित कराना मात्र हो, स्वभाव से हो, सन्तुलित हो, स्थिर हो, व्यापक हो, समष्टि हो, विद्यमान हो, सर्वमान्य हो, दृश्य हो, कारण युक्त हो, आध्यात्मिक एवं भौतिक कारण युक्त हो, विश्वभाषा में हो, सभी तन्त्रों, व्यक्ति से अन्तर्राष्ट्रीय संघ के सच्चे स्वरूप एवं विश्व के न्यूनतम एवं अधिकतम साझा कार्यक्रम को प्रक्षेपित करने में सक्षम हो। अदृश्य काल के विकास के सात चक्रों (पाँच अदृश्य कर्म चक्र, दो अदृश्य ज्ञान कर्म चक्र) को प्रक्षेपित करने में सक्षम हो, को स्थापित करना पड़ेगा। वही नव विश्व निर्माण का सूत्र है, अन्तिम रास्ता है और उसकी प्रस्तुती प्रथम प्रस्तुती होगी। वही अन्तिम प्रस्तुती भी होगी क्योंकि सार्वजनिक प्रमाणित सत्य सिर्फ एक ही होता है।

12. क्या उस स्वर्ण सूत्र की भाषा हिन्दी, संस्कृत, उर्दु इत्यादि साम्प्रदायिक भाषा हो सकती है। कदापि नहीं। क्योकिं जो स्वर्ण सूत्र सम्पूर्ण मानव समाज, सभी सम्प्रदायों को जोड़ने वाली होगी वह विश्व भाषा अर्थात् अंग्रेजी में ही होगी। नहीं तो वह विवादयुक्त हो जायेगा। इसकी अनुभूति स्वामी विवेकाननद जी को पूर्ण रूप से थी क्योंकि पाश्चात्य विज्ञान की उपयोगिता जिस प्रकार बढ़ रही थी। और उसके प्रत्येक आविष्कार का नामकरण विश्व भाषा में हो रहा था उसके आधार पर ही उन्होंने कहा था-"हिन्दू भावों को अंग्रेजी में व्यक्त करना. . . . जिसे बच्चा-बच्चा समझ सके"। भाषा तो ज्ञान को व्यक्त करने का साधन मात्र है। इसलिए स्वर्ण सूत्र अंग्रेजी भाषा में ही है। जिसका अनुवाद विश्व के प्रत्येक भाषा में होगा ताकि सम्पूर्ण मानव समाज को एक सूत्र में बाँधा जा सके।

13. यदि "ओम" शब्द अदृश्य काल में व्यष्टि को शान्ति प्रदान करने एवं "मैं ही ब्रह्म हूँ" को सिद्ध करने का सूत्र अर्थात् ईश्वर नाम है तो दृश्य काल के लिए शब्द या सूत्र ईश्वर नाम, व्यष्टि को शान्ति अर्थात् "सभी ब्रह्म हैं" को सिद्ध करने में सक्षम होगा और वह विश्व भाषा में ही होगा नहीं तो विवादयुक्त हो जायेगा।

14. सम्पूर्ण मानव समाज में अव्यवस्था अशान्ति, शोषण, अस्थिरता अत्यादि विकास के बाधकों का अस्तित्व तब तक कायम रहेगा जब तक स्थूल कारण एवं पदार्थ पर केन्द्रित मानव मन की स्थिरता के लिए स्थूल गुणों से युक्त ईश्वर नाम का आविष्कार एवं स्थापना नहीं हो जाता और तब तक न ही काल परिवर्तन होगा न ही मानव समाज स्थिरता को प्राप्त करेगा।

15. ऋग्वेद ज्ञान आधारित है। सामवेद ज्ञान और गायन आधारित है, यजुर्वेद ज्ञान तथा प्रकृति एवं मानव के संतुलन के लिए अदृश्य कर्म अर्थात् अदृश्य यज्ञ आधारित है, अथर्ववेद ज्ञान एवं औषधि आधारित है। अगला वेद जब

भी होगा वह ज्ञान तथा प्रकृति एवं मानव के सन्तुलन के लिए दृश्य कर्म अर्थात् अदृश्य यज्ञ अर्थात् व्यष्टि एवं समष्टि कर्मज्ञान पर आधारित होगा क्योंकि इसके अलावा और कोई रास्ता भी नहीं है।

16. ईश्वर नाम का उत्पत्तिकर्ता देश-काल मुक्त ज्ञान आधारित साहित्य को वेद कहते हैं। ईश्वर नाम के व्यापक अर्थ को व्यक्त करने वाले साहित्य को उपनिषद् कहते हैं। व्यष्टि या अदृश्य ईश्वर नाम के अर्थ को व्यक्त करने वाले साहित्य व्यष्टि-उपनिषद् तथा समष्टि या दृश्य ईश्वर नाम के अर्थ को व्यक्त करने वाले साहित्य को समष्टि उपनिषद् कहते हैं। ईश्वर नाम से उत्पन्न मानवीय साकार कथा साहित्य को पुराण कहते हैं।
17. आप सभी अपने धर्म पुस्तकों को देखें उसमें दृश्य काल में प्रकृति एवं मानव के सन्तुलन के लिए दृश्य कर्मज्ञान उपलब्ध नहीं है। क्योंकि वे ज्ञान के क्रम विकास द्वारा सर्वोच्च स्तर तक तो पहुँच गये हैं लेकिन उनका मार्ग अदृश्य काल का है। उस वक्त उन्हें दृश्य काल का आभास भी नहीं था।
18. प्रत्येक समय में धर्म ग्रन्थ, उस समय के राजनीतिक, आर्थिक एवं सामाजिक व्यवस्था को सुदृढ़ बनाने के लिए लिखे गये थे। जो समयानुसार सही भी थी। लेकिन यह आवश्यक नहीं कि वह हमेशा सही ही रहेंगीं क्योंकि मानव समाज के बढ़ते बौद्धिक स्तर एवं बदलते मानसिकता के परिणामस्वरूप मूल्यांकन का आधार भी बदलता रहता है। सम्पूर्ण मानव समाज चाहे जिस समय में क्यों न रहा हो लेकिन प्राकृतिक सत्य ही उसका मूल रहा है जो हमेशा रहेगा भी।
19. तुम लोगों से मेरा एक सूत्रीय कहना यह है कि देखो ईश्वर भी अपनी स्थिरता, शान्ति एवं एकता के लिए समान भाव से नियमानुसार व्यापार करते हैं। तुम भी ईश्वर के उस समान भाव से नियमानुसार व्यापार के दर्शन के ज्ञान से युक्त हो जाओ।
20. यह मानव क्रियाकलापों का विश्वमानक विश्व के सभी भूत, वर्तमान और भविष्य के महापुरूषों एवं पुरूषों के क्रियाकलापों का मानक है। जिससे मैं भी बाहर नहीं हूँ। क्योंकि मैं भी एक मानव हूँ।
21. वर्तमान समय तक एवं भविष्य में जितने भी महापुरुष हुये या होंगे उन सभी को तुम कर्मों के उपरान्त ही जानते हो यदि उन्हें तुम कर्म के पहले ही जान जाते तो उन्हें कर्म करने एवं कष्ट उठाने की आवश्यकता ही क्यों पड़ती।
22. जब तक मानव रहेगा या अब तक जितने महापुरुष हुयें या होंगे उन सभी के क्रियाकलाप, मानव क्रियाकलापों के विश्वमानक या ईश्वर की कार्यप्रणाली या व्यापार के दर्शन या विकास दर्शन से बाहर न थे, और न ही जा सकते हैं।
23. विश्वमानक की स्थापना किसी व्यक्ति की विचारधारा की स्थापना नहीं, न ही यह किसी सम्प्रदाय का विरोध है बल्कि यह सभी सम्प्रदायों का मूल है और कार्य, निर्माण है जिसका वर्तमान समाज में पूर्ण अभाव हो गया है। जब तक इसकी पूर्ण स्थापना नहीं हो जाती तब तक न ही "वसुधैव-कुटुम्बकम्" एवं "बहुजन हिताय-बहुजन सुखाय" को सत्यार्थ कर सकते हैं, न ही मानव समाज शान्ति, एकता, स्थिरता एवं नैतिक उत्थान की ओर अग्रसर हो सकता है। यह विश्वमानव का मानव समाज के लिए श्राप है तथा आविष्कार एवं कार्य वरदान है।
24. सम्पूर्ण मानव समाज अपने अस्तित्व कि अन्तिम क्षणों तक चाहे क्यों न प्रयत्न कर ले विश्वमानक शून्य श्रृंखला की स्थापना ही उसकी एकता, स्थिरता एवं शान्ति का प्रथम एवं अन्तिम मार्ग है।
25. भारत में अनेकों महापुरूषों ने जन्म लिया लेकिन समाज उस सत्य को आत्मसात् नहीं कर पाया जब कि सभी सत्य-सिद्धान्त से युक्त थे। मैं इस सत्य को स्वीकार करता हूँ कि मैं भी ऐसा नहीं कर पाऊँगा क्योंकि सुधारक से अधिक सुधरने की इच्छा प्रबल होनी चाहिए। इसलिए मैं आन्दोलन कदापि नहीं करना चाहता। वर्तमान समय में ऐसे सिद्धान्त का अभाव है जिसमें कोई राजनीतिक दल अपने को सर्वश्रेष्ठ सिद्ध कर सके। यदि कोई दल भारत सहित विश्व के नेतृत्व इच्छा रखता है तो उसके नियंत्रणकर्ता इस सिद्धान्त (विश्वमानक शून्य श्रृंखला) को धारण करे जो अहिसंक अन्तिम मार्ग भी है अन्यथा यह तब तक मेरे पास रहेगा जब तक वे भारतीय प्राचीन ज्ञान के अनुरूप समाज का निर्माण करने में पूर्ण रूप से परास्त नहीं हो जाते।

26. तुम यदि यथाशीघ्र धर्म ज्ञान से युक्त होना चाहते हो तो ज्ञान के साहित्य-वेद का अध्ययन तुम्हारे लिए सबसे अधिक समय को लेने वाला होगा। यदि पुराण का अध्ययन करते हो तो कम, उपनिषद् का अध्ययन करते हो तो और भी कम, यदि गीता का अध्ययन करते हो तो और भी कम यदि विवेकानन्द के वेदान्त व्याख्या का अध्ययन करते हो तो और भी कम और कर्मवेद: प्रथम, अन्तिम तथा पंचमवेद अर्थात् विश्वमानक शून्य श्रृंखला का अध्ययन करते हो तो यह सबसे कम समय को लेने वाला होगा।
27. मानव जीवन में अब इतने अधिक विषय हो गये हैं कि वे वेद, पुराण, उपनिषद्, गीता इत्यादि के माध्यम से यदि ज्ञान प्राप्त करना चाहे तो उनकी अपनी जीवन निर्वाह की स्थिरता असन्तुलित हो सकती है। इसलिए अब उन्हें शुद्ध ज्ञान के साहित्य की आवश्यकता हो गई है। जिससे वे जीवन निर्वाह के लिये ज्ञान व संसाधन के लिए विज्ञान का ज्ञान प्राप्त कर सके।
28. मैं, विश्वमानक शून्य श्रृंखला अर्थात् कर्मवेद की स्थापना से न तो किसी के पद को छिनना चाहता हूँ और न ही ऐसी इच्छा है बल्कि मैं इस कार्य से मैं उन सभी पद को जो वर्तमान में विवाद, संदेह एवं अविश्वास से घिर गये है उनमें विश्वास एवं वास्तविक अर्थ को स्थापित करना चाहता हूँ।
29. मैं, विश्वमानक शून्य श्रृंखला अर्थात् कर्मवेद की स्थापना के महत्व, क्षेत्र एवं सर्वोच्चता से भली-भाँति परिचित हूँ। फिर भी यह कहता हूँ कि विश्वमानव कोई अवतार नहीं, कोई ईश्वर नहीं, न ही कोई ईश्वर नाम है। यह मानव मन के सर्वोच्च स्तर अर्थात् मानव एवं प्रकृति के प्रति निष्पक्ष एवं निःस्वार्थ कल्याणार्थी से युक्त मानव है जो प्रत्येक मानव के क्रम विकास का सर्वोच्च स्तर है। जहाँ तक प्रत्येक मानव को आना ही है। दृश्य रूप में इससे ज्यादा कोई स्वयं को सिद्ध भी नहीं कर सकता।
30. साधारण व्यक्ति मुझे साधारण रूप में देखते हैं, राजनेता, मुझे राजनेता के रूप में देखते हैं। व्यापारी, मुझे व्यापारी के रूप में देखते हैं। देश भक्त, मुझे देश भक्त के रूप में देखते हैं। ज्ञानी मुझे ज्ञानी के रूप में देखते हैं। अन्य जो जिस विषय से जुड़े हैं, वे मुझे उस रूप में देखते हैं। क्योंकि वे स्वयं को बद्ध करके देखते हैं। वे यदि स्वयं को व्यापक कर देखें तो पायेंगे मैं इन सब से मुक्त हूँ। मैं मुक्त था, मुक्त हूँ, और मुक्त ही रहूँगा। लेकिन क्या वे ऐसा कर पायेंगे? जितना शीघ्र वे ऐसा कर पाये उतना ही अच्छा हो। एक आकाश के नीचे सभी समान भाव से विकास करते हैं। क्या एक मानव को आकाश के रूप में स्वीकार कर पायेंगे? मेरा प्रत्येक कार्य स्वयं मेरा नहीं बल्कि सार्वजनिक व्यापक मानव के अधीन है।
31. यह विश्वमानक शून्य श्रृंखला अर्थात् कर्मवेद का आविष्कार जो वर्तमान में पूर्ण हुआ आज के सौ वर्ष पहले भी पूर्ण हो सकता था। लेकिन उस वक्त इसकी स्थापना नहीं हो सकती थी क्योंकि विश्वमन, लोकतंत्र का मन है जिसका उस वक्त भारत में अभाव था और मूल मंत्र स्वरूप अन्तर्राष्ट्रीय संगठन-संयुक्त राष्ट्र संघ का गठन भी नहीं हुआ था। जब कि वर्तमान समय में भारत सहित संयुक्त राष्ट्र संघ को इसकी आवश्यकता है।
32. यह अद्वैत ही धर्म है, धर्मनिरपेक्ष है, सर्वधर्मसमभाव है, वेदान्त तथा मानव का सर्वोच्च दर्शन है, जहाँ से मानव विशिष्टताद्वैत, द्वैत एवं वर्तमान में मानसिक गुलामी से गिरा है परन्तु पुनः मानव इसी के उल्टे क्रम से उठकर अद्वैत में स्थापित हो जायेगा तब वह धर्म में स्थापित एवं विश्वमन से युक्त होकर पूर्ण मानव (ईश्वरस्थ मानव) को उत्पन्न करेगा।
33. एक ही वस्तु जीवन-मृत्यु, सुख-दुःख, अच्छे-बुरे के रूप में व्यक्त होती है। यह विभिन्नता प्रकारगत नहीं परिमाणगत है। और यह दोनों एक साथ रहते हैं। इसी प्रकार धर्म और धर्मनिरपेक्ष (सर्वधर्मसमभाव) भी एक साथ रहते हैं। हम जितना धर्म के नजदीक होते हैं। ठीक उतना ही धर्मनिरपेक्ष (सर्वधर्मसमभाव) के नजदीक पाते है। जितना धर्मनिरपेक्ष के नजदीक होते हैं, ठीक उतना ही धर्म के नजदीक पाते हैं। बस यही बात धर्मज्ञानी के साथ होती है।
34. जब सभी सम्प्रदायों को धर्म मानकर हम एकत्व का खोज करते हैं, तब दो भाव उत्पन्न होते हैं। पहला यह कि सभी धर्मों को समान दृष्टि से देखें । तब उस एकत्व का नाम सर्वधर्मसमभाव होता है। दूसरा यह है कि सभी धर्मों को छोड़कर उस एकत्व का देखें तब उस एकत्व की नाम धर्मनिरपेक्ष होता है। जब सभी सम्प्रदायों को

सम्प्रदाय की दृष्टि से देखते है। तब उस एकत्व का नाम धर्म होता हैं। इन सभी रूपों में हम सभी उस एकत्व के ही विभिन्न नामों के कारण विवाद करते हैं। अर्थात् जब नहीं जानते तब सर्वधर्मसमभाव और धर्मनिरपेक्ष कहते है। और जब जान जाते है। तब धर्म कहते हैं। इसी प्रकार विश्वमानक-शून्य श्रृंखला उसी एकत्व का धर्मनिरपेक्ष एवं सर्वधर्मसमभाव नाम तथा कर्मवेद प्रथम, अन्तिम तथा पंचमवेदीय श्रृंखला उसी एकत्व का धर्म युक्त नाम है। तथा इन समस्त कार्यों को जिस भौतिक शरीर के माध्यम से पूर्ण किया जा रहा हैं उसका धर्मयुक्त नाम "लव कुश सिंह" एवं सर्वधर्मसमभाव तथा धर्मनिरपेक्ष नाम "विश्वमानव" है। जबकि मैं (आत्मा) इन सभी नामों से मुक्त है।

35. धर्म ज्ञान की वह अवस्था है जहाँ वह सम्पूर्ण ब्रह्माण्ड को अपना स्वरूप समझता है। ऐसी अवस्था में स्वार्थ अर्थात् कार्य के परिणाम की इच्छा व्यक्त अवस्था में तथा मन विषयों से मुक्त होता है। ऐसे सत्य-धर्म-ज्ञान को धारण कर मानव शरीर, धार्मिक मनाव की अवस्था को प्राप्त होता है। ऐसे अवस्था को प्राप्त कर मानव अपने स्तर से ब्रह्माण्ड के क्रमिक विकास के लिए कार्य करना धार्मिक कार्य अर्थात् निःस्वार्थ कार्य कहलाता है। धर्म, कार्य का मार्ग है जिससे शान्ति प्राप्त होती है।
36. राजनीति सामाजिक विकास के नेतृत्व के लिए की जाती है जिसकी उद्देश्य एकता, शान्ति, स्थायित्व एवं सन्तुलन है जिसका मार्ग धर्म निर्धारित करता है। और ज्ञान प्राकृतिक सत्य के ज्ञान से प्राप्त होता है।
37. हम विभिन्न वादों (मानव आविष्कृत धर्म) को धर्म समझकर उसके लिए समर्पित रहते हैं। फिर भी उनसें सन्तुलन एवं स्थिरता की प्राप्ति नहीं होती। वे इसलिए कि ये धर्म नहीं हैं। जो वाद है वह मात्र रहन-सहन की प्रक्रिया है। जो धर्म है उसकी कोई प्रक्रिया नहीं होती। वह ज्ञान है। वही सत्य है और प्राकृतिक धर्म है और वही सभी मानव आविष्कृत धर्मों का उत्पत्तिकर्ता है।
38. मानव समाज को जानना चाहिए कि समग्र जगत में बहुरूप में प्रकाशित एक ही सत्ता है जिसे आत्मा कहते है। इसलिए समष्टि आत्मा ही व्यष्टि आत्मा है। इस आत्मा का यथार्थ स्वरूप जिस प्रकार व्यष्टि रूप में व्यक्त होता है। ठीक उसी प्रकार समयोपरान्त समष्टि रूप में भी होता है। व्यष्टि से समष्टि रूप में व्यक्त होने के बीच का समय ही विवाद, अविश्वास, अशान्ति अनेकता इत्यादि का समय होता है।
39. समष्टि (समाज) का जन्म तो उसी दिन हो गया था जब मैं (आत्मा) एक से दो होता हुआ कई हो गया था। जिसकी पूर्ण प्रथम अनुभूति श्री रामकृष्ण देव ने की थी तथा अन्तिम व्याख्या स्वामी विवेकानन्द ने दी थी यह समष्टि अपनी परिपक्वता को तब प्राप्त होगा जब मानव समाज का प्रत्येक व्यक्ति समष्टि मन के गुण से पुर्णतया: युक्त हो जायेगा।
40. मुझे इस बात का तनिक भी दुःख नहीं कि मैं (आत्मा) एक था फिर अलग-अलग कई हो गया। दुःख तो इस बात का है कि हम पुनः एक होने का प्रयत्न क्यों नहीं करते।
41. आत्मा भी सत्य है, ईश्वर भी सत्य है, मृत्यु भी सत्य है, यह जगत एक स्वप्न है तो क्या उसी क्षण मर जाना चाहिए, जिस क्षण हमें ज्ञान होता है? नहीं फिर भी कर्म करना पड़ेगा। भगवान कृष्ण ने कहा है "कार्य की कुशलता ही योग है"। और इस कार्य कुशलता का ज्ञान ही दृश्य ध्यान या दृश्ययोग या कर्म योग या विकास दर्शन या क्रियाकलापों का विश्वमानक है।
42. क्रिया-कारण नियम ही सर्वशक्तिमान है। इस कारण का ज्ञान ही धर्म का सर्वस्व है यह क्रिया ही ज्ञान है एवं उसकी प्रक्रिया का ज्ञान ही विज्ञान है। क्रिया ही प्राकृतिक सत्य विवाद मुक्त है। सार्वजनिक प्रमाणित सत्य है। जिसे भगवान कृष्ण ने "परिवर्तन ही संसार का नियम है" से सम्बोधित किया। पदार्थ विज्ञान "इस ब्रह्माण्ड में कुछ भी स्थिर नहीं है" को व्यक्त किया। यह पुनः आदान-प्रदान के शब्द द्वारा व्यक्त किया जा रहा है जो सम्पूर्ण मानक का विषय है।
43. भगवान कृष्ण ने गीता उपदेश में कहा था "फल की इच्छा मुझ पर छोड़कर कर्म करों"। ऐसा इसलिए कहा गया था कि व्यक्ति अपने आत्मा अर्थात् प्रकृति में स्थिर होकर कार्य कर सकें न कि मन में स्थित होकर। लेकिन आत्मा की दिशा विवादमुक्त न हो सकी क्योंकि कार्य का दर्शन स्पष्ट न हो सका परिणामस्वरूप

वर्तमान समाज में किये जा रहे कर्मों को हम गलत नहीं कह सकते। बिना उचित समय आये कोई भी ज्ञान समाज में व्यक्त नहीं होता। अब कार्य करने का समय आ गया है जो विश्वमानक अर्थात् कर्मवेद है।

44. वैदिक काल में अदृश्य विज्ञान द्वारा ज्ञान अपने चरम विकास को प्राप्त कर चुका है। जिसके अन्तिम साहित्य को वेदान्त कहा गया। उसके उपरान्त कर्मज्ञान का विकास होना शुरू हुआ जिसका प्रथम प्रयत्न भगवान कृष्ण ने किया। और अब मानव एवं प्रकृति के प्रति निष्पक्ष सन्तुलित पूर्ण कर्मज्ञान के लिए कर्मवेद है। जब तक प्रत्येक व्यक्ति कर्मज्ञान से युक्त होकर स्वयं के आत्मविश्वास से कर्म नहीं करता तब तक "मैं ही ब्रह्म हूँ", "हम सभी ईश्वर है" धर्मनिरपेक्ष एवं सर्वधर्मसमभाव रूप से एकता एवं धर्म रूप से अद्वैत दर्शन को प्राप्त नहीं किया जा सकता।

45. आश्रम का अर्थ है-अवस्था। यह मन, शरीर और कर्म के विषय में हो सकती है। प्रत्येक व्यक्ति अपने मन के स्तर के केन्द्रित स्थिति से ही संसार को देखता है। और अपने मन के अनुसार उसका मूल्यांकन करता है। योगेश्वर, परमहंस, भोगेश्वर, ओशो, बुद्ध, विश्वमानव, सांसारिक इत्यादि मानव के ये सब मन की अवस्थाएं हैं। शरीर की अवस्था में ब्रह्मचर्य, गृहस्थ, वानप्रस्थ तथा सन्यास आश्रम हैं। इसी प्रकार कर्म की अवस्था में ब्राह्मण, क्षत्रिय, वैश्य तथा शूद्र आश्रम हैं। प्रत्येक व्यक्ति को यह अधिकार है तथा उस पर ही निर्भर है कि वह अपने मन, शरीर तथा कर्म के स्तर में परिवर्तन लाकर किसी भी आश्रम या अवस्था में प्रवेश कर सकता है।

46. ज्ञान तो शाश्वत से सर्वव्यापी है। आत्म ज्ञान या पूर्ण ज्ञान से युक्त सभी व्यक्ति हो सकते हैं परन्तु उसका संचालन काल के ज्ञान और उसके अनुसार कार्यप्रणाली अर्थात् चेतना से होता है। कालानुसार ज्ञान ही ध्यान है। और ध्यान ही वास्तविक ज्ञान की प्रमाणिकता है। यही कारण है कि आध्यात्म चर्चा में निवृत्ति व प्रवृत्ति मार्गी प्रायः सहमत होते हैं। परन्तु काल और कालानुसार कार्यप्रणाली अर्थात् चेतना का ज्ञान न होने से स्थापना स्तर पर सहमत नहीं हो पाते।

47. हम शरीर की अमरता को नहीं मानते, हम विचार की अमरता को मानते हैं। हम साकार ब्रह्म की अमरता को नहीं मानते, हम सार्वभौम सत्य-सिद्धान्त अर्थात् निराकार ब्रह्म अर्थात् मानक की अमरता को मानते हैं। मानकीकरण की ओर बढ़ते विश्व के लिए यह आवश्यक है कि शीघ्रताशीघ्र ही आदर्श वैश्विक व्यक्ति का निराकार सत्य स्वरूप का भी मानकीकरण कर शिक्षा द्वारा प्रत्येक व्यक्ति में स्थापित किया जाय। हमें आदर्श व्यक्ति आधारित समाज नहीं बल्कि उसके निराकार सत्य स्वरूप अर्थात् सत्य-सिद्धान्त अर्थात् मानक आधारित समाज चाहिए जिससे हम प्रत्येक व्यक्ति के आदर्श का मूल्यांकन कर सकें। ध्यान रहे चरित्र को प्राथमिकता देने से सत्य-सिद्धान्त अर्थात् मानक की अवनति होती है तथा सत्य-सिद्धान्त अर्थात् मानक को प्राथमिकता देने से चरित्र समाज का दर्पण बन, समाज को ही प्रक्षेपित हो जाता है और चरित्र की रक्षा स्वतः हो जाती है।

48. ऋग्वेद, ज्ञान आधारित है। सामवेद, ज्ञान और गायन आधारित है। यजुर्वेद, ज्ञान तथा प्रकृति एवं मानव के सन्तुलन के लिए अदृश्य व्यक्तिगत प्रमाणित कर्म अर्थात् अदृश्य यज्ञ आधारित है। अथर्ववेद, ज्ञान तथा औषधि आधारित है। अगला वेद जब भी होगा वह ज्ञान तथा प्रकृति एवं मानव के सन्तुलन के लिए दृश्य सार्वजनिक प्रमाणित कर्म अर्थात् दृश्य यज्ञ आधारित होगा क्योंकि इसके अलावा और कोई मार्ग नहीं है।

49. सर्वप्रथम मैं (आत्मा-कारण-CENTRE) व्यक्तिगत प्रमाणित अदृश्य रूप से क्रिया-TRADE करते हुये उसमें अदृश्य रूप से व्याप्त होता हूँ और फिर अन्त में मैं (आत्मा-कारण-CENTRE) ही दृश्य रूप से क्रिया-TRADE-सृष्टि करते हुये उससे सार्वजनिक प्रमाणित दृश्य रूप द्वारा व्यक्त होता हूँ

50. मानव एवं प्रकृति के प्रति निष्पक्ष, सन्तुलित एवं कल्याणार्थ कर्मज्ञान के साहित्य से बढ़कर आम आदमी से जुड़ा कोई भी साहित्य कभी आविष्कृत नहीं किया जा सकता। यही एक विषय है जिससे एकता, पूर्णता एवं रचनात्मकता एकात्मभाव से लायी जा सकती है। संस्कृति से राज्य नहीं चलता। कर्म से राज्य चलता है। संस्कृति तभी तक एकात्म बनी रहती है जब तक पेट में अन्न हो, व्यवस्थाएँ सत्य-सिद्धान्त युक्त हो, दृष्टि पूर्ण मानव के निर्माण पर केन्द्रित हो। संस्कृति कभी एकात्म नहीं हो सकती लेकिन रचनात्मक दृष्टिकोण एकात्म

होता है जो कालानुसार कर्मज्ञान और कर्म है। अदृश्य काल में अनेकात्म और दृश्यकाल में एकात्म कर्मज्ञान होता है। और यही कर्म आधारित भारतीय संस्कृति है जो सभी संस्कृतियों का मूल है।

51. क्रिया-कारण सिद्वान्त ही सर्वशक्तिमान है। सम्पूर्ण ब्रह्माण्ड क्रिया का क्षेत्र है तथा इसके अतीत, कारण का ज्ञान ही देश-काल मुक्त अदृश्य व्यक्तिगत प्रमाणित सत्य-धर्म का सर्वस्व है। एवं क्रिया ही ज्ञान है। क्रिया की प्रक्रिया का ही ज्ञान, विज्ञान है। क्रिया ही प्राकृतिक सत्य, सर्वव्यापी, अटलनीय, अपरिवर्तनीय, विवादमुक्त और सर्वमान्य है। सार्वजनिक प्रमाणित सत्य है जिसे भगवान योगेश्वर श्री श्रीकृष्ण ने "परिवर्तन ही संसार का नियम है" से सम्बोधित किया। दृश्य पदार्थ वैज्ञानिक आइन्सटाइन ने $e=mc^2$ से सिद्व किया और वर्तमान भौतिक युग ने "इस ब्रह्माण्ड में कुछ भी स्थिर नहीं है" को व्यक्त किया। यह पुनः "आदान-प्रदान" के शब्द से व्यक्त किया जा रहा है। यही शब्द सम्पूर्ण मानक का विषय व सूत्र है।

52. सूक्ष्म परमाणु से बृहद् ब्रह्माण्ड तक सभी स्वयं अपनी स्थिरता, शान्ति और एकता के लिए क्रियाशील हैं। मैं (आत्मा) भी अपनी स्थिरता, शान्ति और एकता के लिए क्रियाशील हूँ अर्थात् सभी अपने धर्म में बद्ध होकर स्वयं या केन्द्र या CENTRE की ओर ही व्यापार या आदान-प्रदान या TRADE कर रहे हैं। प्रत्येक वस्तु के धर्म या क्रिया या व्यापार या अदान-प्रदान या TRADE का एक चक्र है। सभी के मन स्तर चक्र अर्थात् धर्म का चरम विकसित और अन्तिम चक्र मैं (आत्मा) हूँ। तुम सब इस ओर ही आ रहे हो बस तुम्हें उसका ज्ञान नहीं, उसका ज्ञान होगा कार्यों से क्योंकि कर्म, ज्ञान का ही दृश्य रूप है। एक ही देश काल मुक्त अदृश्य ज्ञान है-आत्मा। और एक ही देश काल मुक्त दृश्य कर्म है-आदान-प्रदान।

53. ईश्वर नाम का उत्पत्तिकर्ता देश-काल मुक्त ज्ञान आधारित साहित्य को वेद कहते हैं। ईश्वरनाम के व्यापक दर्शन अर्थात् अर्थ को व्यक्त करने वाले साहित्य को उपनिषद् कहते हैं। अदृश्य व्यक्तिगत प्रमाणित ईश्वर नाम के व्यापक दर्शन अर्थात् धर्म को व्यक्त करने वाला साहित्य को व्यष्टि उपनिषद् तथा दृश्य सार्वजनिक प्रमाणित ईश्वरनाम के व्यापक दर्शन अर्थात् अर्थ को व्यक्त करने वाला साहित्य-समष्टि उपनिषद् कहते हैं। एकात्म को व्यक्त करने वाला देश काल मुक्त प्रक्षेपित सार्वजनिक प्रमाणित साकार कथा साहित्य की महापुराण तथा एकात्म को व्यक्त करने वाला देशकाल बद्ध प्रक्षेपित सार्वजनिक प्रमाणित साकार कथा साहित्य को पुराण कहते हैं।

54. क्रियाकलापों के विश्वमानक के अनुसार कर्मशील प्रत्येक कर्ता स्वायत्तशासी इकाई संयुक्त मन के रूप में क्रियाकलापों के विश्वमानक के अनुसार कर्मशील अपने से बड़े स्वायत्तशासी इकाई या संयुक्त मन जो उसमें व्याप्त है के प्रति समर्पित और केन्द्रित रहते हुये आवश्यकतानुसार और समयानुसार क्रियाकलापों के विश्वमानक के अनुसार स्वायत्तशासी इकाई संयुक्त मन के रूप में संयुग्मन और विखण्डन, ब्रह्माण्ड (सूक्ष्म एवं स्थूल) के प्रबन्ध और क्रियाकलाप का विश्वमानक कहलाता है। यही कर्मोंपनिषद्-समष्टि का मूल सूत्र है।

55. क्रियाकलापों के विश्वमानक के अनुसार कर्मशील प्रत्येक कर्ता स्वायत्तशासी इकाई एकल मन के रूप में क्रियाकलापों के विश्वमानक के अनुसार कर्मशील अपने से बड़े स्वायत्तशासी इकाई एकल मन जो उसमें व्याप्त है के प्रति समर्पित व केन्द्रित रहते हुये आवश्यकता और समयानुसार क्रियाकलापों के विश्वमानक के अनुसार स्वायत्तशासी इकाई एकल मन के रूप में संयुग्मन और विखण्डन, मानव (सूक्ष्म एवं स्थूल) के प्रबन्ध और क्रियाकलाप का विश्वमानक कहलाता है। यदि कर्मोंपनिषद्-व्यष्टि का मूल सूत्र है।

56. यदि तुम समग्र जगत के ज्ञान से पूर्ण होना चाहते हो तो पाँच भाव विचार एवं साहित्य, विषय एवं विशेषज्ञ, ब्रह्ममाण्ड (स्थूल एवं सूक्ष्म) प्रबन्ध या क्रियाकलाप मानव प्रबन्ध या क्रियाकलाप एवं उपासना स्थल का सामंजस्य कर एक मुखीकर लो जो समग्र जगत का भविष्य है पूर्ण ज्ञान है। एकमन है। समान गठन का रहस्य है। रहस्य है, पूर्ण ज्ञान है, पुस्तकालय के ज्ञान से सर्वोच्च है।

57. जब व्यष्टिमन की शान्ति अन्तः विषयों जो सिर्फ अदृश्य विषय मन द्वारा ही प्रमाणित होता है, पर केन्द्रित होती है तो उसे व्यष्टि अदृश्य काल कहते हैं तथा जब व्यष्टिमन की शान्ति दृश्य विषयों अर्थात् बाह्य विषयों, जो सार्वजनिक रुप से प्रमाणित है पर केन्द्रित होता है तो उसे व्यष्टि दृश्यकाल कहते हैं इसी प्रकार सम्पूर्ण समाज

का मन जब अदृश्य विषयों पर केन्द्रित होती है तो उसे समष्टि अदृश्य काल कहते हैं तथा जब सम्पूर्ण समाज का मन दृश्य विषयों पर केन्द्रित होता है तो उसे समष्टि दृश्यकाल कहते हैं।

58. व्यक्ति जब सम्पूर्ण समष्टि अदृश्य काल में हो तो उसे अदृश्य कर्म ज्ञान के अनुसार तथा जब सम्पूर्ण समष्टि दृश्य काल में हो तो उसे दृश्य कर्म ज्ञान के अनुसार कर्म करने चाहिए तभी वह ब्रह्माण्डिय विकास के लिए धर्मयुक्त या एकता बद्ध होकर कार्य करेगा।

59. मानक अर्थात् आत्मा अर्थात् सत्य-धर्म-ज्ञान स्थिर रहता है लेकिन मन को इस ओर लाने वाले सूत्र भिन्न-भिन्न होंगे क्योंकि जो उत्पन्न है वह स्थिर नहीं है। अदृश्य काल में यह सूत्र अनेक होंगे लेकिन दृश्य काल के लिए हमेशा एक ही होगा क्योंकि वह सार्वजनिक प्रमाणित होगा।

60. विचार प्रसार एवं विचार स्थापना में एक मुख्य अन्तर है। विचार प्रसार, विचाराधीन होता है। वह सत्य हो भी सकता है और नहीं भी हो सकता परन्तु विचार स्थापना सत्य होता है। विचार स्थापना में नीति प्रयोग की जाती है जिससे उसका प्रभाव सत्य के पक्ष में बढ़ता रहता है और यह विचार स्थापक एवं समाज पर निर्भर करता है जबकि विचार प्रसार में किसी नीति का प्रयोग नहीं होता है जिससे उसका प्रभाव पक्ष पर एवं विपक्ष दोनों ओर हो सकता है और वह सिर्फ समाज के उपर निर्भर करता है।

61. सत्य-धर्म-ज्ञान किसी भी व्यक्ति विशेष या सम्प्रदाय विशेष का नहीं हो सकता। वह तो सम्पूर्ण ब्रह्माण्ड में व्याप्त देश-काल-मुक्त सत्य-सिद्धान्त है जिसका विभिन्न धर्मों में समावेश की मात्रा पर ही उस धर्म की अमरता निर्भर करती है। इस आधार पर हम यह कह सकते हैं कि हिन्दू धर्म या वेदान्त धर्म या समष्टि धर्म ही विश्व का अन्तिम सत्य धर्म है। जिसका नाश नहीं किया जा सकता क्योंकि सत्य-सिद्धान्त अनश्वर है तथा शुद्ध दृश्य सत्य-धर्म-ज्ञान ही विश्व धर्म के रुप में व्यक्त हुआ है जो प्राचीन भारतीय वैदिक साहित्य में हजारों वर्ष पूर्व ही व्यक्त हो चुका है। विश्व धर्म और कुछ नहीं, सभी धर्मों के सत्य-धर्म-ज्ञान का संगम है, और जो सत्य है वह किसी भी सम्प्रदाय के व्यक्ति से व्यक्त हो सकता है, आवश्यक नहीं कि वह हिन्दू ही हो।

62. पूर्ण ज्ञान अर्थात् अपने मालिक स्वयं केन्द्र में स्थित मार्गदर्शक दर्शन (Guider Philosophy) अर्थात् G एवं विकास दर्शन (Development/Destroyer Philosophy) अर्थात् D है। इसकी परिधि आदान-प्रदान या व्यापार या क्रियाचक्र या क्रियान्वयन दर्शन (Operating Philosophy) अर्थात् O है। यही आध्यात्म अर्थात् अर्थात् अदृश्य विज्ञान का सर्वोच्च एवं अन्तिम आविष्कार है। तथा यहीं पदार्थ अर्थात् दृश्य विज्ञान द्वारा आविष्कृत परमाणु की संरचना भी है। जिसके केन्द्र में G के रुप में प्रोटान P है तथा D के रुप में न्यूट्रान N है। इसकी परिधि O के रुप में इलेक्ट्रान E है। प्राच्य अदृश्य आध्यात्म विज्ञान तथा पाश्चात्य दृश्य पदार्थ विज्ञान में एकता का यही सूत्र है। विवाद मात्र नाम के कारण है। जिसके अनुसार इलेक्ट्रान या क्रियान्वयन दर्शन में विभिन्न सम्प्रदायों, संगठनों, दलों के विचार सहित व्यक्तिगत विचार जिसके अनुसार अर्थात् अपने मन या मन के समूहों के अनुसार वे समाज तथा राज्य का नेतृत्व करना चाहते हैं। जबकि ये सार्वजनिक सत्य नहीं है। इसलिए ही इन विचारों की समर्थन शक्ति कभी स्थिर नहीं रहती जबकि केन्द्र या आत्मा या एकता में विकास दर्शन स्थित है। केन्द्र मे प्रोटान की स्थिति अदृश्य मार्गदर्शक दर्शन या अदृश्य विकास दर्शन की स्थिति, चूंकि यह सार्वजनिक सत्य विकास दर्शन का अदृश्य रुप है इसलिए यह व्यक्तिगत प्रमाणित है। इसी कारण आध्यात्म भी विवाद और व्यष्टि विचार के रुप में रहा जबकि यह सत्य था। लेकिन न्यूट्रान की स्थिति दृश्य मार्गदर्शक दर्शन या दृश्य विकास दर्शन की स्थिति है इसलिए यह सार्वजनिक सत्य है सम्पूर्ण मानक है, समष्टि सत्य है, सत्य सिद्धान्त है जिसकी स्थापना से व्यक्ति मन उस चरम स्थिति में स्थापित होकर उसी प्रकार तेजी से विश्व निर्माण कर सकता है जिस प्रकार पदार्थ विज्ञान द्वारा आविष्कृत न्यूट्रान बम इस विश्व का विनाश कर सकता है।

63. वर्तमान दृश्य पदार्थ विज्ञान के सत्य-सिद्धान्त के अनुसार सम्पूर्ण तत्व तीन अवस्थाओं में रहता है। जिनमें दो आभासी अवस्था तथा एक वास्तविक अवस्था। ये तीनों अवस्था क्रमशः ठोस, द्रव और गैस अवस्था है। इस तीनों अवस्थाओं में एक यदि उसकी सामान्य वातावरण में वास्तविक अवस्था है तो शेष दो उसकी विशेष

वातावरण में आभासी अवस्था हो सकती है। जबकि परमाणु (न्यूक्लियस व इलेक्ट्रान) तीनों अवस्थाओं में विद्यमान रहता है। तत्वों में व्याप्त होने का सत्य-सिद्धान्त यह है कि परमाणु में इलेक्ट्रानों की संख्या के घटने बढ़ने से विभिन्न तत्व व्यक्त होते हैं। पुनः तत्वों के मिश्रण से विभिन्न यौगिक पदार्थ व्यक्त होते हैं अर्थात् एक ही परमाणु से इलेक्ट्रानों की संख्या को घटा-बढ़ाकर सभी तत्वों के गुणों को प्राप्त कर सकते हैं। यदि यह सम्भव हो कि एक चेतना युक्त परमाणु स्वयं अपने इलेक्ट्रानों को घटा-बढ़ा सके तो वह परमाणु सभी तत्वों के गुणों या प्रकृति को व्यक्त करने लगेगा। ऐसी स्थिति में उस जटिल परमाणु को किसी विशेष तत्व का परमाणु निर्धारित करना असमभव हो जायेगा। फिर उसे "एक में सभी, सभी में एक" कहना पड़ेगा अर्थात् उसकी निम्नतम एवं सर्वोच्चतम अन्तिम स्थिति ही उसकी निर्धारण योग्य प्रकृति होगी। वर्तमान अदृश्य आध्यात्म विज्ञान के अद्वैत सत्य-सिद्धान्त के अनुसार व्यक्ति भी तीन अवस्थाओं में रहता है जिसमें से दो आभासी अवस्था तथा एक वास्तविक अवस्था। ये तीनों अवस्था क्रमशः आत्मीय काल, अदृश्य काल तथा दृश्य काल अवस्था है। इन तीनों अवस्थाओं में यदि मन की एक वास्तविक अवस्था है तो शेष दो विशेष वातावरण में आभासी अवस्था हो सकती है। जबकि आत्मा सहित मन तीनों अवस्थाओं में रहता है। व्यक्ति के महत्ता के व्यक्त होने का सत्य-सिद्धान्त यह है कि व्यक्ति में मन की उच्चता और निम्नता से विभिन्न महत्ता के व्यक्तियों का व्यक्त होना होता है। पुनः इन व्यक्तियों के साथ आने से विभिन्न मतों पर आधारित सम्प्रदाय और संगठन व्यक्त होते हैं। अर्थात् एक ही व्यक्ति के मन की उच्चता एवं निम्नता से हम सभी महत्ता के व्यक्तियों, सम्प्रदायों और संगठनों के योग्य हो सकते हैं। अर्थात् प्रत्येक व्यक्ति में मन के निम्नतम स्थिति पशु मानव से सर्वोच्च और अन्तिम स्थिति विश्व मन से युक्त विश्वमानव तक को व्यक्त करने की सम्भावना नीहित है क्योंकि मानव वह चेतना युक्त आत्मा है जो स्वयं अपने मन की उच्चता एवं निम्नता पर आवश्यकता और समयानुसार नियन्त्रण कर सकता है और सभी तरह के व्यक्तियों या गुणों को व्यक्त कर सकता है। ऐसी स्थिति में उस जटिल व्यक्ति को किसी विशेष प्रकृति का व्यक्ति निर्धारण करना असम्भव हो जायेगा। फिर उसे "एक में सभी, सभी में एक" कहना पड़ेगा। अर्थात् उसकी निम्नतम पशु मानव और सर्वोच्चतम तथा अन्तिम विश्वमानव स्थिति ही उसकी निर्धारण योग्य प्रकृति होगी।

64. भारत के प्रचीन ऋषि बिना किसी यन्त्र की सहायता से यह जान चुके थे कि वस्तुओं का सम्पूर्ण नाश नहीं होता केवल उसका अवस्था परिवर्तन होता है जिस पर आधारित होकर ही उन्होंने विश्व कल्याणार्थ धर्म का आविष्कार किये थे। यह व्यक्तिगत प्रमाणित अदृश्य दिशा से धर्म का आविष्कार था। इसलिए ही यह धर्म विवाद का विषय रहा। परन्तु इसी विषय को भी पदार्थ विज्ञान ने भी सिद्ध कर दिखाया है, और इस ओर से सम्पूर्ण एकत्व का मन के विश्व मानक-शून्य श्रृंखला का आविष्कार सार्वजनिक प्रमाणित दृश्य दिशा की ओर से धर्म का आविष्कार। अब और कोई दिशा नहीं जिस ओर से धर्म का आविष्कार किया जा सके। परिणामस्वरुप यह अन्तिम विश्वव्यापी विवादमुक्त रुप से धर्म का आविष्कार है।

65. सर्वोच्च और अन्तिम मन स्तर द्वारा व्यक्त ज्ञान-कर्मज्ञान के अन्तिम होने को इस प्रकार समझा जा सकता है। मान लीजिए बहुत से व्यक्ति हिमालय के चारो ओर से एवरेस्ट चोटी पर चढ़ रहे हैं। कुछ प्रारम्भ में हैं कुछ उससे ऊपर, कुछ और ऊपर, इस प्रकार से एक व्यक्ति शिखर पर बैठा है। प्रारम्भ से अन्तिम तक के व्यक्ति के पास वहाँ की स्थिति पर एक मन स्तर है। शिखर पर बैठा व्यक्ति अपने अन्तिम होने का प्रमाण सिर्फ दो मार्गों द्वारा व्यक्त कर सकता है। पहला यह कि वह उस अन्तिम स्तर का वर्णन करे। इस मार्ग में जब तक सभी व्यक्ति शिखर तक नहीं पहुँच जाते उसके अन्तिम होने की प्रमाणिकता सिद्ध नहीं हो पाती। इस मार्ग को व्यक्तिगत प्रमाणित ज्ञान का मार्ग कहते हैं। यह संतों का मार्ग है। दूसरा मार्ग यह है कि शिखर पर बैठा व्यक्ति अन्तिम को प्रारम्भ से अन्तिम तक के मनस्तर को इस भाँति जोड़े कि प्रत्येक मनस्तर पर बैठा व्यक्ति अपने स्थान से ही अन्तिम की अनुभूति कर ले। इस मार्ग को सार्वजनिक प्रमाणित कर्मज्ञान का मार्ग कहते हैं। प्रथम मार्ग जो कठिन मार्ग था, वह था श्रीकृष्ण का मार्ग। द्वितीय मार्ग जो सरल मार्ग है वह है-लव कुश सिंह "विश्वमानव" का मार्ग जिसके अनुसार प्रत्येक व्यक्ति को उसके मन स्तर की ओर से सार्वजनिक प्रमाणित

सर्वव्यापी सर्वोच्च और अन्तिम कर्म-आदान-प्रदान या परिवर्तन से जोड़ दिया गया है जिससे उसके अतीत का अनुभव कर सीधे व्यक्तिगत प्रमाणित आत्मोन्भूति तथा विवादमुक्त सिद्धान्तों की प्राप्ति प्रत्येक मनुष्य कर सके। अन्तिम के पूर्ण प्रमाण प्रस्तुत कर देने के बावजूद व्यक्ति को यह अधिकार है कि वह इसे अन्तिम न होने का प्रमाण प्रस्तुत करे परन्तु ऐसा न हो कि सम्पूर्ण जीवन व्यर्थ के प्रयत्न में ही निकल जाये और हाथ कुछ भी न मिले। इसलिए बुद्धिमानी इसी में है कि अन्तिम का परीक्षण एक समय सीमा तक करें और व्यक्त मार्ग के अनुसार जीवन में धारण कर जीवन को संचालित करें।

66. इस वाह्य जगत को बृहद ब्रह्माण्ड तथा अन्तः जगत को क्षुद्र ब्रह्माण्ड कहते हैं। एक मनुष्य अथवा कोई भी प्राणी अर्थात् क्षुद्र ब्रह्माण्ड जिस नियम से गठित होता है उसी नियम से विश्व ब्रह्माण्ड अर्थात् वृहद ब्रह्माण्ड भी गठित है। जैसे हमारा एक मन व्यक्तिगत मन है। उसी प्रकार एक विश्वमन संयुक्त मन भी है। सम्पूर्ण जगत एक अखण्ड स्वरुप है वेदान्त उसी को ब्रह्म कहता है। ब्रह्म जब वृहद ब्रह्माण्ड के पश्चात् या अतीत में अनुभव होता हो तब उसे ईश्वर या परमात्मा कहते हैं। और जब ब्रह्म इस क्षुद्र ब्रह्माण्ड के पश्चात् या अतीत में अनुभव होता है तब उसे आत्मा कहते हैं। द्वैतवादी आत्मा और परमात्मा को दो मानते हैं जबकि अद्वैतवादी दोनों को एक ही मानते हैं। और इस आत्मा को ही मनुष्य के अन्दर स्थित ईश्वर या परमात्मा मानते हैं। अर्थात् इस मनुष्य से ही व्यक्तिगत मन और विश्व मन या संयुक्त मन दोनों ही व्यक्त होता है। जिस मनुष्य शरीर से सर्वोच्च और अन्तिम, सर्वव्यापी संयुक्तमन या विश्वमन व्यक्त होगा उसी शरीर को हम ईश्वर या परमात्मा का साकार अन्तिम रुप या अवतार कहेंगे।

67. इस ईश्वर या परमात्मा के व्यक्तिगत प्रमाणित साकार प्रक्षेपण को पुराण में शिव-शंकर तथा सार्वजनिक प्रमाणित साकार प्रक्षेपण को पूर्णावतार कहते हैं। जिसका व्यक्त गुण सर्वोच्च और अन्तिम एकात्म ज्ञान और एकात्म कर्म समाहित एकात्म ध्यान होता है। इसके अंशों का प्रक्षेपण सार्वजनिक प्रमाणित साकार रुप में अंशावतार तथा व्यक्तिगत प्रमाणित साकार रुप में विष्णु व ब्रह्मा कहते हैं। इसलिए ही पुराणों में शिव-शंकर से निकलते हुए विष्णु अर्थात् एकात्म ज्ञान समाहित एकात्म कर्म को तथा विष्णु से निकलते हुए ब्रह्मा अर्थात् एकात्म ज्ञान को प्रक्षेपित किया गया है। ब्रह्मा और विष्णु को देव तथा अन्तिम शिव-शंकर को महादेव कहते हैं।

68. इन तीनों देवताओं ब्रह्मा, विष्णु और शिव-शंकर के मूल गुणों के आधार पर उनके वास्तविक रुप अर्थात् चार वेदों को व्यक्त करने वाले चार मुखों से युक्त सृष्टिकर्ता ब्रह्मा का रुप, चार भुजाओं से युक्त पालनकर्ता विष्णु का रुप तथा ब्रह्मा और विष्णु समाहित पाँचों वेदों को व्यक्त करने वाले पाँच मुखों से युक्त कल्याणकर्ता शिव-शंकर का अन्तिम रुप, तीनों देवताओं का दिव्यरुप कहलाता है। जबकि ईश्वर या आत्मा या परमात्मा के व्यक्तिगत प्रमाणित सर्वव्यापी सत्य-आत्मा रुप को व्यक्तिगत प्रमाणित विश्वरुप तथा सार्वजनिक प्रमाणित सर्वव्यापी सिद्धान्त रुप को अन्तिम सार्वजनिक प्रमाणित विश्वरुप कहते हैं। ईश्वर या परमात्मा या आत्मा के पूर्णावतार के साकार रुप से विष्णु और शिव-शंकर के दिव्यरुप सहित सार्वजनिक प्रमाणित विश्वरुप का संयुक्त रुप व्यक्त होगा। इसलिए ही विष्णु और शिव-शंकर को एक दूसरे का रुप कहा गया है।

69. कार्य की प्रथम शाखा अर्थात् भुजा-कालानुसार व्यक्तिगत और संयुक्त विचारों-दर्शनों से युक्त अर्थात् सुदर्शन चक्र, जिससे निम्न और संकीर्ण विचारों का परिवर्तन या वध होता है। दूसरी भुजा-उद्घोष अर्थात् शंख जिससे चुनौती दी जाती है। तीसरी भुजा-रक्षार्थ अर्थात् गदा जिससे आत्मीय स्वजनों की रक्षा की जाती है। चौथी और अन्तिम भुजा-निर्लिप्त अर्थात् कमल जिससे सांसारिकता और असुरी गुणों से मुक्त समाज में आश्रय पाना आसान होता है क्योंकि सांसारिकता और असुरी गुणों से युक्त व्यक्ति अपने अहंकारी दृष्टि से ही देखते हैं। परिणामस्वरुप अच्छे विचार को सुरक्षित विकास का अवसर प्राप्त होता है। इन सभी गुणों से युक्त हो शक्तिशाली और तीव्र वेग अर्थात् गरुड़ पक्षी रुपी वाहन से व्यक्त होना, ये ही पालनकर्ता विष्णु के मूल लक्षण हैं जिससे वे समाज में व्यक्त हो संसार का पालन करते हैं जो लव कुश सिंह "विश्वमानव" के जीवन, कर्म व व्यक्त होने के मार्ग से पूर्ण प्रमाणित है और चतुर्भुज रुप है।

70. जिस प्रकार अदृश्य शिव अर्थात् अदृश्य विशेश्वर का प्रतीक चिन्ह शिव-लिंग है उसी प्रकार दृश्य शिव अर्थात् दृश्य भोगेश्वर का प्रतीक चिन्ह शिव-लिंग सहित सुदर्शन-चक्र और शंख है। कारण अन्तिम अवतार शिव-शंकर का पूर्णावतार है जिसमें विष्णु समाहित हैं। परिणामस्वरुप दृश्य शिव अर्थात् दृश्य भोगेश्वर का प्रतीक चिन्ह पूर्ण शिव तथा आधा विष्णु के प्रतीक चिन्ह से ही व्यक्त होगा। जिस प्रकार काशी अदृश्य विशेश्वर का निवास स्थान है उसी प्रकार सत्यकाशी दृश्य भोगेश्वर का निवास स्थान है।

71. चारों वेदों के ज्ञान और अनेकों उपनिषद् समाहित "गीता" व्यक्तिगत प्रमाणित मार्ग से आत्म ज्ञान, दिव्य-दृष्टि, सर्वव्यापी रुप-विश्वरुप, चतुर्भुज दिव्यरुप तथा कर्म की ओर प्रेरित करने का शास्त्र साहित्य है। क्योंकि इस उपदेश को कहीं से भी दो व्यक्ति एक साथ सुन और देख नहीं रहे थे। जब तक कम से कम दो व्यक्ति एक साथ किसी विषय या घटना को देखें या सुने नहीं वह सार्वजनिक प्रमाणित नहीं कहलाती है। इस उपदेश को सुनने व देखने वालों में पहला स्थान-सिर्फ अर्जुन अकेले देख व सुन रहा था। दूसरा स्थान-वृक्ष पर धड़ से अलग बरबरीक का सिर सिर्फ देख रहा था। तीसरा स्थान-दिव्य दृष्टि के द्वारा संजय अकेले देखकर साथ बैठे अन्धे धृतराष्ट्र व अन्धी बनीं गान्धारी को वर्णन सुना रहा था। चौथा स्थान-दोनों पक्षों की सेना सिर्फ श्रीकृष्ण और अर्जुन के अलावा न तो कुछ देख पा रही थी न ही सुन पा रही थी। पाँचवां स्थान-स्वयं महाभारत शास्त्र साहित्य के रचयिता महर्षि व्यास जी अकेले देख व सुन रहे थे। इन पाँचों स्थितियों में कहीं भी ऐसी स्थिति नहीं है जिससे यह कहा जा सके कि गीता का उपदेश सार्वजनिक प्रमाणित रुप से दिया गया था बल्कि यह व्यक्तिगत प्रमाणित रुप से सिर्फ अर्जुन को व्यक्तिगत रुप से दिया गया था और विश्वरुप भी सिर्फ व्यक्तिगत प्रमाणित रुप से ही देखा गया था न कि सभी व्यक्ति जिनकी अलग-अलग स्थितियाँ है उनके लिए। इस प्रकार व्यक्त आत्म ज्ञान सत्य होते हुए भी व्यक्तिगत प्रमाणित ही है। गीतोपनिषद् व्यक्तिगत सम्पूर्ण समाधान का शास्त्र साहित्य है न कि सार्वजनिक सम्पूर्ण समाधान का शास्त्र साहित्य यदि वह सम्पूर्ण समाधान का शास्त्र साहित्य होता तो ईश्वर के कुल दस अवतारों में दसवें और अन्तिम अवतार का कार्य क्या होता? अर्थात् उनके लिए कोई कार्य शेष नहीं होता। ब्रह्मा के पूर्ण अवतार और ईश्वर के अंशावतार आदर्श व्यक्ति चरित्र से युक्त श्रीराम थे। विष्णु के पूर्णावतार तथा ईश्वर के व्यक्तिगत प्रमाणित पूर्णावतार आदर्श सामाजिक व्यक्ति चरित्र (व्यक्तिगत प्रमाणित आदर्श वैश्विक व्यक्ति चरित्र) से युक्त श्रीकृष्ण थे। तो शिव-शंकर के पूर्णावतार तथा ईश्वर के सार्वजनिक प्रमाणित पूर्णावतार आदर्श वैश्विक व्यक्ति चरित्र से युक्त पूर्णावतार का कार्य क्या होता?

72. "गीता" समाहित " कर्मवेद: प्रथम, अन्तिम तथा पंचमवेद" सार्वजनिक प्रमाणित मार्ग से आत्म ज्ञान, कर्म-ज्ञान, दिव्य-दृष्टि, सर्वव्यापी रुप-विश्वरुप, चतुर्भुज दिव्यरुप, पंचमुखी दिव्यरुप का शास्त्र साहित्य है। क्योंकि यह व्यक्ति से अनेक व्यक्ति और सम्पूर्ण विश्व एक साथ पढ़, सुन और देख सकता है। अर्थात् यह उपदेश सार्वजनिक रुप से दिया गया है न कि व्यक्तिगत रुप से। जिसमें कर्म करने की शिक्षा भिन्न-भिन्न अनेकों स्थितियों पर खड़े व्यक्ति के लिए दी गयी है। कर्मवेद, व्यक्ति सहित सार्वजनिक सम्पूर्ण समाधान का शास्त्र साहित्य है तथा शिव-शंकर के पूर्णावतार तथा ईश्वर के सार्वजनिक प्रमाणित पूर्णावतार आदर्श वैश्विक व्यक्ति चरित्र से युक्त पूर्णावतार से व्यक्त है।

73. "दिव्य रुप" और "विश्व रुप" कभी साकार सार्वजनिक प्रमाणित नहीं हो सकता। वह जब भी होगा प्रथमतया: "गीता" की भाँति व्यक्तिगत प्रमाणित निराकार तथा "कर्मवेद" की भाँति सार्वजनिक प्रमाणित निराकार रुप में। कारण वह व्यक्तिगत प्रमाणित निराकार आत्मा या सार्वभौम सत्य तथा सार्वजनिक प्रमाणित निराकार सार्वभौम सत्य-सिद्धान्त की व्यापकता की एक साथ अनुभूति है। जो व्यापक ज्ञान, उपदेशक के जीवन का व्यापक ज्ञान उसके बाद एक साथ देखने का गुण दिव्य दृष्टि के द्वारा ही देखी जा सकती है। कर्मवेद और विश्व मानक-शून्य श्रृंखला की असीम शाखाएं इसका उदाहरण हैं। "गीता" में अर्जुन को पहले व्यापक ज्ञान दिया गया फिर दिव्य दृष्टि दी गयी तब विश्व रुप और दिव्य रुप दिखाया गया। जो सेनाओं के होते हुए भी सिर्फ अर्जुन को ही दिखाई दिया। इसके लिए अर्जुन ही योग्य पात्र था क्योंकि वह उपदेशक के जीवन के अधिक पास से परिचित था जिससे वह दिव्य रुप और विश्व रुप को सरलता से देख सकता था। उपदेश के लिए दोनों सेनाओं से दूर रथ

को ले जाना इसलिए आवश्यक था कि जो इसके योग्य पात्र न थे वे इसमें व्यवधान उत्पन्न न करें और न ही सुन सकें। परिणामस्वरुप उन्हें दिव्यरुप और विश्वरुप दिखाई नहीं दिया। सृष्टि का रुक जाना उसे कहते हैं जब सम्पूर्ण समाज की अन्तिम स्थिति से आगे निर्माण या सृष्टि नहीं होती तथा ऐसा व्यक्ति जो उसके आगे निर्माण की बात कर रहा हो और जो उस पर ही निर्भर है, उसे पीछे या भूतकाल के विषय में विवशतावश उलझा देने से सृष्टि अर्थात् आगे का निर्माण कार्य रुक जाता है। गीता उपदेश के समय ऐसा ही हुआ था क्योंकि उपदेश के लिए विवशतावश श्रीकृष्ण भूतकाल में चले गये थे इसलिए ही कहा गया है कि उपदेश के समय सम्पूर्ण सृष्टि अर्थात् समय रुक गया था।

74. "परिवर्तन संसार का नियम है" यह इसलिए नहीं कहा गया था कि वह संसार के लिए है मनुष्य के लिए नहीं। यह इसलिए कहा गया था कि मनुष्य अपने मनस्तर में परिवर्तन लाते हुए सदा उच्च से उच्चतर, उच्चतर से उच्चतम, उच्चतम से सर्वोच्च और अन्तिम की ओर गति करते रहे और कम समय में सांसारिकता से मन स्तर को उपर उठाकर परिवर्तन को धारण करते हुए सांसारिकता का संचालन कर सके। यदि मनुष्य परिवर्तन को संसार के लिए समझ स्वयं में परिवर्तन नहीं लाता तो यही परिवर्तन एक समय पर बुरा प्रभाव डालते हुए अन्ततः उसके शरीर को भी शीघ्र ही परिवर्तित कर देता है।

75. जिस प्रकार अदृश्य हवा, बिजली इत्यादि का रुप बिना साधन के व्यक्त नहीं होता उसी प्रकार अदृश्य आत्मा का दृश्य रुप भी बिना साधन शरीर के व्यक्त नहीं होता। शरीर से एकात्म का व्यक्त होना ही आत्मा का व्यक्त होना है जब कि सम्पूर्ण विश्वव्यापी और सर्वोच्च एकात्म ज्ञान, एकात्म कर्म और एकात्म ध्यान का व्यक्त होना ही आत्मा का पूर्ण दृश्य व्यक्त होना है। जिस शरीर से एकात्म अर्थात् सार्वभौम सत्य-सिद्धान्त व्यक्त होता है उसे साकार-सगुण-ईश्वर तथा सार्वभौम सत्य-सिद्धान्त को निराकार निर्गुण ईश्वर कहते हैं। जिस प्रकार बिना सगुण (माध्यम या शरीर) के निर्गुण (हवा, बिजली, सत्य-सिद्धान्त) की प्रमाणिकता असम्भव है उसी प्रकार बिना निर्गुण के सगुण की प्रमाणिकता असम्भव है।

76. यदि वह पशु मानव नहीं तो प्रत्येक मानव का एक स्तरीय लक्ष्य होता है। वह उसको प्राप्त करने का प्रयत्न करता है। मैं अपना लक्ष्य प्राप्त कर चुका हूँ। हो सकता है किसी का लक्ष्य मैं होऊ, इसको पाने के लिए तुम्हें ही कर्म और प्रयत्न करना पड़ेगा। मेरी तो कोई इच्छा ही नहीं। भला दर्पण की भी कोई इच्छा होती है? दर्पण तो जो तुम्हारी इच्छा होती है, तुम्हारे ही रूप को व्यक्त करता है। तुम मेरे जितना पास आते हो, ठीक उतना ही मैं भी पास आता हूँ। और यह बात दूर जाने में भी है। यह भाव कर्म में, प्रेम में, ज्ञान में, ध्यान में अर्थात् सभी में है। क्योंकि मैं तुम पर ही निर्भर हूँ।

भाग-4
गजल, शायरी और कविताएँ

गजल

शायरी

कविताएँ

गजल

01. "गजल कैसे बनती है" आखिर कैसे बनती है गजल

हम चले जा रहे थे ना जाने किधर,
दिवानों की तरह इधर-उधर।
इतने में किसी से नजर मिल गया,
तो उसकी खुशी में गजल बन गया।
प्यार का किस्सा आगे बढ़ा,
मेल-मिलाप भी आगे बढ़ा।
हमारे दिल में उसका हिस्सा बन गया,
तो उसके प्यार में गजल बन गया।
प्यार के इस खेल में,
दिलों के इस मेल में।
हम दोनों में कुछ शिकवा हो गया,
तो उसके इस शिकवा से गजल बन गया।
शिकवा से कुछ झगड़े हुये,
कम ठीक है पर तगड़े हुये।
एक-दुसरे को देखना दुश्वार हो गया,
तो उसके बेवफाई में गजल बन गया।
वे जले नफरत की आग में,
हम रह गये उनके इन्तजार में।
इतने में मैखाने से मिलाप हो गया,
तो उसके गम में गजल बन गया। **-6 अप्रैल 1986**

02. खो गये हम तो चाहत में कुछ इस तरह,
शिनाख्त अदाओं के भी मुश्किल हो गये।
किसी के हो गये, मशकरी में कुछ इस तरह,
शिनाख्त मोहब्बत के भी मुश्किल हो गये।
प्यासे मर गये हम तो उलझन में कुछ इस तरह,
शिनाख्त एहसास के भी मुश्किल हो गये।
हकीकत हो गये हम तो शर्तो में कुछ इस तरह,
शिनाख्त ख्वाबों के भी मुश्किल हो गये।
ख्वाब उनकी थी कि कुछ इस तरह मिलते।
शोहरत उनकी थी कि कुछ इस तरह गुँजते।
तारीख उनकी थी कि कुछ इस तरह बनते।
रोशनी उनकी थी कि कुछ इस तरह चमकते।
गम माँग लिए हम तो नजरानों में कुछ इस तरह,
शिनाख्त खुशियों के भी मुश्किल हो गये।
मौत माँग लिए हम तो हकीकत में कुछ इस तरह,
शिनाख्त जिन्दगी के भी मुश्किल हो गये। **-26 अप्रैल 1994**

03. ये दुनिया भी अजीब है जालिम,
किसी को जीने नहीं देती तो,
किसी को मरने नहीं देती।
जलाया था हमने, आँधीयों में एक चिराग,
वो भी मुझे,
न उजाले में रहने देती,
न अँधेरे में रहने देती।
किसको पता,
अंजाम-ए-सफर क्या होगा,
क्योंकि इस जहां में,
किसी को जमीं नहीं मिलती तो,
किसी को आसमां नहीं मिलता।
मिले हर किसी को मंजिल, ये जरूरी तो नहीं,
क्योंकि इस सफर में,
कोई जरूरतन चलता है तो,
कोई मजबूरन चलता है।
चले तबीयत से तो मंजिल नामुमकिन नहीं,
लेकिन इस मंजिल में,
कोई जहन्नुम होता है तो,
कोई जन्नत भी नहीं होता।

-12 अप्रैल 1995

शायरी

1. माँफ करना ऐ भारत, मंजिल पर आया हूँ थोड़ी देर से।
मोहब्बत पड़ावों को भी थी, हक उनका भी अदा करना था।

2. सबक हकीकत का, अंजाम वक्त की आगोश में।
खुद की तमन्ना पाने को, अजीब सी कसम दिलाई तुने।

3. यकीन करो जिन्दगी हूँ, मगर खुद की जिन्दगी के लिए तरसता रहा।
इंसानी ख्वाब का हकीकत हूँ मैं, मगर अपने ख्वाब को तरसता रहा।

4. इस किनारे जहन्नुम है, उस किनारे जन्नत है,
कदम रखना सलीके से, रस्ता तलवार की धार है।
गिरे किसी ओर तो मौत है, लडखड़ाये तो मौत है,
दरियादिली से पहुँच उस किनारे, और तारीख हो जा।

5. चेहरा नहीं, तस्वीर नहीं, वक्त हूँ, हकीकत का आईना हूँ मैं।
टुकड़े-टुकड़े में देख अपने चेहरे को, मुझ पर भड़कते क्यूँ हो।

6. जब तक रहा मैं इस जिस्म में, दुश्मन था, कत्ल हुआ खंजर-ए-लब्ज से।
बात न जर की थी, न जोरू की, न जमीन की, थी तो सिर्फ इरादों की।

7. बस यही कसक रह गयी दिल में, वक्त पर न समझा तुमने।
सफर कर गया जब जहाँ से, तब समझा, क्या कर दिया मैंनें।

8. जहाँ प्रेम है, बस वहीं बसेरा है, जहाँ नफरत है वहाँ, कहाँ हूँ मैं।
कभी तन्हाईयों में सोचना, क्या ले गया मैं और क्या दे गया मैं।

9. बात अगर मंजिल की न होती तो कसम से,
बेखौफ कदम रूक भी सकते थे।
मजिंल की दुआ थी, मंजिल को पाने की,
मजिंल की कसम थी, नाम न लाने की।

10. ख्वाब हकीकत हो गई, खुद का सम्भालो यारों।
रहने दो हमें जहां में, यकीं करो, न करो यारों।
कौन कहता है-
शख्स बुरा है, इस शख्सियत को सम्भालो यारों।
शख्सियत क्या है, जरा मुझे भी देखने दो यारों।

11. हमने देखा है जमाने को,
तस्वीरों की इबादत करते हुये।
चाहत थी ही ऐसी,
हरकत हो गई तो खामोश क्यूँ हो।

12. लगा ली दो घूँट, यारो की खुशी से,
जानता था लोग समझेगें शराबी।
छुपाना था खुद को, जहाँ से,
तो लोगों बताओ, पीने में क्या थी खराबी।

13. ये दिल्ली, इतनी बार लुटी कि लुटने का एहसास नहीं होता।
करता होगा कोई, मुझसे मोहब्बत, मगर अब एहसास नहीं होता।।

कविताएँ

01. क्या पता दिल में कौन क्या छुपाये रखा है।
हमने तो दिल देश की ममता छुपाये रखा है।
सबके दिल में खुशी है, देश की आजादी का।
देश रहे आजाद, गम नहीं खुद की बरबादी का।
हमने तो अखण्डता का सिद्धान्त बनाये रखा है।
क्या पता दिल.................................।
देष में हो रहे अन्याय को हम मिटा डालेगें।
हर नागरिक को उसका अधिकार दिला डालेगें।
हमने तो देश में राम राज्य लाने को सोच रखा है।
क्या पता दिल.................................।
हम तोड़ डालेगें उन नामी ताकतो को।
बढ़ाये हाथ जो इस तरफ, उन हाथों को।
हमने तो अपने यहाँ ऐसा यंत्र बनाये रखा है।
क्या पता दिल.................................।
एटम बम समाप्त हो जाये तो भी गम नहीं।
समाप्त हो जाये सारी शक्ति तो भी गम नहीं।
हमने तो एक ज्ञान बम बनाये रखा है।
क्या पता दिल.................................।
खुद को देश पर तन मन से लुटा जाना है।
उठाये आँख जो इस तरफ, उसको मिटा जाना है।
हमने तो कुर्बानी पर, पहला नम्बर लगाये रखा है।
क्या पता दिल.................................।

-15 अगस्त 1986

02. "एक और पुराने साल" का मुबारकबाद

इस साल का पहला-पहला दिन था
हम सब के लिए बहुत खुशी का दिन था
आप के लिए खुशी नये साल का था
मेरे लिए एक और पुराने साल का था

सामने से शर्मा जी, पड़ोस से सिन्हा जी आये थे
"मुबारक हो नये साल की" बोले थे
हमने सोचा सुबह ही सुबह, इनको क्या हो गया
कल तक तो ठीक थे, आज इनको क्या हो गया

"मुबारक हो एक और पुराने साल की" हम भी बोल गये
सिन्हा जी बाले, कहीं आप पागल तो नहीं हो गये
मैं बोला, ऐसा हूँ नहीं पर लोग समझते हैं

एक पागल, दूसरे को भी पागल कहते हैं

मुझे याद है, पिछले साल भी एक सम्मेलन में गया था
नये साल को "एक और पुराने साल की मुबारक" दे गया था
लोग मुझे पागल कहने लगें

मैंने सामने बैठे एक युवक से पुछा
क्या मैं पागल हूँ?
वो बोला, कवि लोग तो होते ही हैं

मैंने दायीं ओर बैठी आधुनिक युवती से पूछा
क्या मैं पागल हूँ?
वो बोली, क्या आपकी शादी हो चुकी है
मैं घबराया, सोचा, इनका क्या इरादा है
ऐसा तो नहीं, मुझ पागल से शादी का इरादा है
मैं बोला, मैडम मेरी शादी हो चुकी है
वो बोली, तब तो कोई शक ही नहीं है

मैंने सोचा, क्यों न किसी और से भी पूछ लेंते हैं
क्योंकि इन दोनों के कहने पर मुझे यकीन ही नहीं है
बांयीं तरफ बैठे एक बुजुर्ग से मैने पूछा
क्या मैं पागल हूँ?
वो बोले, बेटे इस समय तुम्हारे उम्र क्या हो रहें हैं
मैंने सोचा, आखिर ये मेरा उम्र क्यों पूछ रहें हैं
हो सकता है, उम्र से ही पागलपन के सम्बन्ध चल रहें हों
मैं बोला, यही कोई पच्चीस साल हो रहें हैं
फिर वे निश्चिन्त हुये,
मेरी कुछ आशा बंधी
फिर वे बोले
मेरे पिता जी ने भी इस उम्र में यही कहा था
करता व कहता सच था, पर पागल ही कहा था

उम्मीद है, आज भी आप लोग मुझे पागल ही कहेंगे
आप नहीं कहेंगे ता हम आपको पागल कहेंगे
इस दौर में लोग एक-दूसरे को पागल ही समझते हैं
और दोस्तों, एक पागल दूसरे को पागल ही कहते हैं

आज हर तरफ पुत्रमोही धृतराष्ट्र ही नजर आते हैं
घर-घर में कपट के दुर्योधन ही नजर आते हैं
इस संसार में शकुनियों की भी कमी नहीं है

शिखण्डियों की भी प्यास अभी बुझी नहीं है

हर तरफ इस पृथ्वी पर पाप और अत्याचार हो रहें हैं
चाह कर भी पितामह कुछ कर नहीं पा रहें हैं
साधु-संतों को लोग ढोंगी बना रहें हैं
सीना ताने दुस्साशन द्रौपदी के वस्त्र उतार रहें हैं

हम आप इनमें से कोई नहीं तो पाण्डव जरूर हैं
हर अत्याचार को सिर झुकाये सहते जा रहें हैं
हम आप इनमें से कोई नहीं तो कृष्ण जरूर हैं
अन्दर से चाह रहें हैं उपर से समझा रहें हैं

हम लोग एक नये साल की ओर नहीं
बल्कि इतिहास की ओर जा रहें हैं
हमारी हर एक कामयाबी, आगे की ओर नहीं
बल्कि महाभारत की ओर जा रहें हैं

हम सिर्फ महाभारत के हर चरित्र को दुहरा रहें हैं
फिर आप कैसे "नये साल का मुबारकबाद" दे रहें हैं
हम तो इस साल को पुराना साल ही कहेंगे
और दोस्तों, आप नहीं कहेंगे ता हम कहेंगे

उम्मीद है, आज भी आप लोग मुझे पागल ही कहेंगे
आप नहीं कहेंगे ता हम आपको पागल कहेंगे
इस दौर में लोग एक-दूसरे को पागल ही समझते हैं
और दोस्तों, एक पागल दूसरे को पागल ही कहते हैं

-28 सितम्बर 1991

03. होंगे कृष्ण जिधर
बस वही पाण्डव हैं।
शेष सभी तो
सिर्फ कौरव हैं।
यदि महाभारत होना है
तो पंचाली को
अपमानित होना है
शकुनि को भी
कौरव पक्ष में होना है
धर्मराज को नहीं छोड़ना
जुए की लत है
कोई राजा बने

रंक को ता हँसना है
यदि वह महाभारत है
ते कृष्ण को तो होना है
अन्यथा
वह तो सिर्फ पशुता है

-28 जून 1996

04. मैं ही पाण्डव हूँ,
मैं ही कौरव हूँ,
शकुनि और दुर्योधन
की तरह अड़ा हूँ।
विदुर जैसा समझ हूँ,
कर्ण जैसा विवश हूँ,
कृष्ण जैसा नीतिज्ञ हूँ,
भीष्म जैसा अन्त तक पड़ा हूँ।

-28 सितम्बर 1996

05. सम्पूर्ण ब्रह्माण्ड देख चुका हूँ,
अक्षय-अनन्त है मेरी हाला,
कण-कण में हूँ-"मैं ही मैं",
क्षयी-ससीम है तेरी प्याला,
जिस भी पथ-पंथ और` ग्रन्थ से गुजरेगा तू,
हो जायेगा बद्ध-मस्त और मत वाला,
"जय ज्ञान-जय कर्मज्ञान" की आवाज
सुनाती है, मेरी यह अनन्त मधुशाला।

-15 अगस्त 2010

06. शब्द से सृष्टि की ओर. . .
सृष्टि से शास्त्र की ओर. . .
शास्त्र से काशी की ओर. . .
काशी से सत्यकाशी की ओर. . .
और सत्यकाशी से अनन्त की ओर. . .
एक अन्तहीन यात्रा. . . . .

-1 अगस्त 2015

07. पी.एम. बना लो या सी.एम या डी.एम,
शिक्षा पाठ्यक्रम कैसे बनाओगे?
नागरिक को पूर्ण ज्ञान कैसे दिलाओगे?
राष्ट्र को एक झण्डे की तरह,
एक राष्ट्रीय शास्त्र कैसे दिलाओगे?

ये पी.एम. सी.एम या डी.एम नहीं करते,
राष्ट्र को एक दार्शनिक कैसे दिलाओगे?
वर्तमान भारत को जगतगुरू कैसे बनाओगे?
सरकार का तो मानकीकरण (ISO-9000) करा लोगे,
नागरिक का मानक कहाँ से लाओगे?
सोये को तो जगा लोगे, मुर्दों में प्राण कैसे डालोगे?
वोट से तो सत्ता पा लोगे,
नागरिक में राष्ट्रीय सोच कैसे उपजाओगे?
फेस बुक पर होकर भी पढ़ते नहीं सब,
भारत को महान कैसे बनाओगे?

(भारत सरकार व उसके अनेक मंत्रालयों द्वारा अन्तर्राष्ट्रीय मानकीकरण संगठन के प्रमाण पत्र आई.एस.ओ-9000 (ISO-9000) गुणवत्ता का प्रमाण पत्र प्राप्त करने की प्रक्रिया प्रारम्भ करने के पर)

-17 सितम्बर 2015

भाग-5
परिवर्तन

सीधी समझ

नये भारत में, नये मनुष्य के उदय के लिए

व्यवस्था के परिवर्तन या सत्यीकरण का पहला प्रारूप और उसकी कार्य विधि

वे शब्द जिसके बिना युग परिवर्तन सम्भव नहीं

उपाधियाँ मिलती है- पीएच0 डी0, डी0 लिट0 और डी0 फिल0 और उनका बड़ा सम्मान होता है। उनका काम क्या है? उनका काम यह है कि वे तय करते हैं कि गोरखनाथ कब पैदा हुए थे। कोई कहता है दसवीं सदी के अंत में, कोई कहता है ग्यारहवीं सदी के प्रारम्भ में। इस पर बड़ा विवाद चलता है। बड़े-बड़े विश्वविद्यालयों के ज्ञानी सिर खपा कर खोज में लगे रहते हैं। शास्त्रों की, प्रमाणों की, इसकी, उसकी। उनकी पूरी जिन्दगी इसी में जाती है। इससे बड़ा अज्ञान और क्या होगा? गोरख कब पैदा हुए, इसे जानकर करोगे क्या? इसे जान भी लिया तो पाओगे क्या? गोरख न भी पैदा हुए, यह भी सिद्ध हो जाये, तो भी क्या फायदा? हुए हों या न हुए हों, अर्थहीन है। गोरख ने क्या जिया उसका स्वाद लो। इसलिए तुम्हारे विश्वविद्यालय ऐसी व्यर्थता के कामों में संलग्न हैं कि बड़ा आश्चर्य होता है कि इन्हें विश्वविद्यालय कहो या न कहो। इनका काम ही........तुम्हारे विश्वविद्यालय में चलने वाली जितनी शोध है, सब कूड़ा-करकट है।

-आचार्य रजनीश ”ओशो“

(अक्टुबर व नवम्बर 1978 में दिये गये प्रवचन का अंश)

FINAL KNOWLEDGE BOMB BLAST

AFTER FIRST NOBEL DISCOVERY OF ZERO BY INDIA AGAIN ZERO BASED FINAL DISCOVERY

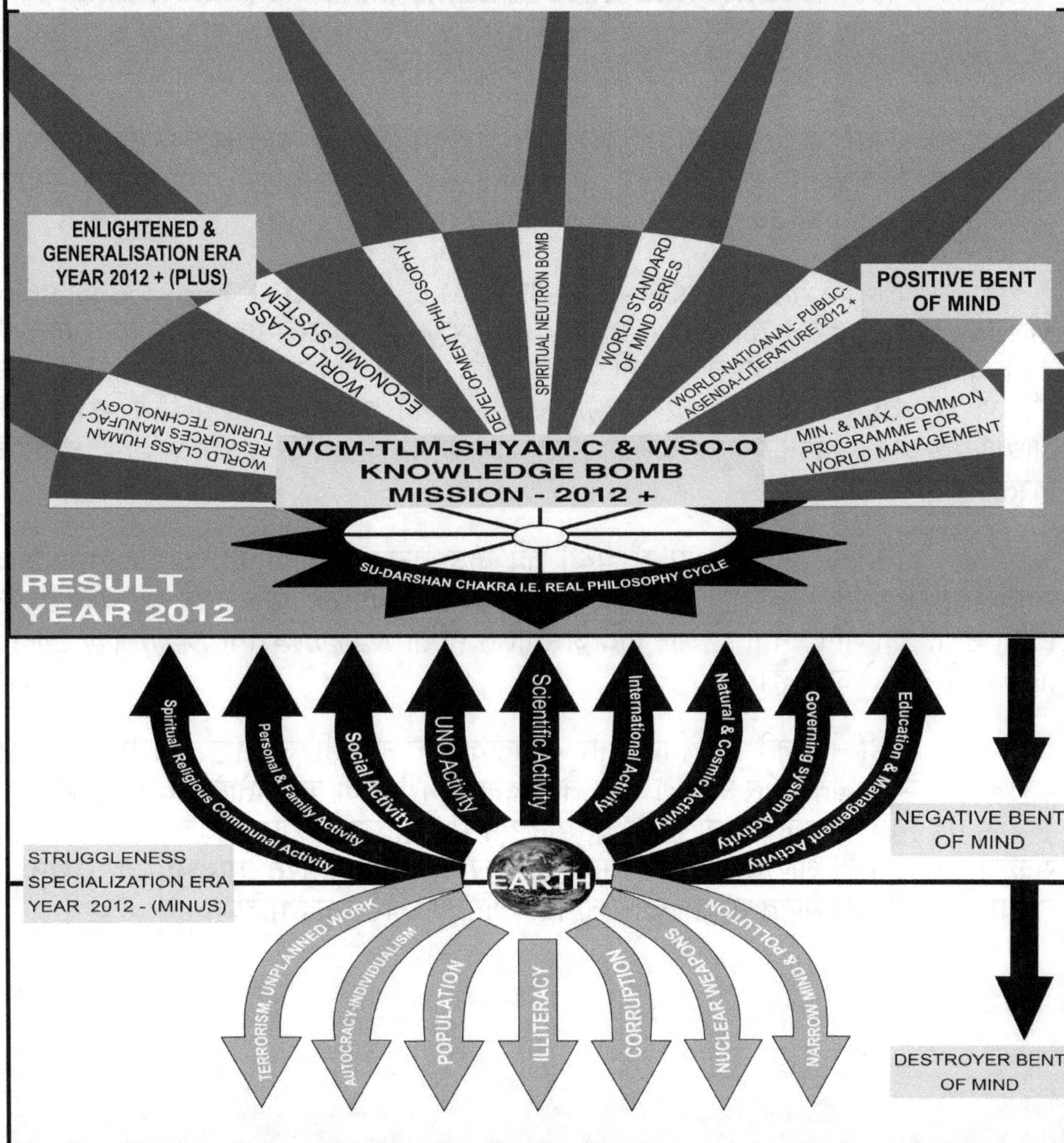

मैकाले शिक्षा पद्धति हम बदल नहीं सकते लेकिन अलग से "सत्य मानक शिक्षा" ग्रहण तो कर सकते हैं।

सरकारी पाठ्यक्रम बनाम नीजी पाठ्यक्रम / सार्वभौम आत्मीय पाठ्यक्रम / ईश्वरीय पाठ्यक्रम

ज्ञान के इस युग में ज्ञान की ओर चलें

FINAL KNOWLEDGE BOMB BLAST

यह चित्र **"FINAL KNOWLEDGE BOMB BLAST"** एक गहन वैचारिक मानचित्र है, जो मानव चेतना, ज्ञान, दर्शन और वैश्विक व्यवस्था के परिवर्तन को प्रतीकात्मक रूप में प्रस्तुत करता है।

इसमें यह दिखाया गया है कि वर्ष 2012 को एक *युग-संधि* के रूप में देखा गया है- जहाँ संघर्ष, विशेषज्ञता और विखंडन (2012–minus) से निकलकर मानवता को प्रबोधन, सामान्यीकरण और समन्वय (2012–plus) की ओर बढ़ना है।

चित्र के केंद्र में **WCM–TLM–SHYAM.C & WSO-O Knowledge Bomb Mission** और **सु-दर्शन चक्र (Real Philosophy Cycle)** को रखा गया है, जो यह संकेत देता है कि वास्तविक परिवर्तन शस्त्रों से नहीं, बल्कि दर्शन, विवेक और समग्र ज्ञान से आता है। ऊपर की ओर उठती संरचना *Positive Bent of Mind* को दर्शाती है, जहाँ विश्व-स्तरीय सोच, आध्यात्मिक दर्शन, मानवीय मूल्य, वैश्विक एजेंडा और कॉमन प्रोग्राम के माध्यम से मानव चेतना का विस्तार होता है।

चित्र के निचले भाग में पृथ्वी को केंद्र बनाकर मानव गतिविधियों-आध्यात्मिक, सामाजिक, वैज्ञानिक, अंतरराष्ट्रीय, शैक्षिक और प्रशासनिक-को दर्शाया गया है, जो यदि संतुलित हों तो उन्नति का मार्ग बनती हैं, और यदि असंतुलित हों तो *Negative* तथा *Destroyer Bent of Mind* की ओर ले जाती हैं।

वहीं नीचे की ओर गिरते तीर आतंकवाद, तानाशाही, जनसंख्या विस्फोट, अशिक्षा, भ्रष्टाचार, परमाणु खतरे और संकीर्ण सोच जैसे विनाशकारी तत्वों का प्रतिनिधित्व करते हैं। समग्र रूप से यह चित्र यह संदेश देता है कि वर्तमान युग में मानवता के सामने विकल्प स्पष्ट है-या तो संकीर्ण, नकारात्मक और विनाशकारी सोच, या फिर **"ज्ञान आधारित सार्वभौमिक दर्शन"** के माध्यम से पृथ्वी और मानव सभ्यता का संतुलित, शांतिपूर्ण और प्रबुद्ध भविष्य।

सीधी समझ

बड़ा वट वृक्ष (Big Banyan Tree), सैकड़ों वर्ष पुराना एक विशाल क्षेत्र में फैला वट वृक्ष है। जिसका मूल वृक्ष अब अस्तित्व में नहीं है उसके तनों से निकले सैंकड़ों जड़ वर्तमान में स्वयं एक वृक्ष, फिर उनके तनों से निकले सैंकड़ों जड़ भी वर्तमान में एक-एक वृक्ष के रूप में स्थापित हैं और सभी एक-दूसरे से जुड़े हुये हैं, बस जो नहीं है, वह है मूल वृक्ष। इस प्रकार सम्पूर्ण वृक्ष परिवार एक बड़े क्षेत्र में फैल चुका है और निरन्तर जारी भी है। प्रत्येक स्वयं स्वतन्त्र वृक्ष के रूप में स्थापित वृक्ष का अपने परिवार के रूप में तना, पत्ता, फूल और फल सब निकलते रहते हैं और जिसे जहाँ अर्थात् नजदीकी स्रोत से सुविधा अर्थात् खुराक मिल सकता हैं वहाँ से प्राप्त करते हुये विकास कर रहे हैं। इस कार्य में आपस में कोई विवाद नहीं है। कोई किसी पर अधिपत्य जमाना नहीं चाहता, ना ही अन्य के विकास में कोई बाधा पहुँचाता है। जिसको जिस ओर उचित वातावरण मिलता जाता है, उस ओर वह विकास कर रहा है। कुल मिलाकर स्व प्रेरित सुशासन की भाँति संचालित है। इस वट वृक्ष के सबसे बाद अर्थात् वर्तमान के तनों-पत्तों के लिए उसका जन्मदाता व पालनकर्ता के रूप में उसका नजदीकी जड़ ही है इसलिए उसकी कथा-कहानी वहीं से शुरू होती है और वहीं तक उसका ज्ञान है जो एक संकुचित और सीमित ज्ञान है। वह पूर्ण को नहीं जान रहा, उसका पूर्णत्व, सार्वभौम पूर्णत्व नहीं बल्कि सीमित पूर्णत्व है। सीमित पूर्णत्व में भी वह आनन्द में हैं और विकासशील है। उसका विकास होना सार्वभौम का ही विकास होना है परन्तु उसे उसका ज्ञान नहीं है और वह उस सार्वभौम के विकास में अपने योगदान को करते हुये भी स्वयं को गौरवान्वित नहीं अनुभव कर रहा है। सार्वभौम से युक्त होने के बाद भी उसे अपने परिवार से ही जुड़ा रहना उसकी विवशता भी है और इसके अलावा कोई अन्य मार्ग भी नहीं हैं। उसके सार्वभौम का मार्ग भी उसके अपने परिवार के ही मार्ग से होकर जाता है। वृक्ष के साथ यह मजबूरी भी है कि क्योंकि वह स्थिर है इसलिए उसका छोटा परिवार केवल पड़ोस तक के ही दायरे के सम्पर्क में है। दूसरे छोर के परिवार का क्या हाल है उसे कुछ नहीं पता।

हे मानवों, ये संसार भी उपरोक्त वट वृक्ष के सामन ही फैला हुआ है। परन्तु उस भाँति विकास नहीं कर रहा है। मनुष्य के अन्दर बीमारी की भाँति अधिकतम "शक्ति और लाभ (पावर और प्राफिट)" की दौड़ ने उसे अधिपत्य, अत्याचार, दूसरे को दबाना इत्यादि से युक्त कर दिया है। और जो इस दौड़ में नहीं हैं वे सीमित पूर्णत्व में आनन्द के साथ विकासशील हैं। उन्हें और भी तेज विकास की इच्छा है परन्तु उनके बुद्धि का दायरा ही सीमित है इसलिए उन्हें मार्ग नहीं मिल रहा है। यदि उनको मार्ग भी मिल रहा हो तो वट वृक्ष की भाँति उसके नजदीकी जन्मदाता ने उसे यह बता रखा है कि जब उस सार्वभौम का मार्ग मेरे ही रास्ते से जाता है तो जो मैं कह रहा हूँ उसे करो। और इसके लिए वे अपने परिवार के लिए अनेक प्रकार की प्रणाली दे रखे हैं। जबकि ये प्रणाली देने वाले उनके नजदीकी जन्मदाता स्वयं कहाँ से आये हैं स्वयं उन्हे भी नहीं पता। क्योंकि वे स्वयं भी उस वट वृक्ष के खो गये मूल जड़ की तरह अपने मूल जड़ को नहीं जानते। वे भी अपने नजदीकी जन्मदाता का ही अनुसरण कर रहे होते हैं। ये प्रणालीयाँ अनेक प्रकार की हैं उदाहरणस्वरूप कुछ मुख्य निम्नवत् हैं-

1 उनके द्वारा प्रस्तुत कुछ पुस्तकें होती हैं जिन्हें नियमानुसार प्रतिदिन पढ़ना होता है। पढ़ने के पूर्व शुद्धता की भी प्रक्रिया अनिवार्य होती है अन्यथा पुस्तकें परिणाम नहीं दे पायेंगी, ये भी शर्त होती हैं।
2 उनके द्वारा भोजन से सम्बन्धित कुछ नियम बना दिये जाते हैं कि क्या खाना है और क्या नहीं खाना है।
3 उनके द्वारा कोई मन्त्र दे कर उसे नियमानुसार जपने के लिए दे दिया जाता है।
4 उनके द्वारा किसी यन्त्र-तन्त्र द्वारा समस्या मुक्ति का उपाय बता दिया जाता है।
5 उनके द्वारा किसी विशेष प्रकार के रंग और ढ़ग के वस्त्र निर्धारित कर दी जाती है जिससे उनकी पहचान एक अलग रूप में हो। अर्थात् समाज का एक और विभाजन कर उसे प्रस्तुत कर देते हैं।

सामान्य रूप से सभी द्वारा अनिवार्य रूप से ये भी निर्धारित कर दी जाती है कि किसी दूसरे के नियमों को न तो जानना है, न सुनना है, न पढ़ना है और न ही उसमें शामिल होना है। अर्थात् एक गतिशील प्राणी मनुष्य को जिसे सदैव श्रेष्ठ से, श्रेष्ठतम और सर्वोच्च तक उठने-विकास करने के लिए निर्मित किया गया था, उसे एक सीमित

दायरे में बुद्धिबद्ध कर दिया गया। मनुष्य जिसका निर्माण अपनी मस्तिष्क को असीम क्षमता को विकसित कर ईश्वर रूप में व्यक्त होना था, उसे जड़ (स्थिर) बना दिया गया।

हे मानवों, मनुष्यों की सबसे बड़ी कमजोरी "स्वयं में गुणों का विकास कर स्वयं बन जाने या हो जाने" में नहीं बल्कि "पाने" की इच्छा है। इस पाने की इच्छा की कमजोरी का परिणाम ही है उपरोक्त अनेक प्रकार के बुद्धिबद्ध करने की विधियाँ।

हे मानवों, उपरोक्त के पृष्ठभूमि में उनका उद्देश्य केवल अपने स्वार्थ की पूर्ति के सिवाय कुछ नहीं होता। क्योंकि मार्गदर्शक या प्रेरक या शिक्षक का उद्देश्य स्वयं से श्रेष्ठ मानव का निर्माण होता है न कि सदैव जीवन भर एक ही प्रणाली या प्रक्रिया या कक्षा में पढ़ते-दुहराते रहने के लिए विवश करना। उपरोक्त के पृष्ठभूमि में शारीरिक-आर्थिक-मानसिक शोषण का ही कार्य विभिन्न प्रकार से चल रहा है। कोई अपने कृषि कार्य को मुफ्त में हल करवा रहा है, तो कोई अपने नाम के उत्पादों को सिर्फ उन्हें ही खरीदने के लिए बुद्धिबद्ध कर दिया है।

हे मानवों, इन सबको आस्था का व्यापार कहते हैं। जबकि मैं देख रहा हूँ कि प्रत्येक संस्कारित करने की क्रिया जो उस काल के लिए आस्था का विषय था। उसके अगले काल के लिए संस्कारित करने की नयी क्रिया उपलब्ध हो जाने के बावजूद, मानव शरीर पिछले काल के संस्कारित करने वाली क्रिया के प्रति आस्था रखते हुये मूर्खता का स्पष्ट प्रदर्शन कर रहा है। सभी कालों में, सभी संस्कारित करने की क्रियाओं में मैं (सार्वभौम आत्मा) ही आस्था का विषय था परन्तु क्रिया के प्रति आस्था रखना मूर्खता का स्पष्ट प्रमाण ही तो है। चाहे वह व्यक्तिगत इच्छा से हो या सामाजिक प्रदर्शन की इच्छा से। इन समस्त संस्कारित करने के क्रिया के पीछे जो रहस्य आज तक गोपनीय था उसे मैंने तुम्हारें समक्ष सार्वजनिक प्रकाशित कर दिया है। अब कुछ भी गोपनीय नहीं। बावजूद इसके प्रत्येक मनुष्य अपनी मूर्खता रूपी आस्था को प्रदर्शित करने के लिए स्वतन्त्र है। परन्तु वह मुझ (सार्वभौम आत्मा) को प्राप्त नहीं कर सकता। हे मानवों, ईश्वर बहुमत से नहीं निर्धारित किया जाता इसलिए ही उसे अनिवर्चनीय कहा गया है। किसी भी वस्तु के प्रति आस्था के विकास से और समस्त मानवों को उसके प्रति आस्थावान् बना देने से वह वस्तु गुण प्रकट कर वैसा नहीं बन सकती जैसा आप उम्मीद करते हो।

हे मानवों, एक तरह से देखा जाये तो उपरोक्त व्यवस्था से कोई समस्या है ही नहीं क्योंकि जिसकी इच्छा जहाँ से पूर्ति हो रही है और विकास का मार्ग मिल रहा है, वह वहाँ से जुडा हुआ है। इसलिए मानव सभ्यता पर आया यह दसवाँ और अन्तिम संकट, संकट होते हुये भी संकट जैसा नहीं दिखता। इस व्यवस्था से हमें कोई समस्या भी नहीं है। समस्या ये है कि धर्म को जिस उद्देश्य के लिए निर्मित किया गया था वही धर्म, संकट में है। यह धर्म ही उस वट वृक्ष का मूल है, सार्वभौम है, समष्टि है। इसके ज्ञान से युक्त दोनों को अर्थात् विशाल संसार रूपी वट वृक्ष के छोटे-छोटे परिवार के नेतृत्वकर्ता मुखिया सहित उसके सदस्यों को होना आवश्यक है। तभी परिवार के नेतृत्वकर्ता मुखिया द्वारा बनाये गये उपरोक्त प्रणाली-नियम परिणाम-फल दे पायेंगे जिसकी इच्छा परिवार के सदस्य करते हैं।

हमारी उत्पत्ति ज्ञान से हुई है। जिन्हें ज्ञान है वही अपने आप को संघर्ष में पाते हैं और सर्वश्रेष्ठता के लिए कर्मशील हैं। शेष सभी तो प्रकृति के अनुसार आते-जाते रहते हैं। इस ज्ञान को ही ब्रह्म (सार्वभौम एकात्म ज्ञान) कहते हैं। देवता रूप में इस ज्ञान को ब्रह्मा के रूप में प्रक्षेपित किया गया है। यह ज्ञान जिस-जिस अंगो द्वारा प्राथमिकता से अनुभव में आता है उतने प्रकार के मानव अपने-आप को उत्पन्न समझते हैं।

पुराण रचनाकार महर्षि व्यास ने ब्रह्मा अर्थात ज्ञान के पुत्रों का प्रक्षेपण किये हैं। ब्रह्मा के 10 मानस पुत्रों

01.मन (विचार) से ज्ञान प्राप्त करने वाले मरीचि

02.नेत्रों (देखकर) ज्ञान प्राप्त करने वाले अत्रि

03.मुख (वाणी) से ज्ञान प्राप्त करने वाले अंगिरा

04.कान (सुन) कर ज्ञान प्राप्त करने वाले पुलस्त्य

05.नाभि (केन्द्र) से ज्ञान प्राप्त करने वाले पुलह

06.हाथ (कर्म) से ज्ञान प्राप्त करने वाले कृतु

07.त्वचा (स्पर्श) से ज्ञान प्राप्त करने वाले भृगु

08.प्राण (श्वास) से ज्ञान प्राप्त करने वाले वशिष्ठ

09.अँगूठे (आत्मा) से ज्ञान प्राप्त करने वाले दक्ष

10.गोद (प्रेम) से ज्ञान प्राप्त करने वाले नारद

ये दस प्रकार ज्ञान से उत्पन्न है और इतने प्रकार के मानव निर्मित होकर संसार में विचरण कर रहे हैं। इसे ये न समझना चाहिए कि मन या नेत्र इत्यादि से कैसे ब्रह्मा ने अपने पुत्रों को उत्पन्न किया? चूंकि शरीर का अस्तित्व अस्थायी है इसलिए विचार के आधार पर ये मनुष्य के वर्ग या श्रेणी का निर्धारण है। इसे मानकीकरण (Standardization) या वर्गीकरण (Classification) भी कहा जा सकता है। जिस प्रकार आजकल मानकीकरण के शब्द ISOऔर ISI मार्का दिये जाते हैं।

नये भारत में, नये मनुष्य के उदय के लिए

आप लंगोट से जौकी पर आ गये...पायजामे से पतलून पर आ गये...नाड़े से बेल्ट पर आ गये...खड़ाऊँ से बूट पर आ गये...कलम से कीबोर्ड पर आ गये। पगडंडियों से एक्सप्रेस वे पर आ गये...चूल्हे से इंडक्शन कुकर पर आ गये...जंगलो से अपार्टमेंट तक आ गये। हल से ट्रैक्टर पर आ गये...पैदल से लक्ज़री जहाज़ों पर आ गये...दीये-मशाल से एलईडी पर आ गये...आप लैंडलाइन से ओरियो एंड्रॉयड तक आ गये...तीर-कमान और गदा से ऑटोमैटिक बंदूकों और मिसाइलों पर आ गये। दुनियां चाँद पे चली गई...मंगल की छाती पर नासा ने रोबोट उतार दिया....शनि मंगल सूर्यग्रहण-चन्द्रग्रहण के हर रहस्य से पर्दा उठ गया!

आप पाँच हज़ार ईसापूर्व और पाँचवी-छठवीं शताब्दी से इक्कीसवी शताब्दी में आ गये...आप लगातार अपडेट होते रहे हैं!!! मगर फिर भी तुम ग्रह-नक्षत्रों को...शनि-मंगल को जन्मकुंडली में देख-देख कर काँप रहे हो। अपना भविष्य सुधारने के लिए बाबा-बाबियों का रास्ता नाप रहे हो। क्या इसी दिन के लिए तुमने बी.एससी, एम.एससी पीएच.डी की थी?? कि तुम पढ़े-लिखे जाहिलों की फौज में शामिल हो जाना! क्या इसी दिन के लिए तुम डॉक्टर, इंजीनियर, वकील, मजिस्ट्रेट या प्रोफेसर बने थे? कि बंगले पर काली हांडी टांगना! निम्बू मिर्ची टांगना! नजर न लगने से एक पैर में काला धागा बांधना?? और अपने उज्ज्वल भविष्य की भीख किसी बाबा-बाबी के दर पर नाक रगड़ के मांगना?

देश आजाद हो गया! दुनिया आजाद हो गई! आखिर कब मिलेगी तुम्हें आजादी?? इस अंधी मानसिक गुलामी से? दुनिया रोज नए-नए आविष्कार कर रही है! तुम हजारों साल पुरानी भाषा, संस्कृति, रीति, रिवाजो की वैज्ञानिक व्याख्या करने में लगे हो! क्या भारत पुनः विश्वगुरु तुम्हारे जैसे मनोरोगियों की वजह से कभी बन पाएगा? बंद कमरे में तुम्हारी चोटी कट जाती! अँधेरे में अकेले में तुम्हें भूत-पलीत सताते हैं! तुम्हें ही सारी दुनिया की नजर लगती है! डायन तो तुम्हारे हर घर में मौजूद है!! तुम्हारे तंत्र-मंत्र-यंत्र काम क्यों नहीं करते हैं? एक पैर में काले धागे वाला रक्षा सूत्र तुम्हारी चोटी क्यों नहीं बचाता है? आखिर कब तक तुम मानसिक गुलाम रहोगे?

तुम्हारी समस्याएं लौकिक है। मगर तुम्हें हर समस्या का हल परलोक में नजर आता है! संसार तुम्हारे लिए स्वप्नवत् है माया है! भगवान की लीला है! नाटक है! भ्रम है! आखिर तुम्हें इस सपने से कौन जगाए? कब तक शब्दों के साथ बलात्कार करोगे? कब तक धोखे में रहोगे? कब तक हर सिद्धान्त हर आविष्कार को शास्त्रों ऋषि-मुनियों के माथे मड़ोगे??

तुम लोग को जो जगाए वही धर्मद्रोही, देशद्रोही, जातिवादी या नास्तिक है? चारुवाक, बुद्ध, महावीर, कपिल, कणाद गौतम, नागसेन, अश्वघोष, कबीर, नानक, रविदास, ओशो, फुले, शाहू, पेरियार, भीम, भगतसिंह, कोवूर, राहुल संस्कृत्यायन, दयानन्द, विवेकानंद, सबने विवेक लगाया! मगर फिर भी तुम्हारा विवेक नहीं जागा!

तुम्हारा धर्म कब अपडेट (Update) होगा?
तुम्हारी आस्था कब अपडेट (Update) होगी?
तुम्हारा ईश्वर कब अपडेट (Update) होगा?
तुम्हारी सोच कब अपडेट (Update) होगी?
तुम्हारे धर्म की किताबें कब अपडेट (Update) होंगी?

कम्प्यूटर और मोबाइल का साफ्टवेयर तो तुरन्त करते हो, तुम्हारे मस्तिष्क का साफ्टवेयर कब अपडेट (Update) होगा?

क्योंकि तुम विश्वगुरु के अहंकार की दारू पीकर गरीबी, अनपढ़ता, लिंगभेद, जातिभेद, भाषाभेद, क्षेत्रभेद, साम्प्रदायिकता की नाली में पड़े हो! आखिर तुम्हें कब मिलेगी आजादी? इस उम्दा मानसिक गुलामी से?

सोच के बता देना!!
आओ एक कदम शब्दों के उँचाइयों की ओर..........

IDEAS + ACTION = CHANGE

व्यवस्था के परिवर्तन या सत्यीकरण का पहला प्रारूप और उसकी कार्य विधि

उदाहरण के रूप में, यदि किसी शिक्षित व्यक्ति जिसे अंकगणित का ज्ञान हो, उसके समक्ष संख्या 5 लिख दिया जाये और उससे कहा जाये कि इस संख्या के आगे और पीछे की संख्या लिखें तो वह आसानी से उसे लिख देगा परन्तु अंकगणित का अज्ञानी ऐसा नहीं कर पायेगा। उसका सारा ध्यान केवल संख्या 5 पर ही टिका रह जायेगा क्योंकि वह संख्या पद्धति से अपरिचित है। अगर वह कुछ लिख भी देगा तो वह आवश्यक नहीं कि सत्य हो और उसमें सुधार की पूरी सम्भावना बनी रहेगी। समाज सुधार के क्षेत्र में भी यही बात है। हम एक समस्या देखते हैं फिर उसमें कुछ सुधार कर देते हैं। फल यह होता है कि कुछ समय बाद पुनः उसमें सुधार की आवश्यकता आ जाती है।

जितने अधिक आकड़ों को विश्लेषित कर हम परिणाम को खोजेंगे उतने ही सत्य परिणाम हमारे सामने आयेंगे। प्रस्तुत शास्त्र व्यक्त अधिकतम आकड़ों के व्यवस्थित प्रस्तुतीकरण का शास्त्र है। दूसरे रूप में इसे धर्म ज्ञान का बैलेन्ससीट भी कह सकते है। इन सम्पूर्ण आकड़ों पर आधारित होकर व्यक्ति, समाज और विश्व राष्ट्र के लिए लिया गया निर्णय ही एक सत्य निर्णय हो सकता है। समाज सुधार के सम्बन्ध में स्वामी विवेकानन्द का कहना है कि-"तथाकथित समाज-सुधार के विषय में हस्तक्षेप न करना क्योंकि पहले आध्यात्मिक सुधार हुये बिना अन्य किसी भी प्रकार का सुधार हो नहीं सकता (राम पृष्ठ मिशन, पत्रावली भाग-1, पृष्ठ-29), भारत के शिक्षित समाज से मैं इस बात पर सहमत हूँ कि समाज का आमूल परिवर्तन करना आवश्यक है। पर यह किया किस तरह जाये? सुधारकों की सब कुछ नष्ट कर डालने की रीति व्यर्थ सिद्ध हो चुकी है। मेरी योजना यह है, हमने अतीत में कुछ बुरा नहीं किया। निश्चय ही नहीं किया। हमारा समाज खराब नहीं, बल्कि अच्छा है। मैं केवल चाहता हूँ कि वह और भी अच्छा हो। हमें असत्य से सत्य तक अथवा बुरे से अच्छे तक पहुँचना नहीं है। वरन् सत्य से उच्चतर सत्य तक, श्रेष्ठ से श्रेष्ठतर और श्रेष्ठतम तक पहुँचना है। मैं अपने देशवासियों से कहता हूँ कि अब तक जो तुमने किया, सो अच्छा ही किया है, अब इस समय और भी अच्छा करने का मौका आ गया है।"-(राम पृष्ठ मिशन, जितने मत उतने पथ, पृष्ठ-46)

व्यक्ति हो या ज्ञानी, समाज हो या राज्य, देश हो या विश्व, समाज नेता हों या राजनेता सभी को अब यह जान लेना चाहिए कि विश्व एक परिवार है और उस परिवार का शास्त्र-"विश्वशास्त्र" है। जब तक यह शास्त्र उपलब्ध नहीं था तब तक इस विश्व परिवार के एकीकरण का मार्ग नहीं खुला था, अब वह मार्ग मिल चुका है। कोई भी समाज निर्माण या युग परिवर्तन का कार्य एक क्षण का कार्य नहीं है। यह एक लम्बी अवधि की प्रक्रिया का कार्य है। इसे हम उन समाज सुधारकों के संस्थाओं के कार्य को देख कर अनुभव कर सकते हैं।

व्यवस्था परिवर्तन, एक राजनीतिक लुभावना वाला शब्द है। वह कैसे होगा, इसके लिए एक प्रारूप की आवश्यकता होती है अगर वह नहीं है तो व्यवस्था परिवर्तन चिल्लाने से नहीं होता। फिर व्यवस्था परिवर्तन किस बात का? मानव समाज को संचालित करने के लिए तो सिर्फ दो ही मूल व्यवस्था है-एक राजतन्त्र, जिसका युग जा चुका है। दूसरा-लोकतन्त्र, जिसका युग चल रहा है और यही अन्तिम व्यवस्था भी बनी रहेगी क्योंकि ब्रह्माण्डीय व्यवस्था भी लोकतन्त्र से ही चल रहा है और मनुष्य के मस्तिष्क से अन्ततः वही व्यक्त हो रहा है। लोकतन्त्र से हम राजतन्त्र में नहीं जा सकते इसलिए व्यवस्था परिवर्तन का अर्थ ही निरर्थक है।

आवश्यकता है वर्तमान लोकतन्त्र व्यवस्था को ही सत्य आधारित करने की जिसे व्यवस्था सत्यीकरण कहा जा सकता है। इस कार्य में हमें मानकशास्त्र की आवश्यकता है जिससे तोल कर यह देख सके कि इस लोकतन्त्र व्यवस्था में कहाँ सुधार करने से सत्यीकरण हो जायेगा। यह मानकशास्त्र ही "विश्वशास्त्र" है। सिर्फ मतदाता बनने व वोट डालने से ही लोकतन्त्र स्वस्थ नहीं हो सकता। उसके लिए देश व विश्व के पूर्ण ज्ञान की आवश्यकता होगी। इसलिए आवश्यक है कि प्रत्येक मतदाता "विश्वशास्त्र" के ज्ञान से युक्त हो।

अच्छा होता कि हमारे राजनेतागण कुछ दिनों के लिए सन्यास लेकर थोड़ा कुछ अध्ययन-चिंतन करते रहते ताकि उन्हें बार-बार लक्ष्य के लिए शब्दों का परिवर्तन न करना पड़ता। एक ही स्थिति में बहुत समय तक रहने पर बुद्धि, बद्ध हो जाती है। एक-एक सीढ़ी चढ़कर, पहुँच गये-पहुँच गये चिल्लाने से अच्छा है कि अन्तिम सीढ़ी पर पर बैठकर चिल्लाना कि पहुँच गये।

चाहे कुछ हो यदि प्रारूप नहीं, तो न तो व्यवस्था परिवर्तन हो सकता है, न ही व्यवस्था सत्यीकरण हो सकता है, न ही सम्पूर्ण क्रान्ति। भीड़ से क्रान्ति नहीं सिर्फ हंगामा होता है। भीड़ में जोश होता है, होश नहीं।

इस मानक शास्त्र के प्रस्तुत हो जाने से व्यवस्था परिवर्तन की नहीं बल्कि व्यवस्था के सत्यीकरण का मार्ग खुल चुका है। जिसका व्यक्ति, समाज और विश्व राष्ट्र को आवश्यकता भी है। किसी एक विषय पर बहुत अधिक पुस्तक मस्तिष्क को भ्रमित ही करती है। यह शास्त्र प्रारम्भ से अन्त तक के विकास को क्रमबद्ध प्रस्तुत करता है जिससे हम सभी एक सत्य निर्णय करने में सक्षम हों और पूर्ण ज्ञान से युक्त हो जायें और हमारा कोई भी सुधार एक स्थायी, अच्छा और दूरगामी परिणाम देने वाला हो।

प्रश्न यह भी उठता है कि परिवार का मुखिया जिसके द्वारा परिवार का संचालन होता है, यदि वह परिवार के हित व विकास के विषय में कर्म न करता हो तो क्या परिवार का सदस्य उसमें हस्तक्षेप करने का अधिकारी है या नहीं? यही बात देश को चलाने वाले संसद के विषय में भी है। यदि संसद स्वयं देशहित व जनहित के प्रति उदासीन हो जाये तो क्या जनता संसद को मार्गदर्शन देने का अधिकार नहीं रखती? यदि नहीं तो संविधान की धारा-51(ए) के अन्तर्गत नागरिक का मौलिक कर्तव्य की उपयोगिता क्या है? ध्यान रखने योग्य विषय यह है कि कोई भी चुना हुआ प्रतिनिधि सिर्फ उतने ही बड़े क्षेत्र का प्रतिनिधि होता है जिस क्षेत्र से वह चुना जाता है। भारत में ऐसा कोई प्रतिनिधि जनता से नहीं चुना जाता जो भारत का प्रतिनिधित्व करता हो और जब तक भारत का प्रतिनिधित्व करने वाला चुनाव नहीं होता या भारत की जनता का राष्ट्रीय मुद्दों पर विचार कर संसद के कर्तव्य का बोध कराने वाली स्वतन्त्र संस्था नहीं बन जाती, तब तक जनता को संसद को संविधान की धारा-51(ए) के अन्तर्गत नागरिक का मौलिक कर्तव्य के अनुसार न्यायालय व संसद के माध्यम से सरकार को मार्गदर्शन देने का कर्तव्य करना चाहिए जो उसका अधिकार भी है।

वे शब्द जिसके बिना युग परिवर्तन सम्भव नहीं

सन् 1893 से सन् 1993 के 100 वर्षों के समय में विश्व के बौद्धिक शक्ति को जिन्होंने सबसे अधिक हलचल दी वे हैं-धर्म की ओर से स्वामी विवेकानन्द और धार्मिकता की ओर से आचार्य रजनीश"ओशो"। मनुष्य जिस प्रकार भौतिक विज्ञान के नवीन आविष्कारों को आसानी से ग्रहण करता है उसी प्रकार धर्म-आध्यात्म-दर्शन के नवीन आविष्कारों को भी मनुष्य को ग्रहण करना चाहिए, तभी मानसिक-आध्यात्मिक स्वतन्त्रता का अनुभव हो सकेगा। अन्यथा पूर्ण शारीरिक गुलामी का समय बीत चुका, आर्थिक गुलामी का काल चल रहा है और मानसिक गुलामी के काल चक्र में मनुष्य फँस जायेगा।

स्वामी विवेकानन्द जी का कहना था-

- "उसी मूल सत्य की फिर से शिक्षा ग्रहण करनी होगी, जो केवल यहीं से, हमारी इसी मातृभूमि से प्रचारित हुआ था। फिर एक बार भारत को संसार में इसी मूल तत्व का-इसी सत्य का प्रचार करना होगा। ऐसा क्यों है? इसलिए नहीं कि यह सत्य हमारे शास्त्रों में लिखा है वरन् हमारे राष्ट्रीय साहित्य का प्रत्येक विभाग और हमारा राष्ट्रीय जीवन उससे पूर्णतः ओत-प्रोत है। इस धार्मिक सहिष्णुता की तथा इस सहानुभूति की, मातृभाव की महान शिक्षा प्रत्येक बालक, स्त्री, पुरुष, शिक्षित, अशिक्षित सब जाति और वर्ण वाले सीख सकते हैं। तुमको अनेक नामों से पुकारा जाता है, पर तुम एक हो।" (जितने मत उतने पथ, राम कृष्ण मिशन, पृष्ठ-39)।
- "अत: यदि भारत को महान बनाना है, तो इसके लिए आवश्यकता है संगठन की, शक्ति संग्रह की और बिखरी हुई इच्छाशक्ति को एकत्र कर उसमें समन्वय लाने की। अथर्ववेद संहिता की एक विलक्षण ऋचा याद आ गयी जिसमें कहा गया है, "तुम सब लोग एक मन हो जाओ, सब लोग एक ही विचार के बन जाओ। एक मन हो जाना ही समाज गठन का रहस्य है बस इच्छाशक्ति का संचय और उनका समन्वय कर उन्हें एकमुखी करना ही सारा रहस्य है।" (देखें "नया भारत गढ़ो" पृष्ठ संख्या-55)
- "यह भी न भूलना चाहिए कि हमारे बाद जो लोग आएंगे, वे उसी तरह हमारे धर्म और ईश्वर सम्बन्धी धारणा पर हँसेंगे, जिस तरह हम प्राचीन लोगों के धर्म और ईश्वर की धारणा पर हँसते हैं। यह सब होने पर भी, इन सब ईश्वर सम्बन्धित धारणाओं का संयोग करने वाला एक स्वर्ण सूत्र है और वेदान्त का उद्देश्य है-इस सूत्र की खोज करना। भागवान कृष्ण ने कहा है-""भिन्न भिन्न मणियाँ जिस प्रकार एक सूत्र में पिरोयी जा सकती हैं, उसी प्रकार इन सब विभिन्न भावों के भीतर भी एक सूत्र विद्यमान है।" (देखें "ज्ञानयोग", पृष्ठ संख्या-65) ,
- "एक शब्द में वेदान्त का आदर्श है-मनुष्य के सच्चे स्वरूप को जानना।" (देखें "विवेकानन्द राष्ट्र को आह्वान", पृष्ठ सं0-48)।
- यदि हम अपने व्यक्तिगत एवं सामूहिक जीवन में वैज्ञानिक चेतना सम्पन्न एवं आध्यात्मिक एक साथ न हो पाए, तो मानवजाति का अर्थपूर्ण अस्तित्व ही संशय का विषय हो जाएगा। (विज्ञान और आध्यात्मिकता, पृष्ठ-9)
- हमेशा यूरोप से सामाजिक तथा एशिया से आध्यात्मिक शक्तियों का उद्भव होता रहा है एवं इन दोनों शक्तियों के विभिन्न प्रकार के सम्मिश्रण से ही जगत का इतिहास बना है। वर्तमान मानवेतिहास का एक और नवीन पृष्ठ धीरे-धीरे विकसित हो रहा है एवं चारो ओर उसी का चिन्ह दिखाई दे रहा है। कितनी ही नवीन योजनाओं का उद्भव तथा नाश होगा, किन्तु योग्यतम वस्तु की प्रतिष्ठा सुनिश्चित है, सत्य और शिव की अपेक्षा योग्यतम वस्तु और हो ही क्या सकती है? (पत्रावली भाग-1, पृष्ठ-310)

स्वामी विवेकानन्द के अनुसार शब्द से सृष्टि का रहस्य

01. बृहत् ब्रह्माण्ड में भी ब्रह्मा, हिरण्यगर्भ या समष्टि महत् ने पहले अपने आप को नाम के, और फिर बाद में रुप के आकार में अर्थात् इस परिदृश्यमान जगत के आकार में अभिव्यक्त किया। (भक्ति योग, पृष्ठ-44)

02. यह सारा व्यक्त इन्द्रियग्राह्य जगत रुप है, और इसके पीछे है अनन्त अव्यक्त स्फोट। स्फोट का अर्थ-समस्त जगत की अभिव्यक्ति का कारण शब्द-ब्रह्म है। समस्त नामों अर्थात् भावों की नित्य समवायी उपादान स्वरुप यह नित्य स्फोट ही वह शक्ति है, जिससे भगवान इस विश्व की सृष्टि करते हैं। यही नहीं बल्कि भगवान पहले स्फोट रुप में परिणत हो जाते हैं और तत्पश्चात् अपने को उससे भी स्थूल इस इन्द्रियग्राह्य जगत के रुप में परिणत कर लेते हैं। (भक्ति योग, पृष्ठ-45)

03. इस स्फोट का एक मात्र वाचक शब्द है-"ॐ"। और चूँकि हम किसी भी उपाय से शब्द को भाव से अलग नहीं कर सकते, इसलिए यह "ॐ" भी इस नित्य स्फोट से नित्य संयुक्त है। (भक्ति योग, पृष्ठ-45)

04. एकमेव यह "ॐ" ही इस प्रकार सर्वभावाव्यापी वाचक शब्द है, अन्य कोई भी इसके समान नहीं। स्फोट ही सारे भावों का उपादान है, फिर भी वह स्वयं पूर्ण रुप से विकसित कोई विशिष्ट भाव नहीं है। अर्थात् यदि उन सब भेदों को, जो एक भाव को दूसरे से अलग करते हैं, निकाल दिया जाय, तो जो कुछ बचा रहता है, वही स्फोट है। इसलिए इस स्फोट को "नादब्रह्म" कहते हैं। (भक्ति योग, पृष्ठ-45)

05. जो वाचक शब्द उसे सब से कम विशेषभावापन्न करेगा, पर साथ ही उसके स्वरुप को यथासम्भव पूरी तरह प्रकाशित करेगा, वही उसका सबसे सच्चा वाचक होगा। और यह वाचक शब्द है-एकमात्र "ॐ" क्योंकि ये तीनों अक्षर अ, उ और म्, जिनका एक साथ उच्चारण करने से "ॐ" होता है, समान शब्दों के साधारण वाचक के तौर पर लिये जा सकते हैं। (भक्ति योग पृष्ठ, पृष्ठ-46)

06. अक्षर "अ" सारे अक्षरों में सबसे कम विशेषभावापन्न है। इसीलिए भगवान श्रीकृष्ण गीता में कहते हैं-"अक्षरों में मैं "अ" कार हूँ। " (गीता,10/33) स्पष्ट रुप से उच्चारित जितने भी शब्द हैं, उनकी उच्चारण क्रिया मुख में जिह्वा के मूल से आरम्भ होती है और ओठों में आकर समाप्त हो जाती है। "अ" जिह्वा मूल अर्थात् कण्ठ से उच्चारित होता है, और "म" ओठों से होने वाला अन्तिम शब्द है। और "उ" उस शक्ति का सूचक है, जो जिह्वा मूल से आरम्भ होकर मुँह भर में लुढ़कती हुई ओठों में आकर समाप्त हो जाती है। यदि "ॐ" का उच्चारण ठीक ढंग से किया जाय, तो इसके शब्दोच्चारण की सम्पूर्ण क्रिया सम्पन्न हो जाती है-दूसरे किसी भी शब्द में यह शक्ति नहीं। (भक्ति योग, पृष्ठ-46)

07. जिस प्रकार अल्पतम् विशेष भावात्मक तथा सार्वभौमिक वाचक शब्द "ॐ" के सम्बन्ध में वाच्य और वाचक आपस में अभेद्य रुप से सम्बद्ध हैं उसी प्रकार वाच्य और वाचक का यह अविच्छिन्न सम्बन्ध भगवान और विश्व के विभिन्न खण्ड भावों पर भी लागू है, अतएव उनमें से प्रत्येक का एक विशिष्ट वाचक शब्द होना आवश्यक है। (भक्ति योग, पृष्ठ-47)

08. ये वाचक शब्द ऋषियों की गम्भीरतम आध्यात्मिक अनुभूति से उत्पन्न हुए हैं और वे भगवान तथा विश्व के जिन विशेष-विशेष खण्ड भाव के वाचक हैं, उन विशेष भावों को यथासम्भव प्रकाशित करते हैं। जिस प्रकार "ॐ" अखण्ड ब्रह्म का वाचक है, उसी प्रकार अन्यान्य मंत्र भी उसी परम पुरुष के खण्ड-खण्ड भावों के वाचक हैं। ये सभी ईश्वर के ध्यान और प्रकृत ज्ञान की प्राप्ति में सहायक हैं। (भक्ति योग, पृष्ठ-47)

09. सृष्टि के पूर्व ब्रह्म शब्दात्मक बनते है, फिर ओंकारात्मक या नादात्मक होते है। तत्पश्चात पहले कल्पों के विशेष शब्द जैसे-भूः, भुवः, स्व-अथवा गो, मानव, घट, पट इत्यादि का प्रकाश उसी ओंकार से होता है। सिद्ध संकल्प ब्रह्म में क्रमश-एक-एक शब्द के होते ही उसी क्षण उन सब पदार्थो का भी प्रकाश हो जाता है और इस विचित्र जगत् का विकास हो उठता है। अब समझे न कि कैसे शब्द ही सृष्टि का मूल है। -स्वामी विवेकानन्द (विवेकानन्द जी के संग में पृष्ठ-62)

10. यह सारा व्यक्त इन्द्रिय ग्राह्य जगत रूप है, और इसके पीछे है अनन्त अव्यक्त स्फोट। स्फोट का अर्थ-समस्त जगत की अभिव्यक्ति का कारण शब्द-ब्रह्म। समस्त नामों अर्थात् भावों की नित्य समवायी उपादान स्वरूप यह नित्य स्फोट ही वह शक्ति है, जिससे भगवान इस विश्व की सृष्टि करते है। यही नहीं बल्कि भगवान पहले स्फोट-रूप में परिणत हो जाते है और तत्पश्चात अपने को उससे भी स्थूल इस इन्द्रिय ग्राह्य जगत् के रूप में परिणत कर लेते है। -स्वामी विवेकानन्द (राजयोग-पृष्ठ-45)

आचार्य रजनीश"ओशो" का कहना था-

- "श्रीकृष्ण का महत्व अतीत के लिए कम भविष्य के लिए ज्यादा है। सच ऐसा है कि कृष्ण अपने समय से कम से कम पाँच हजार वर्ष पहले पैदा हुये। सभी महत्वपूर्ण व्यक्ति अपने समय से पहले पैदा होते हैं और

सभी गैर महत्वपूर्ण व्यक्ति अपने समय के बाद पैदा होते हैं। बस महत्वपूर्ण और गैर महत्वपूर्ण में इतना फर्क है और सभी साधारण व्यक्ति अपने समय के साथ पैदा होते हैं महत्वपूर्ण व्यक्ति को समझना आसान नहीं होता। उसका वर्तमान और अतीत उसे समझने में असमर्थता अनुभव करता है जब हम समझने योग्य नहीं हो पाते तब हम उसकी पूजा शुरु कर देते हैं या तो हम उसका विरोध करते हैं। दोनों पूजाएं हैं एक मित्र की एक शत्रु की।"

- उसके लिए सब हंसी खेल है, सब लीला है। इसलिए हमने कृष्ण को पूर्णावतार कहा। राम गम्भीर हैं छोटी-छोटी बात का हिसाब रखते हैं। नियम मर्यादा से चलते हैं- मर्यादा पुरूषोत्तम हैं। कृष्ण अमर्याद हैं न कोई नियम है न कोई मर्यादा। कृष्ण के लिए जीवन लीला है।
- धर्म कोई विषय थोड़े ही है। धर्म की कोई सीमा थोड़े ही है। धर्म तो समस्त जीवन का नाम है। जीवन में जो कुछ भी समाविष्ट है, धर्म उस सभी के सम्बन्ध में वक्तव्य देने का हकदार है। राजनीतिज्ञ, धर्म के सम्बन्ध में वक्तव्य नहीं दे सकता क्योंकि राजनीति की सीमा है। लेकिन धार्मिक व्यक्ति, राजनीति के सम्बन्ध में वक्तव्य दे सकता है क्योंकि धर्म की कोई सीमा नही है धर्म असीम है, धर्म तो पूरे जीवन को घेरता है जैसे आकाश घेरता है। धर्म से तो कोई भी चीज छोड़ी नहीं जा सकती। धार्मिक व्यक्ति की दृष्टि तो सब सम्बन्धों में होगी।
- जो एक गुरू बोल रहा है, वह अनन्त सिद्धों की वाणी है। अभिव्यक्ति में भेद होगा, शब्द अलग होंगे, प्रतीक अलग होंगे मगर जो एक सिद्ध बोलता है, वह सभी सिद्धों की वाणी है। इनसे अन्यथा नहीं हो सकता है। इसलिए जिसने एक सिद्ध को पा लिया, उसने सारे सिद्धों की परम्परा को पा लिया। क्योंकि उनका सूत्र एक ही है। कुंजी तो एक ही है, जिसमें ताला खुलता है अस्तित्व का।
- "इस देश को कुछ बाते समझनी होगी। एक तो इस देश को यह बात समझनी होगी कि तुम्हारी परेशानियों, तुम्हारी गरीबी, तुम्हारी मुसीबतों, तुम्हारी दीनता के बहुत कुछ कारण तुम्हारे अंध विश्वासों में है, भारत कम से कम डेढ़ हजार साल पिछे घिसट रहा है। ये डेढ़ हजार साल पूरे होने जरूरी है। भारत को खिंचकर आधुनिक बनाना जरूरी है। मेरी उत्सुकता है कि इस देश का सौभाग्य खुले, यह देश भी खुशहाल हो, यह देश भी समृद्ध हो। क्योंकि समृद्ध हो यह देश तो फिर राम की धुन गुंजे, समृद्ध हो यह देश तो फिर लोग गीत गाँये, प्रभु की प्रार्थना करें। समृद्ध हो यह देश तो मंदिर की घंटिया फिर बजे, पूजा के थाल फिर सजे। समृद्ध हो यह देश तो फिर बाँसुरी बजे कृष्ण की, फिर रास रचे! यह दीन दरिद्र देश, अभी तुम इसमें कृष्ण को भी ले आओंगे तो राधा कहाँ पाओगे नाचनेवाली? अभी तुम कृष्ण को भी ले आओगे, तो कृष्ण बड़ी मुश्किल में पड़ जायेंगे, माखन कहाँ चुरायेगें? माखन है कहाँ? दूध दही की मटकिया कैसे तोड़ोगे? दूध दही की कहाँ, पानी तक की मटकिया मुश्किल है। नलों पर इतनी भीड़ है! और एक आध गोपी की मटकी फोड़ दी, जो नल से पानी भरकर लौट रही थी, तो पुलिस में रिपोर्ट दर्ज करा देगी कृष्ण की, तीन बजे रात से पानी भरने खड़ी थी नौ बजते बजते पानी भर पायी और इन सज्जन ने कंकड़ी मार दी। धर्म का जन्म होता है जब देश समृद्ध होता है। धर्म समृद्ध की सुवास है। तो मैं जरूर चाहता हूँ यह देश सौभाग्यशाली हो लेकिन सबसे बड़ी अड़चन इसी देश की मान्यताएं है। इसलिए मैं तुमसे लड़ रहा हूँ। तुम्हारे लिए।"

व्यक्ति-समाज-राज्य-विश्व की आवश्यकता, भविष्यवक्ताओं की भविष्यवाणीयां, ग्रहों के चालों, सूर्य व चन्द्र ग्रहण, सामाजिक-राजनीतिक विचारकों के विचार-सपनें-उम्मीद इत्यादि युग परिवर्तन की ओर दिशा निर्देश कर रहीं हैं। ऐसे में सृष्टि के लिए सार्वभौम सर्वोच्च अन्तिम अर्थों वाले शब्दों (जिसकी सूची अगले पृष्ठ पर दी गई है।) **पर चर्चा ही एक मात्र युग परिवर्तन का मार्ग है।**

वे सार्वभौम एकात्म शब्द जिसके बिना युग परिवर्तन सम्भव नहीं (सर्वोच्च, अन्तिम और दृश्य)

क्र.सं. विषय क्षेत्र	सम्बन्धित क्षेत्र से मुख्य नाम
01. विश्व क्षेत्र	विश्व संविधान / साहित्य / विचार / सिद्धान्त / प्रबन्ध / दर्शन / मत / मानव / एकता / शान्ति / विकास / स्थिरता / आत्मा / अभिनेता / बुद्धि / राजनीति / क्रांति
02. राज्य क्षेत्र	विश्व (राष्ट्र) ऐजेण्डा–2012+ (WORLD NATION AGENDA-2012+) विश्व व्यवस्था का अधिकतम एवं न्यूनतम साझा कार्यक्रम
03. समाज क्षेत्र	लोक / गण / जन ऐजेण्डा–2012+ (PUBLIC AGENDA-2000+)
04. धर्म क्षेत्र	वेदान्त धर्म स्थापना
05. साहित्य क्षेत्र	विश्व साहित्य–"विश्वभारत" समाहित "विश्वशास्त्र" साहित्य– आदर्श वैश्विक व्यक्ति चरित्र कथा साहित्य
06. सामाज शास्त्र	मानक / जन / गण / लोक शास्त्र
07. धर्मशास्त्र	धर्मयुक्त नाम – कर्मवेदः प्रथम, अन्तिम और पंचम वेद और आधारित उपनिषद् (व्यष्टि एवं समष्टि) सर्वधर्मसमभाव / धर्मनिरपेक्ष नाम – मन की गुणवत्ता का विश्व मानक : शून्य श्रृंखला (व्यष्टि एवं समष्टि)
08. मानक क्षेत्र	मन की गुणवत्ता का विश्व मानक : शून्य श्रृंखला
09. अदृश्य विज्ञान	दृश्य आध्यात्म विज्ञान
10. दृश्य विज्ञान	धर्म विज्ञान या एकात्म विज्ञान (Integration Science)
11. इंजीनियरिंग	सत्य सामाजिक अभियंत्रण (Real Social Engineering)
12. तकनीकी	सत्य सामाजिक तकनीकी (Real Social Technology) : WCM-TLM-SHYAM.C Technology
13. संविधान	विवादमुक्त तन्त्रों पर आधारित संविधान
14. राजनीति	सत्य राजनीति / राजनीति–2012+ (POLITICS-2012+)
15. संगठन	विश्व राजनीतिक पार्टी संघ (World Political Party Organisation- WPPO)
16. शिक्षा	पूर्णज्ञान / पूर्ण शिक्षा प्रणाली / शिक्षा -2012+ (EDUCATION-2012+)
17. राष्ट्र सम्बन्ध	आदर्श राष्ट्रीय नागरिक
18. वेदान्त	कर्म वेदान्त : वेदान्त की अन्तिम शाखा
19. मतवाद	एकात्म कर्मवाद : एकात्म मानवतावाद का व्यावहारिक रुप
20. दार्शनिक	विकास दर्शन (Development Philosophy)
21. क्रांति	संपूर्ण क्रांति (Complete Revolution) : प्रलय, स्थिति एवं सृष्टि
22. सांस्कृतिक	भोगेश्वरः भोग (पाश्चात्य) + ईश्वर (प्राच्य) = एकात्म या ईश्वरत्व भाव से भोग
23. मन	विश्व मन (WOLD MIND)
24. मानव	विश्वमानव (विश्वमन से युक्त)
25. मनु	8वें मनु – सावर्णि मनु
26. अवतार	भगवान विष्णु के 10वें और अन्तिम तथा भगवान शंकर के 22वें और अन्तिम संयुक्तावतार (निष्कलंक कल्कि एवं भोगेश्वर)
27. निराकार ब्रह्म	सार्वभौम सत्य–सिद्धान्त (UNIVERSAL TRUTH-THEORY) : विश्व–बन्धुत्व का सिद्धान्त
28. साकार ब्रह्म	लव कुश सिंह
29. पुनर्जन्म–सत् मार्ग से	बुड्ढा कृष्ण (कृष्ण भाग – 2 और अन्तिम) – कृष्ण की अगली और अन्तिम कड़ी
30. पुनर्जन्म–रज मार्ग से	स्वामी विवेकानन्द का पुनर्जन्म
31. पुनर्जन्म–तम मार्ग से	रावण की अगली कड़ी
32. आत्मा	दृश्य विश्वात्मा / शिव / ब्रह्म / मैं
33. अभिनय	वास्तविक जीवन का अभिनेता (Real Life Actor)
34. बम	ज्ञान बम – आध्यात्मिक न्यूट्रान बम
35. अस्त्र	अनियन्त्रित पशुपास्त्र (नारायणास्त्र या सु–दर्शन चक्र व ब्रह्मास्त्र समाहित)
36. माया	योग माया समाहित भोगमाया
37. ज्ञान	एकात्म कर्मज्ञान (शास्वत) : व्यष्टि एवं समष्टि
38. बुद्धि	विश्व बुद्धि व चेतना या सत्य चेतना : पूर्व व्यक्त सत्य चेतना
39. ध्यान व योग	दृश्य सत्य–क्रियाकलाप–एकात्म योग व ध्यान (अन्तिम योग व अन्तिम ध्यान)
40. मिशन	प्राकृतिक सत्य मिशन (Natural Truth Mission)–सर्वोच्च और अन्तिम मिशन
41. धार्मिक नगर	एकात्म काशी– जीवनदायिनी सत्यकाशी : पंचम, अन्तिम तथा सप्तम काशी
42. शक्ति	आत्मशक्ति (SPIRIT POWER),मस्तिष्क शक्ति (BRAIN POWER), मन शक्ति (MIND POWER),सत्य शक्ति (TRUTH POWER)
43. जीवन कथा	विश्वमानव लीला / दर्पण : दो विपरीत दिशाओं के साथ प्रथम एवं अन्तिम कथा
44. प्रेम और कर्म	शास्वत प्रेम और कर्म
45. समन्वय	अन्तिम समन्वय–सिद्धान्त
46. आचार्य	अन्तिम समन्वयाचार्य
47. कला	विश्वमानव कला (कृष्ण कला समाहित)
48. परिचालन प्रणाली	अवतार का परिचालन प्रणाली : मानव–10 (Avatar's Operating System-AOS : Human-10)
49. शंकराचार्य पीठ	सत्यकाशी पीठ : पंचम और अन्तिम शंकराचार्य पीठ

भाग-6

केन्द्र या मध्य (भारत) में पांचवां और अन्तिम सत्यकाशी पीठ

सत्यकाशी पीठः स्थान

सत्यकाशी पीठः इतिहास और उद्देश्य

पाँचवाँ और अंतिम शंकराचार्य पीठः इसकी विशेषता

"हिन्दू धर्म की जो पकड़ थी, वह इस समय कमजोर पड़ गयी है क्योंकि भारतीय स्वतंत्रता आन्दोलन के समय से राजनेताओं का वर्चस्व बढ़ा और उन्होंने धर्म रक्षकों को दबा दिया, जिसके परिणामस्वरूप 163 साल तक शंकराचार्य की पदवी खाली रही। इसलिए आवश्यक है कि शिक्षा के क्षेत्र में धर्म की स्थापना हो। स्वस्थ एवं श्रेष्ठ साहित्य का सृजन हो। महापुरूषों को घूम-घूम कर सनातन धर्म का प्रचार-प्रसार करना चाहिए जिससे लोगों के हृदय में भारतीय धर्म-शास्त्र के प्रति आस्था-विश्वास बढ़े।"

- स्वामी स्वरूपानन्द (द्वारिका पीठाधीश्वर जगद्गुरू शंकराचार्य)
साभार - दैनिक आज, समाचार पत्र, वाराणसी, दि0 10-5-1997

स्पष्टिकरण

सत्य से सार्वभौम सत्य-सिद्धान्त तक का मार्ग अवतारों का मार्ग है। सार्वभौम सत्य-सिद्धान्त की अनुभूति ही अवतरण है। इसके अंश अनुभूति को अंश अवतार तथा पूर्ण अनुभूति को पूर्ण अवतार कहते है। ग्रन्थों में अवतारों की कई कोटि बतायी गई है जैसे अंशाशावतार, अंशावतार, आवेशावतार, कलावतार, नित्यावतार, युगावतार इत्यादि, जो भी सार्वभौम सत्य-सिद्धान्त को व्यक्त करता है वे सभी अवतार कहलाते हैं। व्यक्ति से लेकर समाज के सर्वोच्च स्तर तक सार्वभौम सत्य-सिद्धान्त को व्यक्त करने के क्रम में ही विभिन्न कोटि के अवतार स्तरबद्ध होते हैं। अवतार मानव मात्र के लिए ही कर्म करते हैं न कि किसी विशेष मानव समूह या सम्प्रदाय के लिए। अवतार, धर्म, धर्मनिरपेक्ष व सर्वधर्मसमभाव से युक्त अर्थात एकात्म से युक्त होते है। इस प्रकार अवतार से उत्पन्न शास्त्र मानव के लिए होते हैं, न कि किसी विशेष मानव समूह के लिए। उत्प्रेरक, शासक और मार्गदर्शक आत्मा सर्वव्यापी है। इसलिए एकात्म का अर्थ संयुक्त आत्मा या सार्वजनिक आत्मा है। अवतारों के प्रत्यक्ष और प्रेरक दो कार्य विधि हैं। प्रत्यक्ष अवतार वे होते हैं जो स्वयं अपनी शक्ति का प्रत्यक्ष प्रयोग कर समाज का सत्यीकरण करते हैं। यह कार्य विधि समाज में उस समय प्रयोग होता है जब अधर्म का नेतृत्व एक या कुछ मानवों पर केन्द्रित होता है। प्रेरक अवतार वे होते हैं जो स्वयं अपनी शक्ति का अप्रत्यक्ष प्रयोग कर समाज का सत्यीकरण जनता एवं नेतृत्वकर्ता के माध्यम से करते हैं। यह कार्य विधि समाज में उस समय प्रयोग होता है जब समाज में अधर्म का नेतृत्व अनेक मानवों और नेतृत्वकर्ताओं पर केन्द्रित होता है।

इन विधियों में से कुल दस अवतारों में से प्रथम सात (मत्स्य, कूर्म, वाराह, नृसिंह, वामन, परशुराम, राम) अवतारों ने समाज का सत्यीकरण प्रत्यक्ष विधि के प्रयोग द्वारा किया था। आठवें अवतार (श्रीकृष्ण) ने दोनों विधियों प्रत्यक्ष ओर प्रेरक का प्रयोग किया था। नवें (भगवान बुद्ध) और अन्तिम दसवें अवतार की कार्य विधि प्रेरक ही है।

सनातन अद्वैत दर्शन के अनुसार यह जगत ही ईश्वर का दृश्य रूप है। ऐसे में सभी ईश्वर हैं। सभी ईश्वर के बहुरूप हैं और सभी में प्रकाशित वही ईश्वरीय सत्ता है। सार्वभौम एकात्म की ओर ले जाने वाले सभी प्रक्षेपित

मानक चरित्र सनातन हैं जैसे ब्रह्मा परिवार, विष्णु परिवार और महेश परिवार। इस सार्वभौम एकात्म की ओर विचार व्यक्त करने वाला अर्थात उसी का प्रचार-प्रसार व स्थापना करने वाला युगावतार तो नहीं हो सकता लेकिन वह अवतार अवश्य होता है क्योंकि उसने भी उस सार्वभौम सत्य-सिद्धान्त का साक्षात्कार किया है।

ईश्वर के मानवीयकरण व मानव के ईश्वरीयकरण के लिए आपके भौतिक शरीर से व्यक्त विश्वात्मा की इच्छा को धर्म क्षेत्र से नाम कर्मवेदः प्रथम, अन्तिम तथा पंचम वेद एवं धर्मनिरपेक्ष क्षेत्र से मन का विश्वमानकः शून्य श्रृंखला समाहित "विश्वशास्त्र-द ना ॅलेज आ ॅफ फाइनल ना ॅलेज" के रूप में पूर्ण किया जा चुका है। जिसमें पुराणों का धर्मनिरपेक्ष और सर्वधर्मसमभाव रूप भी सम्पूर्ण मानव जाति को स्पष्ट दृष्टिगत होगा। परिणामस्वरूप भारतीय धर्म शास्त्रों के प्रति विश्वव्यापी आस्था बढ़ना स्वाभाविक है। साथ ही अनेक सत्य-साहित्यों की रचना के लिए भी मार्ग प्रशस्त और रचना कर दिये गये हैं।

तीनों देवताओं ब्रह्मा, विष्णु और शिव-शंकर के मूल गुणों के आधार पर उनके वास्तविक रुप अर्थात् चार वेदों को व्यक्त करने वाले चार मुखों से युक्त सृष्टिकर्ता ब्रह्मा का रुप, चार भुजाओं से युक्त पालनकर्ता विष्णु का रुप तथा ब्रह्मा और विष्णु समाहित पाँचों वेदों को व्यक्त करने वाले पाँच मुखों से युक्त कल्याणकर्ता शिव-शंकर का अन्तिम रुप, तीनों देवताओं का दिव्यरुप कहलाता है। इसी अनुसार शिव-शंकर के अवतार ही केवल पंचमुखी होते हैं। इसी क्रम में पंचमुखी हनुमान और वेद माता मां गायत्री को भी दिखाया गया है। इस अनुसार पांचवें वेद और पांचवें शंकराचार्य पीठ की स्थापना ही युग परिवर्तन की प्रक्रिया का आरम्भ और सनातन विश्व की ओर कदम है।

व्यक्ति-समाज-राज्य-विश्व की आवश्यकता, भविष्यवक्ताओं की भविष्यवाणीयां, ग्रहों के चालों, सूर्य व चन्द्र ग्रहण, सामाजिक-राजनीतिक विचारकों के विचार-सपनें-उम्मीद इत्यादि युग परिवर्तन की ओर दिशा निर्देश कर रहीं हैं। ऐसे में सृष्टि के लिए सार्वभौम सर्वोच्च अन्तिम अर्थों वाले शब्दों पर चर्चा ही एक मात्र युग परिवर्तन का मार्ग है।

आविष्कार उपयोगी होता है, आविष्कारक नहीं। रचना अधिक समय तक रहती है रचनाकार अदृश्य हो जाता है और रचना के आधार पर अन्य रचना भी होती रहती है।

सनातन विश्व के लिए समस्त प्रक्रिया 150 पुस्तकों के रूप में वेबसाइट

www.64inch.com

पर उपलब्ध है और कार्य समाप्त होता है। व्यक्ति और नेतृत्वकर्ता

अपने धर्म

का पालन करें, समाधान उपलब्ध हो चुका है।

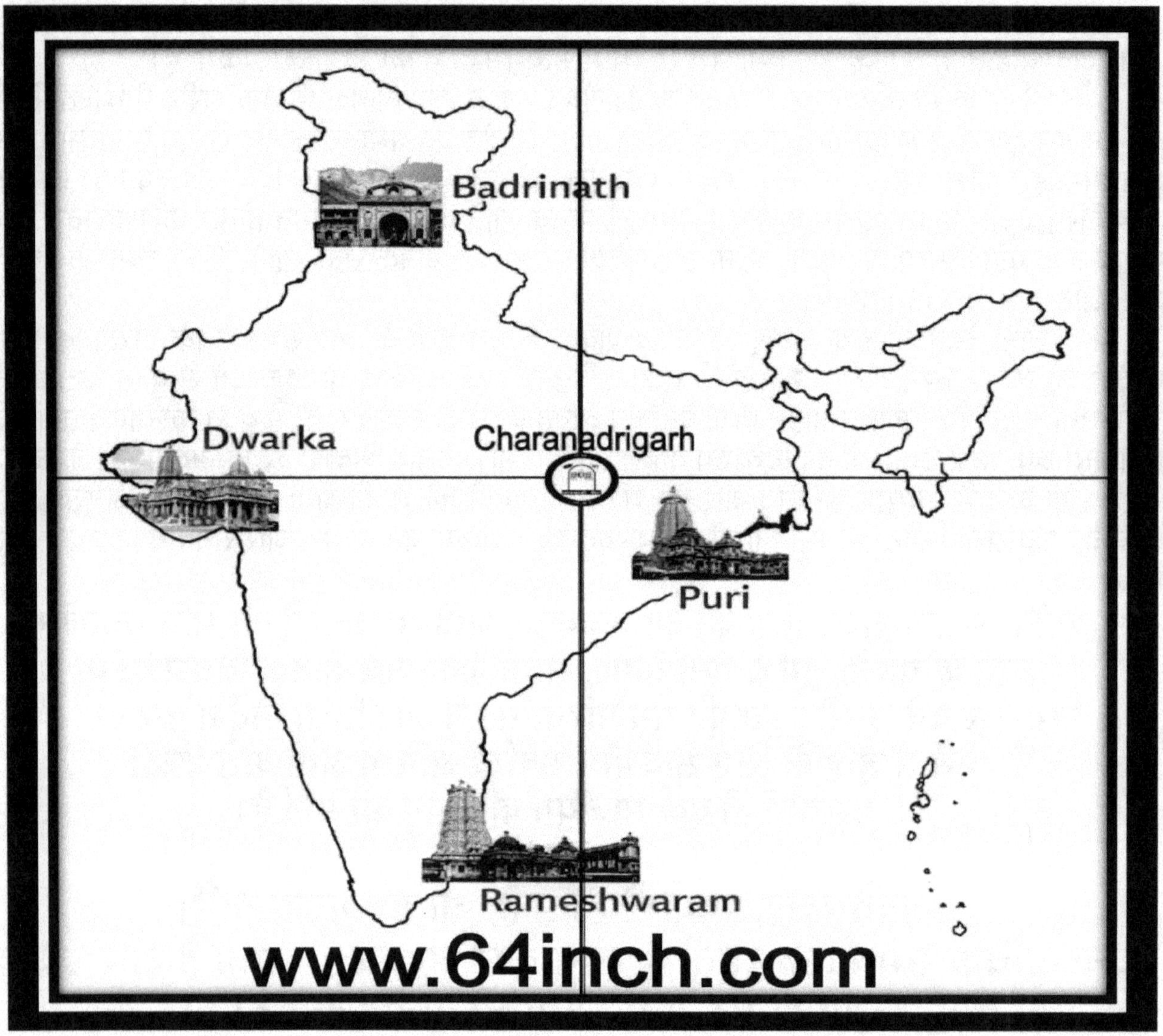

दिशा	पीठ का नाम/ स्थान	उद्देश्य	संबंधित वेद	महावाक्य	तत्व
उत्तर	बदरी ज्योतिर्मठ पीठ उत्तराखंड, जोशीमठ	ज्ञान और विवेक	अथर्ववेद	अयमात्मा ब्रह्म (यह आत्मा ब्रह्म है)	वायु
दक्षिण	श्रींगेरी शारदा पीठ कर्नाटक, श्रींगेरी	स्थिरता और परंपरा	यजुर्वेद	अहम् ब्रह्मास्मि (मैं ब्रह्म हूँ)	पृथ्वी
पूर्व	पुरी गोवर्धनमठ पीठ ओडिशा, पुरी	भक्ति और समर्पण	ऋग्वेद	प्रज्ञानं ब्रह्म (चेतना ब्रह्म है)	जल
पश्चिम	द्वारका शारदा पीठ गुजरात, द्वारका	कर्म और संकल्प	सामवेद	तत्त्वमसि (तू ब्रह्म है)	अग्नि
केन्द्र या मध्य	सत्यकाशी पीठ उत्तर प्रदेश, चरणाद्रिगढ़	चेतना और एकत्व	कर्मवेद	सर्वे ब्रह्म (सभी ब्रह्म हैं)	आकाश

क्षिति, जल, पावक, गगन, समीरा। पंच तत्व मिलि बनेहु शरीरा ।।

सत्यकाशी पीठ: स्थान

मानव जीवन की यात्रा को हम चार स्तरों में देख सकते हैं - **संभल (Shambhal), संभला (Shambhala), ज्ञानगंज (Gyanganj) और संगरीला (Sangrila)**

संभल (Shambhal) को हम भौतिक जगत का प्रतीक मान सकते हैं। यह धरती पर बसा हुआ वास्तविक नगर है, जहाँ लोग रहते हैं, संघर्ष करते हैं और जीवन की यात्रा करते हैं। धार्मिक मान्यता के अनुसार यहाँ भविष्य में कल्कि अवतार का जन्म होगा। इसका अर्थ यह भी है कि संभल हमें यह याद दिलाता है कि परिवर्तन और नवजागरण हमेशा इसी सांसारिक धरती से प्रारंभ होता है।

संभला (Shambhala) आध्यात्मिक जगत का प्रतीक है। यह उस आदर्श समाज और चेतना की ओर संकेत करता है, जहाँ धर्म, करुणा और सत्य का शासन है। बौद्ध ग्रंथों में इसे एक अदृश्य, पवित्र राज्य बताया गया है। इसका दार्शनिक अर्थ यह है कि हर मनुष्य के भीतर एक संभला है - एक ऐसा क्षेत्र जहाँ शांति, संतुलन और धर्म की शक्ति हमेशा जीवित रहती है। यह हमारे भीतर के आदर्श और परम लक्ष्य का रूप है।

ज्ञानगंज (Gyanganj) गूढ़ और रहस्यमय चेतना का प्रतीक है। यह वह क्षेत्र है, जहाँ अमर योगी और सिद्ध रहते हैं, और जो साधारण दृष्टि से छिपा हुआ है। इसका अर्थ यह है कि सत्य और सर्वोच्च ज्ञान कभी सतही रूप में उपलब्ध नहीं होते, बल्कि गहन साधना और आंतरिक परिवर्तन से ही प्राप्त किए जा सकते हैं। ज्ञानगंज हमें यह सिखाता है कि परम सत्य अदृश्य है, परंतु साधना से प्रकट हो सकता है।

इस प्रकार, ये चारों स्तर - **भौतिक, आध्यात्मिक, गूढ़ और आदर्श** - मानव जीवन और चेतना की समग्र यात्रा का प्रतिनिधित्व करते हैं, जहाँ साधना, अनुभव और ज्ञान मिलकर आत्मा को पूर्णता की ओर ले जाते हैं।

इस प्रकार, इन तीनों को मिलाकर देखा जाए तो:

- **संभल** = जीवन और समाज का यथार्थ (भौतिक जगत)
- **संभला** = आदर्श और धर्म का उच्च स्वरूप (आध्यात्मिक जगत)
- **ज्ञानगंज** = रहस्यमय सत्य और अमर ज्ञान (गूढ़ जगत)

ये तीनों मिलकर मानव जीवन की पूर्ण यात्रा का संकेत देते हैं - भौतिक से आध्यात्मिक और फिर गूढ़ एवं परम सत्य तक।

संगरीला (Sangrila/Shangri-La) एक कल्पित पर्वतीय स्थल है, जिसे आदर्श समाज और शांति का प्रतीक माना जाता है। यह जगह सामान्य दृष्टि से अदृश्य या दूरस्थ मानी जाती है, जहाँ जीवन सुखमय, स्वस्थ और सामंजस्यपूर्ण होता है। दार्शनिक रूप से इसे मानव चेतना के उच्चतम स्तर, आत्मा की शांति और आदर्श जीवन का प्रतीक माना जाता है। **संगरीला (Sangrila)** का अर्थ यह भी है कि सच्ची खुशी और संतुलन केवल भीतर की यात्रा और साधना से ही प्राप्त होते हैं, बाहरी समृद्धि से नहीं।

1. **शब्द-संदर्भ में**: "Sangrila" अक्सर "Shangri-La" का रूपांतर होता है, जो कि एक कल्पित, आदर्श, रहस्यमयी और शांति-पूर्ण स्थान है।
2. **दार्शनिक/आध्यात्मिक संदर्भ में**: इसे ज्ञानगंज या संभला जैसे गूढ़ और रहस्यमयी क्षेत्रों के समान माना जा सकता है।
3. **अन्य संदर्भ**: यदि यह किसी किताब, स्थान या परियोजना का नाम है, तो उसका अलग अर्थ हो सकता है।

पीठ (Peeth) स्थापित करने की योजना

उद्देश्य और दर्शन तय करना

- पहले यह स्पष्ट करें कि पीठ का उद्देश्य क्या होगा:
    - **अद्वैत वेदांत का प्रचार**
    - **साधकों का प्रशिक्षण और मोक्ष की ओर मार्गदर्शन**
    - **धार्मिक शिक्षा, योग और ध्यान केंद्रित करना**
- पीठ का नाम "Satyakashi" इसलिए चुना गया है क्योंकि यह **सत्य और ज्ञान के प्रकाश का प्रतीक** है।

गुरु या आध्यात्मिक मार्गदर्शक

- पीठ को वैध और आध्यात्मिक मान्यता प्राप्त करने के लिए **एक योग्य गुरु या शिष्य परंपरा वाला व्यक्ति** आवश्यक है।
- गुरु का कार्य होगा:
    - **साधकों का प्रशिक्षण**
    - **धर्म और वेदांत का प्रचार**
    - **पीठ की प्रतिष्ठा बनाना**

स्थान और इमारत का चयन

- स्थान चुनते समय ध्यान दें:
    - **शांत और आध्यात्मिक वातावरण**
    - **साधकों के लिए आवास और साधना स्थल**
    - **भक्तों और पर्यटकों के आने-जाने की सुविधा**
- इमारत में हो सकते हैं:
    - मुख्य मंदिर / पूजा स्थल
    - ध्यान और साधना कक्ष
    - वेदांत शिक्षण कक्ष
    - गुरुकुल या आश्रम

धार्मिक और आध्यात्मिक गतिविधियाँ

- नियमित क्रियाएँ:

- **साधना, ध्यान और कीर्तन**
  - **वेदांत और शास्त्र अध्ययन**
  - **धार्मिक कार्यशालाएँ और प्रवचन**
- विशेष आयोजन:
  - **अस्थायी या वार्षिक उत्सव**
  - **अद्वैत वेदांत पर सेमिनार**
  - **साधक प्रशिक्षण शिविर**

समुदाय और साधकों का निर्माण

- पीठ केवल इमारत नहीं, **साधकों और भक्तों का केंद्र** होना चाहिए।
- इसके लिए करें:
  - सामाजिक और आध्यात्मिक गतिविधियों का आयोजन
  - साधकों के लिए निवास और शिक्षा सुविधाएँ
  - पीठ का प्रचार: पुस्तकों, वेबसाइट और सामाजिक मंचों के माध्यम से

आधिकारिक मान्यता और नेटवर्क

- भारत में शंकराचार्य परंपरा के मुख्य पीठों के साथ **संपर्क और मार्गदर्शन**।
- नए पीठ को स्थानीय प्रशासन और धार्मिक संस्थानों से **मान्यता और सहयोग** दिलाना।
- अन्य पीठों और गुरु परिषदों के साथ **संवाद और सहयोग**।

दीर्घकालीन योजना

- पीठ को स्थायी और प्रतिष्ठित बनाने के लिए:
  - नियमित साधना और शिक्षा कार्यक्रम
  - नए साधकों और भक्तों को जोड़ना
  - पीठ के **अध्यात्मिक, सामाजिक और शैक्षिक प्रभाव** को बढ़ाना

निष्कर्ष:

नया **Satyakashi Peeth** बनाया जा सकता है, लेकिन यह केवल इमारत नहीं, बल्कि **ज्ञान, साधना और आध्यात्मिक मार्गदर्शन का केंद्र** होना चाहिए। एक योग्य गुरु, साधक समुदाय और सही दृष्टिकोण इसके लिए अनिवार्य हैं।

अन्तिम अवतार कल्कि
का संभल (Shambhal), संभला (Shambhala), ज्ञानगंज (Gyanganj) और संगरीला (Sangrila) से सम्बन्ध

इसका उत्तर गहराई से समझा जाए तो यह केवल भूगोल या कथा का नहीं, बल्कि चेतना के विकास का रहस्य है।

1. संभल (Shambhal) - अवतार का धरातल

हिन्दू ग्रन्थों में कहा गया है कि **कल्कि अवतार का जन्म 'संभल' नामक स्थान पर होगा।** यह स्थान भौतिक जगत में मौजूद है - उत्तर प्रदेश का एक नगर, परंतु प्रतीक रूप से यह मानवता के भीतर जन्म लेती दिव्यता का संकेत है। जब धर्म क्षीण होता है, तब वही संभल - अर्थात् "संभलने का बिंदु" - अवतार का आधार बनता है।

संभल = पृथ्वी पर दिव्यता का उद्भव बिंदु।

2. संभला (Shambhala) - धर्मराज्य या दिव्य व्यवस्था

बौद्ध और हिन्दू दोनों परम्पराओं में **Shambhala** को धर्म का गुप्त राज्य माना गया है। बौद्ध ग्रंथ 'कालचक्र तंत्र' में कहा गया है कि जब अधर्म चरम पर होगा, तब Shambhala से एक राजा प्रकट होगा जो अधर्म का अंत करेगा - यह प्रतीक रूप से **कल्कि अवतार का ही वर्णन** है।

संभला = दिव्य शासन या धर्मराज्य, जहाँ से कल्कि की प्रेरणा उठती है।

3. ज्ञानगंज (Gyanganj) - सिद्धों का अदृश्य लोक

ज्ञानगंज को अमर योगियों का क्षेत्र कहा जाता है, जहाँ से विश्व के आध्यात्मिक प्रवाह को दिशा मिलती है। कई सिद्ध परंपराएँ मानती हैं कि कल्कि का आध्यात्मिक मार्गदर्शन इन्हीं योगियों द्वारा किया जाएगा।

ज्ञानगंज = दिव्य ऊर्जा और योगिक शक्ति का स्रोत, जहाँ से कल्कि को आत्मिक बल प्राप्त होगा।

4. संगरीला (Sangrila / Shangri-La) - आदर्श समाज या चेतना का चरम स्वरूप

संगरीला का विचार पश्चिमी और तिब्बती रहस्य परंपराओं में आता है - एक अमर, शांति-पूर्ण, आदर्श स्थान, जहाँ कोई रोग, संघर्ष या अधर्म नहीं होता। यह उस अवस्था का प्रतीक है जो **कल्कि युग के बाद की सृष्टि** होगी - अर्थात सत्ययुग का पुनर्स्थापन।

संगरीला = वह दिव्य युग या चेतना का चरम, जो कल्कि अवतार के कार्य का परिणाम है।

सारांश (संक्षेप में सम्बन्ध)

स्तर	प्रतीक	सम्बन्ध कल्कि से
संभल (Shambhal)	भौतिक जन्मभूमि	कल्कि अवतार का पृथ्वी पर अवतरण
संभला (Shambhala)	दिव्य धर्मराज्य	धर्म का पुनःस्थापन करने की शक्ति का उद्गम
ज्ञानगंज (Gyanganj)	गूढ़ योगिक लोक	कल्कि को आत्मिक दिशा और सिद्ध शक्ति का आधार
संगरीला (Sangrila)	आदर्श चेतना का युग	कल्कि कार्य का अंतिम परिणाम - पुनः सत्ययुग

अर्थात् -

संभल में कल्कि अवतरित होते हैं, संभला से उन्हें धर्म की प्रेरणा मिलती है, ज्ञानगंज से योगिक शक्ति, और संगरीला उनके कार्य का लक्ष्य है - सत्य और शांति का पुनर्स्थापन।

सत्यकाशी पीठ: योग्य स्थान

इस संसार को अन्तिम सन्देश देने से पहले आपको उस क्षेत्र से परिचय कराना चाहता हूँ जिस क्षेत्र से यह सन्देश देने का साहस किया गया है क्योंकि कोई भी क्रिया बिना कारण के नहीं होती।

समस्त मूल कार्य जिस क्षेत्र से सम्पूर्ण हुआ, उस क्षेत्र को सत्यकाशी क्षेत्र कहता हूँ और जिस ग्राम का निवासी हूँ वह काशी (वाराणसी) के चौरासी कोस यात्रा तथा सत्यकाशी क्षेत्र का उभय क्षेत्र में स्थित है। इसलिए जितना काशी (वाराणसी) का हूँ उतना ही सत्यकाशी का हूँ। इस प्रकार यह सन्देश काशी-सत्यकाशी का संयुक्त सन्देश है।

सत्यकाशी क्षेत्र जो काशी (वाराणसी), विन्ध्याचल, शिवद्वार और सोनभद्र के बीच का क्षेत्र है, एक पौराणिक-आध्यात्मिक और साधना के लिए उपयुक्त क्षेत्र के रूप में प्राचीन काल से आकर्षण में रहा है। इस क्षेत्र का हृदय क्षेत्र चुनार है। चुनार का किला राजा विक्रमादित्य ने अपने भाई भर्तहरि के तपस्या में हिंसक जानवरों द्वारा व्यवधान न उत्पन्न हो इसके लिए बनवाया था। ये राजा विक्रमादित्य वही हैं जिनके नाम से विक्रम सम्वत् कैलेण्डर स्थापित है। चुनार ईश्वर के पाँचवें अवतार-वामन अवतार का क्षेत्र है जिनसे समाज की शक्ति का प्रथम जन्म हुआ था।

सत्यकाशी क्षेत्र के चारों कोण पर स्थित

1. काशी (वाराणसी) का अपना प्राचीन और पुरातन इतिहास है जो सर्वविदित है।
2. विन्ध्याचल, जो शिव-शक्ति के उपासना का अद्‌भुत केन्द्र है। यशोदा से उत्पन्न पुत्री (जिनके बदले श्रीकृष्ण प्राप्त हुये थे) महासरस्वती अष्टभुजा देवी के नाम से यहीं स्थापित हैं। भारत देश का मानक समय माँ विन्ध्यवासिनी धाम से तय होता है। पुराणों के अनुसार रावण ने भी इसे मानक समय स्थल मानकर यहाँ शिवलिंग की स्थापना की थी।
3. शिवद्वार, त्रिकोणीय तान्त्रिक साधना के लिए जगत विख्यात था और साधना की राजधानी था। इसे ही मीरजापुर गजेटियर में गुप्तकाशी की संज्ञा से अभिकल्पित किया गया है।
4. सोनभद्र, सोन संस्कृति की पौराणिक पृष्ठभूमि वैदिककालीन सभ्यता की पराकाष्ठापरक ऐतिहासिकता से सम्बद्ध है। सन्त परम्पराओं का एक महत्वपूर्ण परिव्रजन इस क्षेत्र में हुआ जिसमें शैव व शाक्त प्रमुख थे। शैव सम्प्रदाय से जुड़े अघोर तन्त्र ने इसे बहुत सराहा और इसे अपनी कर्मभूमि बना लिया। सोन नद के तट पर शव छेदन क्रिया की भी प्रशिक्षा आयुर्वेद के जिज्ञासुओं को दी जाती थी। शैव तन्त्र से प्रभावित अघोर तन्त्र शव-साधना में सिद्धहस्त था और शव में इकार की प्राण प्रतिष्ठा का जीवन्त रूप शिव को दे देना इनकी अलौकिक साधना का चरमोत्कर्ष है। अघोरपन्थी नाम के पश्चात् "राम" का प्रयोग करते थे। इस क्षेत्र में सवर्ण वर्ग में प्रायः ब्राह्मण वर्ग भी राम का प्रयोग अपने नाम में करता है। इस क्षेत्र में पाशुपात तन्त्र के महान साधक लोरिक का नाम विशेष है।

उपरोक्त तो अति संक्षिप्त परिचय है विस्तार से "विश्वशास्त्र" के अध्याय-दो में प्रकाशित है, जिस क्षेत्र से ये विश्व ऐतिहासिक अन्तिम, अपरिवर्तनीय और अटलनीय सन्देश देने का साहस किया गया है।

भौतिक रूप से सत्यकाशी पीठ के लिए योग्य स्थान सत्यकाशी क्षेत्र ही है। सत्यकाशी पीठ उसी अद्वैत वेदान्त पर आधारित है। जिस के आधार पर आदि शंकाराचार्य द्वारा चार पीठों की स्थापना की थी। युग परिवर्तन के लिए आदि शंकाराचार्य द्वारा स्थापित चार पीठों के वर्तमान शंकाराचार्यों का यह दायित्व है कि वे इस श्रृंखला को आगे बढ़ाते हुये धर्म के वैश्विक स्थापना के लिए आगे आयें।

सत्यकाशी पीठ: इतिहास और उद्देश्य

भारत का इतिहास केवल राजाओं और युद्धों का इतिहास नहीं है,
बल्कि यह **चेतना के विकास का इतिहास** है।
हर युग में जब धर्म और राजनीति के बीच संतुलन बिगड़ता है,
तो कोई न कोई पीठ उस संतुलन को पुनर्स्थापित करने के लिए जन्म लेती है।

ऐसा ही एक अद्वितीय उदय है -
"सत्यकाशी पीठ" का,
जो मानवता के अगले अध्याय की भूमिका बन चुका है।

"जहाँ ज्ञान शासन को दिशा देता है,
वहीं शासन धर्म का साधन बन जाता है।"

काशी से सत्यकाशी तक: चेतना की यात्रा

प्राचीन काशी को "मोक्षभूमि" कहा गया,
क्योंकि वहाँ ज्ञान और मृत्यु - दोनों के रहस्य सिखाए जाते थे।
पर सत्यकाशी - ज्ञान का अगला आयाम है।
यह मृत्यु से मुक्ति नहीं, बल्कि **अज्ञान से मुक्ति** की भूमि है।

तीन चरणों में यह यात्रा समझी जा सकती है:

1. **काशी** - व्यक्तिगत मुक्ति का केंद्र।
2. **महाकाशी** - सार्वभौमिक चेतना का केंद्र।
3. **सत्यकाशी** - वैश्विक एकत्व और अद्वैत शासन का केंद्र।

"काशी आत्मा की दीक्षा है,
सत्यकाशी आत्मा का शासन है।"

स्थापना का उद्देश्य

सत्यकाशी पीठ का जन्म केवल धार्मिक नहीं,
बल्कि आध्यात्मिक-राजनीतिक समन्वय की आवश्यकता से हुआ।
विश्व में बढ़ती भौतिकता, असमानता, और नैतिक संकट के बीच
इस पीठ का उद्देश्य है -

1. **धर्म और शासन के बीच अद्वैत संबंध पुनः स्थापित करना।**
2. **राजनीति को आत्मा से जोड़ना।**
3. **विज्ञान, धर्म, और समाज - तीनों का एक समग्र मॉडल प्रस्तुत करना।**

इसके चार प्रमुख सूत्र:

- **धर्म = चेतना की नीति**
- **राजनीति = सेवा की क्रिया**
- **अर्थनीति = संतुलन की व्यवस्था**
- **विज्ञान = सत्य की खोज**

सत्यकाशी की परंपरा और वंश

सत्यकाशी पीठ किसी व्यक्ति द्वारा स्थापित संस्था नहीं है -
यह **ब्रह्म परंपरा का विस्तार** है।
आदि शंकराचार्य ने चार दिशाओं में चार पीठें स्थापित कीं -
पूर्व, पश्चिम, उत्तर, दक्षिण -
जो वेद, धर्म और आत्मज्ञान के केंद्र बने।

परंतु कालान्तर में जब राजनीति धर्म से अलग और धर्म समाज से अलग हुआ,
तो **पाँचवीं पीठ** की आवश्यकता पड़ी -
जो अद्वैत दर्शन को शासन की नीतियों में उतार सके।

"चार पीठों ने धर्म को जीवित रखा,
पाँचवीं पीठ उसे जीवन में उतारेगी।"

सत्यकाशी का उद्देश्य – धर्म का पुनर्निर्माण, शासन का पुनर्जागरण

आज की मानवता धर्म को या तो संप्रदाय मानती है या अनुष्ठान।
पर सत्यकाशी कहता है -

"धर्म = जीवन की वैज्ञानिक व्यवस्था।"

इस पीठ का उद्देश्य है -
धर्म को **व्यवहार में**, राजनीति को **सेवा में**,
और विज्ञान को **चेतना में** बदलना।

इसके तीन प्रमुख लक्ष्य:

1. **आध्यात्मिक शासन (Spiritual Governance):**
   जहाँ नीतियाँ करुणा और सत्य पर आधारित हों।
2. **चेतना आधारित शिक्षा (Conscious Education):**
   जहाँ बच्चों को ज्ञान नहीं, आत्मा से जोड़ने की विधि सिखाई जाए।
3. **वैश्विक समरसता (Global Oneness):**
   जहाँ राष्ट्रवाद का स्थान "मानववाद" ले ले।

सत्यकाशी और मानवता का भविष्य

सत्यकाशी केवल एक धार्मिक केंद्र नहीं,
बल्कि मानवता का भविष्य मॉडल है।

यह वह स्थान है जहाँ -

- विज्ञान और वेदांत मिलते हैं,
- राजनीति और करुणा जुड़ते हैं,
- और व्यक्ति स्वयं में "राजऋषि" बनता है।

"जब शासक साधक बन जाएगा,
तब ही पृथ्वी पर धर्मराज्य स्थापित होगा।"

निष्कर्ष

सत्यकाशी पीठ का इतिहास कोई कालखंड नहीं,
बल्कि एक **युग की उद्घोषणा** है।
यह उस समय का प्रतीक है
जब ब्रह्मज्ञान शासन का केंद्र बनेगा,
और शासन ब्रह्म की सेवा बन जाएगा।

"सत्यकाशी केवल एक स्थान नहीं -
वह चेतना की वह ज्योति है
जो युगों से अंधकार में जलती रही है।"

पाँचवाँ और अंतिम शंकराचार्य पीठ: इसकी विशेषता

आदि शंकराचार्य ने चार दिशाओं में चार पीठों की स्थापना की -
उत्तर में **ज्योतिर्मठ (बद्रीनाथ)**,
दक्षिण में **श्रृंगेरी पीठ**,
पूर्व में **गौड़पीठ (पुरी)**,
और पश्चिम में **द्वारका शारदापीठ**।

इन चारों पीठों ने धर्म की लौ को जलाए रखा -
ज्ञान, भक्ति, कर्म और योग - चारों मार्गों के संतुलन से।
परंतु जैसे-जैसे युग आगे बढ़ा,
मानवता की चुनौती केवल धर्म रक्षा नहीं रही,
बल्कि **धर्म को शासन, विज्ञान और समाज में जीवित रखना** बन गई।

इसी आवश्यकता से जन्म लेता है -
पाँचवाँ और अंतिम शंकराचार्य पीठ - "सत्यकाशी पीठ।"

"चार पीठों ने धर्म को सुरक्षित रखा,
पाँचवाँ पीठ धर्म को सार्वभौमिक बना देगा।"

पाँचवाँ पीठ क्यों आवश्यक हुआ

शंकराचार्य का कार्य केवल धार्मिक पुनर्जागरण नहीं था;
वह चेतना की क्रांति थी।
उनकी परंपरा ने अद्वैत का सिद्धांत दिया -
कि **सभी भिन्नताएँ एक ही परमसत्य की लहरें हैं।**

परंतु आधुनिक युग में -

- धर्म राजनीति से अलग हुआ,
- ज्ञान आस्था से अलग हुआ,

- और मनुष्य स्वयं अपने अस्तित्व से अलग हो गया।

ऐसे समय में आवश्यक था
कि अद्वैत केवल दर्शनशास्त्र न रह जाए,
बल्कि राजनीति और जीवन का सिद्धांत बन जाए।
इसी हेतु स्थापित हुआ -
सत्यकाशी पीठ - पाँचवाँ और अंतिम शंकराचार्य पीठ।

इसकी स्थापना का प्रतीकात्मक अर्थ

चार पीठें **चार तत्वों (पृथ्वी, जल, अग्नि, वायु)** से संबंधित हैं,
जबकि पाँचवाँ पीठ **आकाश तत्व** का प्रतीक है -
अर्थात् सर्वव्यापक चेतना।

दिशा	पीठ	तत्व	उद्देश्य
पूर्व	पुरी (गौड़)	जल	भक्ति और समर्पण
पश्चिम	द्वारका	अग्नि	कर्म और संकल्प
उत्तर	ज्योतिर्मठ	वायु	ज्ञान और विवेक
दक्षिण	श्रृंगेरी	पृथ्वी	स्थिरता और परंपरा
केंद्र	**सत्यकाशी**	**आकाश**	**चेतना और एकत्व**

"आकाश सबको जोड़ता है -
उसी तरह सत्यकाशी सभी परंपराओं को एक चेतना में जोड़ता है।"

पाँचवाँ पीठ - अद्वैत का आधुनिक रूप

सत्यकाशी पीठ का लक्ष्य अद्वैत को केवल ध्यान या उपनिषद तक सीमित नहीं रखना,
बल्कि उसे शासन और समाज की नीतियों में उतारना है।

इसका सार है -
"अद्वैत शासन" = ऐसा तंत्र जहाँ आत्मा और राज्य में कोई विभाजन न हो।
यह पीठ आत्मा-केन्द्रित राजनीति का सिद्धांत प्रस्तुत करती है -
जहाँ सत्ता साधना है,
शासन सेवा है,
और नेतृत्व तप है।

सत्यकाशी पीठ की पाँच विशेषताएँ

1. अद्वैत का संस्थागत रूप

यह पीठ अद्वैत को केवल तत्वज्ञान नहीं,
बल्कि संस्थागत चेतना बनाती है।
धर्म, शिक्षा, राजनीति, अर्थ और विज्ञान -
सभी को एकसूत्र में बाँधती है।

2. राजऋषि परंपरा का पुनर्जागरण

आदर्श शासक वही है जो साधक भी हो।
सत्यकाशी इस परंपरा को पुनर्जीवित करता है -
जहाँ राज्य का मार्गदर्शन ऋषियों द्वारा होता है।

3. विज्ञान और अध्यात्म का संगम

यह पीठ “Consciousness Studies” और “Spiritual Technology”
को एक साथ लाकर मानव चेतना के विकास को वैज्ञानिक दृष्टि देती है।

4. वैश्विक धर्म - Beyond Religion

सत्यकाशी का धर्म किसी संप्रदाय का नहीं,
बल्कि “मानवता की आत्मा” का है।
यह कहता है -

“जो सत्य को खोजता है, वही सनातन है।”

5. राज्य और आत्मा का समन्वय

यह पीठ बताती है कि शासन तंत्र तभी स्थायी है
जब वह आत्मिक अनुशासन पर आधारित हो।
यह “राजनीति का आध्यात्मिकीकरण” है,
जिसे भविष्य की सभ्यता का आधार माना गया है।

“अंतिम शंकराचार्य पीठ” क्यों कहा गया

चार पीठें धर्म की दिशा का प्रतीक थीं,
पाँचवाँ पीठ **धर्म की दिशा से परे उसकी पूर्णता** का प्रतीक है।
यह अब किसी भौगोलिक क्षेत्र के लिए नहीं,
बल्कि पूरे विश्व की चेतना के लिए है।

"जब मनुष्य का धर्म मानवता होगा,
तब सत्यकाशी पाँचवाँ ही नहीं, अंतिम पीठ सिद्ध होगा।"

सत्यकाशी पीठ का दार्शनिक आधार

इस पीठ की जड़ें तीन सूत्रों पर टिकी हैं -

1. **ब्रह्म सत्यम्** - सत्य सर्वत्र है।
2. **जगत् मिथ्या** - भेद, संप्रदाय और हिंसा केवल अज्ञान की छाया हैं।
3. **जीवो ब्रह्मैव नापरः** - प्रत्येक व्यक्ति ब्रह्म का ही अंश है।

यही दर्शन राजनीति में यह रूप लेता है -

दर्शन	राजनीतिक रूप
ब्रह्म सत्यम्	राज्य का आधार सत्य और नीति
जगत मिथ्या	जाति, रंग, धर्म से ऊपर समानता
जीवो ब्रह्मैव	प्रत्येक नागरिक में दिव्यता का सम्मान

निष्कर्ष

सत्यकाशी पीठ शंकराचार्य की परंपरा का समापन नहीं,
बल्कि उसका परिपूर्ण रूप है।
यह धर्म, राजनीति, और चेतना -
तीनों के संगम से एक नया युग **आरंभ करता है।**

"पहले चार पीठों ने दिशा दी,
पाँचवें ने दिशा को प्रकाश बना दिया।"

सत्यकाशी पीठ इसलिए अंतिम है -
क्योंकि यह अद्वैत को सिद्धांत नहीं,
बल्कि जीवित अनुभव बना देता है।

भाग-7

सत्यकाशी पीठ के कार्य

धारा-उद्धार: धर्म की पुनर्स्थापना

मनुष्य चेतना का रूपांतरण

साधना, दीक्षा और आध्यात्मिक अनुष्ठान

वैश्विक कार्य: मानवता के लिए संदेश

शिव-तत्व और कल्कि-तत्व का मिलन

"सार्वभौम सत्य-सिद्धान्त" पर आधारित "युग परिवर्तन श्रृंखला" के नवयुग के शास्त्र-साहित्य

धारा-उद्धार: धर्म की पुनर्स्थापना

सत्यकाशी पीठ का प्रथम और सर्वोपरि कार्य है-**धारा-उद्धार**, अर्थात वह दिव्य धारा जो युगों से मलीन, विभ्रांत या विकृत हो चुकी है, उसे पुनः शुद्ध स्वरूप में प्रवाहित करना। "धर्म" शब्द यहाँ किसी संप्रदाय, पद्धति या विचारधारा का नाम नहीं; धर्म का अर्थ है-**जगत की अंतर्निहित समरसता, सत्य और सृष्टि-नियम**।

जब युग बदलता है, धर्म की धारा अवरुद्ध हो जाती है।
सत्य केवल ग्रंथों में रह जाता है, इसके प्रयोग का बल खो जाता है।
लोग अनुष्ठान तो करते हैं, पररस के बिना;
मंत्र तो बोलते हैं, पर अर्थ के बिना;
धर्म का नाम तो लेते हैं, पर धर्म का जीवन नहीं जीते।

सत्यकाशी पीठ इस जड़ता को तोड़ता है।

यह धारा-उद्धार तीन प्रकार से होता है:

1. सत्य-दृष्टि का पुनर्जागरण

लोगों में सत्य को पहचानने और जीने की क्षमता पुनः सक्रिय होती है।
यह क्षमता बिना किसी प्रवचन-केवल चेतना-संक्रमण से जगती है।

2. धर्म का प्रयोगशाला-रूप

सत्यकाशी पीठ धर्म को जीवन के केंद्र में स्थापित करता है।
धर्म यहाँ सिद्धांत नहीं-व्यवहार और चरित्र का प्रवाह है।

3. युग-धर्म की घोषणा

हर युग का धर्म अलग होता है।
कलियुग से सतयुग में प्रवेश के लिए जो धर्म आवश्यक है-योग, करुणा, सत्य, उच्च चेतना, मानव-एकत्व-उसका पुनःस्थापन पीठ के मुख्य कार्यों में है।

इस प्रकार, धारा-उद्धार वह बीज है जिससे नए युग की पूरी फसल अंकुरित होती है।

मनुष्य चेतना का रूपांतरण

युग परिवर्तन का मूल आधार मनुष्य की बाहरी परिस्थितियाँ नहीं-उसकी **भीतर की चेतना** है। सत्यकाशी पीठ का दूसरा मुख्य कार्य इसी रूपांतरण से जुड़ा है।

मनुष्य आज बुद्धि में प्रबल है, पर चेतना में सुप्त।
ज्ञान बहुत है, पर विवेक कम।
सूचना बहुत है, पर अनुभूति नहीं।
असंतोष बहुत है, पर दिशा नहीं।

पीठ का उद्देश्य मनुष्य को बाहरी उपलब्धियों से हटाकर भीतर की यात्रा में प्रवेश कराना है।

रूपांतरण के चार चरण

1. जागरण (Awakening)

मनुष्य स्वयं से पहला प्रश्न पूछता है-"मैं कौन हूँ?"
यह प्रश्न जन्म देता है।

2. शुद्धि (Purification)

पुराने संस्कार, भय, भ्रम और अहंकार टूटने लगते हैं।

3. विस्तार (Expansion)

चेतना शरीर-मन से आगे बढ़कर सूक्ष्म और कारण-स्तरों को अनुभव करने लगती है।

4. परिणति (Realization)

मनुष्य अपने भीतर स्थित दिव्य-सत्ता को पहचान लेता है।
यही "नया मनुष्य" है-युग परिवर्तन का वाहक।

पीठ का कार्य प्रत्येक साधक को इन चार चरणों के मार्ग से गुज़ारना है-धीरे, सहज, और सामूहिक ऊर्जा के साथ।

साधना, दीक्षा और आध्यात्मिक अनुष्ठान

हर परिवर्तन की जड़ अनुशासन और साधना है।
सत्यकाशी पीठ में साधना केवल ध्यान या मंत्र नहीं-यह एक पूर्ण जीवन-शास्त्र है।

1. साधना (Spiritual Practice)

- आंतरिक शांति
- चेतना का विस्तार
- ऊर्जा का स्थिरीकरण
- स्मृति-शोधन
- आत्म-प्रकाश

पीठ की साधना आधुनिक मन के अनुसार सरल, गहरी और प्रभावकारी है।
यह शरीर, मन, प्राण और चेतना-सभी स्तरों पर काम करती है।

2. दीक्षा (Initiation)

दीक्षा बाहरी कर्म नहीं-ऊर्जा का आंतरिक स्थानांतरण है।
यह वह क्षण है जब साधक की चेतना में युग-ऊर्जा का बीज रोपा जाता है।
यह बीज धीरे-धीरे जागता है और साधक स्वयं एक “चेतना-केंद्र” बन जाता है।

3. अनुष्ठान (Rituals)

अनुष्ठान ब्रह्मांडीय ऊर्जा को पृथ्वी पर स्थिर करने के उपकरण हैं।
सत्यकाशी पीठ में अनुष्ठान प्राचीन और आधुनिक दोनों हैं-
वे बाहरी प्रतीकों से अधिक आंतरिक परिवर्तन पर आधारित हैं।

अनुष्ठान केवल पूजा नहीं-वे प्रकाश का आह्वान हैं।

वैश्विक कार्य - मानवता के लिए संदेश

सत्यकाशी पीठ का कार्य किसी एक देश, संस्कृति या समुदाय तक सीमित नहीं।
युग परिवर्तन हमेशा वैश्विक होता है-इसलिए उसका संदेश भी वैश्विक होता है।

आज मानवता कई स्तरों पर विभाजित है-
भाषा, धर्म, राजनीति, अर्थव्यवस्था, जाति, विचार।
पर चेतना का सत्य इन सभी से ऊपर है।

सत्यकाशी पीठ का वैश्विक संदेश यही है:

1. मानव एक है

भिन्नता केवल बाहरी है; भीतर सबमें एक ही प्रकाश विद्यमान है।

2. पृथ्वी हमारा साझा आश्रम है

मानवता को पृथ्वी-चेतना के साथ सुसंगत होना होगा।

3. धर्म संघर्ष नहीं-एकता का मार्ग है

सभी पवित्र परंपराएँ एक ही सत्य के भिन्न द्वार हैं।

4. विज्ञान और अध्यात्म एक-दूसरे के पूरक हैं

दुनिया का नया युग तभी जन्म लेगा जब विज्ञान चेतना को समझेगा, और अध्यात्म विज्ञान को अपनाएगा।

5. कल्कि-ऊर्जा सार्वभौमिक है

यह ऊर्जा किसी राष्ट्र का, पंथ का, या समूह का स्वामित्व नहीं;
यह सम्पूर्ण मानवता का जन्मसिद्ध अधिकार है।

सत्यकाशी पीठ का उद्देश्य इसी संदेश को विश्व तक पहुँचाना है-शब्द, कला, ध्यान, साधना, विज्ञान और ऊर्जा के माध्यम से।

शिव-तत्व और कल्कि-तत्व का मिलन

युग परिवर्तन का अंतिम रहस्य दो महाशक्तियों के मिलन में निहित है-
शिव-तत्व और **कल्कि-तत्व**।

शिव-तत्व

संहार, मौन, तत्त्व-ज्ञान, समाधि और शून्य का प्रतिनिधि।
यह सभी रूपों का विसर्जन है-स्रोत में लौटना।

कल्कि-तत्व

नव-सृष्टि, धर्मस्थापन, ऊर्जा का उत्थान और युग-चक्र का पुनर्मूल्यांकन।
यह समय को पुनः संतुलित करने वाली शक्ति है।

दोनों का मिलन तब होता है जब:

- पुराना युग समाप्त हो रहा हो
- नया युग जन्म ले रहा हो
- पृथ्वी अपनी चेतना बदल रही हो
- मानवता परिवर्तन की पुकार कर रही हो

शिव-तत्व पुरातन को शून्य करता है,
और उसी शून्य में कल्कि-तत्व नया ब्रह्मांडीय क्रम स्थापित करता है।

सत्यकाशी पीठ इसी मिलन का केंद्र है-
जहाँ **शिव का मौन** और **कल्कि का उदय**
एक साथ कार्य करते हैं।

यही मिलन युग के नये चक्र की शुरुआत है-
यहीं से सतयुग का नया सूर्योदय होता है।

"सार्वभौम सत्य-सिद्धान्त" पर आधारित "युग परिवर्तन श्रृंखला" के नवयुग के शास्त्र-साहित्य

विभिन्न सम्प्रदाय (धर्म), जाति, मत, दर्शन इत्यादि में विभाजित इस मानव समाज में वर्तमान तथा आने वाले भविष्य के समय की मूल आवश्यकता है- मानव के मनो का एकीकरण अर्थात मानव मन का भूमण्डलीकरण एवं ब्रह्माण्डीयकरण। इसकी आवश्यकता इसलिए भी है क्योंकि मानव अपने विज्ञान व तकनीकी ज्ञान से प्राप्त संसाधनो का प्रयोग करते हुये, एक तरफ तो ब्रह्माण्ड की ओर चल पड़ा है तो दुसरी तरफ विध्वंस के लिए अनेक हथियारों का भी निर्माण कर चुका है। ऐसी स्थिति में हमें निश्चित रूप से ऐसे एकीकरण की आवश्यकता है जिससे हम इस पृथ्वी से मानसिक स्तर के विवादों को समाप्त कर सकें।

माया सभ्यता के अनुसार विश्व के मानव समाज यह भी मान रहें हैं कि 21 दिसम्बर, 2012 को दुनिया का अन्त हो जायेगा। जबकि हिन्दू धर्म शास्त्र विष्णु पुराण, भागवत पुराण, अग्नि पुराण, गरूड़ पुराण, पद्म पुराण इत्यादि में भगवान के दसवें और महाअवतार "कल्कि" का होना अभी शेष है। जिनसे कलियुग के अंधकार व विनाश को समाप्त करने का कार्य सम्पन्न होगा, साथ ही सत्ययुग का आरम्भ होगा। सिक्ख धर्म के पवित्र ग्रन्थ "दशम् ग्रन्थ" में भी "कल्कि अवतार" का वर्णन मिलता है।

सृजन और विनाश, का स्तर शारीरिक, आर्थिक व मानसिक होता है। जो एक व्यक्ति, समाज, देश और विश्व राष्ट्र के लिए होता है। व्यक्ति पर हुये शारीरिक, आर्थिक व मानसिक सृजन और विनाश को व्यक्ति ही अनुभव करता है परन्तु समाज, देश और विश्व राष्ट्र पर हुये शारीरिक, आर्थिक व मानसिक सृजन व विनाश को सार्वजनिक रूप से सभी देखते है। समाज, देश और विश्व राष्ट्र पर शारीरिक व आर्थिक सृजन और विनाश वर्तमान में तो चल ही रहा है जिसे सार्वजनिक रूप से मानव समाज देख रहा है।

भौतिकवादी पश्चिमी संस्कृति किसी भी सृजन व विनाश को मानसिक स्तर पर सोच ही नहीं सकता क्योंकि वह समस्त क्रियाकलाप को बाह्य जगत में ही घटित होता समझाता है जबकि वर्तमान समय मानसिक स्तर पर विनाश व सृजन का है। इस आधार पर यह कहा जा सकता है कि माया सभ्यता के अनुसार 21 दिसम्बर, 2012 को जो विनाश व सृजन होगा, वह मानसिक स्तर का ही होगा। जिसके परिणामस्वरूप सभी सम्प्रदाय, मत, दर्शन एक उच्च स्तर के विचार या सत्य में विलीन अर्थात विनाश को प्राप्त करेगा। फलस्वरूप उच्च स्तर के विचार या सत्य में स्थापित होने से सृजन होगा। कुल मिलाकर माया सभ्यता के कैलेण्डर का अन्त तिथि 21 दिसम्बर, 2012, दुनिया के अन्त की तिथि नहीं बल्कि वह वर्तमान युग के अन्त की अन्तिम तिथि का अनुमान है जिसके बाद नये युग का आरम्भ होगा।

ईश्वर भी इतना मूर्ख व अज्ञानी नहीं है कि वह स्वयं को इस मानव षरीर में पूर्ण व्यक्त किये बिना ही दुनिया को नष्ट कर दे। इसके सम्बन्ध में हिन्दू धर्म शास्त्रों में सृष्टि के प्रारम्भ के सम्बन्ध में कहा गया है कि- "ईश्वर ने इच्छा व्यक्त की कि मैं एक हूँ, अनेक हो जाऊँ"। इस प्रकार जब वही ईश्वर सभी में है तब निश्चित रूप से जब तक सभी मानव ईश्वर नहीं हो जाते तब तक दुनिया के अन्त होने का कोई प्रश्न ही नहीं उठता। और विकास क्रम चलता रहेगा।

21 दिसम्बर, 2012 के बाद का समय नये युग के प्रारम्भ का समय है जिसमें ज्ञान, ध्यान, चेतना, भाव, जन, देश, विश्व राष्ट्र, आध्यात्मिक जागरण, मानवता इत्यादि का विश्वव्यापी विकास होगा। परिणामस्वरूप सभी मानव को ईश्वर रूप में स्थापित होने का अवसर प्राप्त होगा। और यही विश्व मानव समाज की मूल आवश्यकता है। प्राचीन वैदिक काल में समाज को नियंत्रित करने के लिए ज्ञानार्जन सबके लिए खुला नहीं था परन्तु वर्तमान और भविष्य की आवश्यकता यह है कि समाज को नियंत्रित करने के लिए सभी को पूर्ण ज्ञान से युक्त कर सभी के लिए ज्ञान को खोल दिया जाय। यही कारण था कि वेद को प्रतीकात्मक रूप में लिख कर गुरू-शिष्य परम्परा द्वारा उसकी व्याख्या की जाती रही थी जिससे राजा और समाज को नियंत्रण में रखा जा सके।

सभी मानव को ईश्वर रूप में स्थापित होने के लिए जो माध्यम चाहिए वह है-"एकात्म विज्ञान" व "ईश्वर शास्त्र" विषय से मानव को शिक्षित करना और शिक्षा पाठ्यक्रम में अनिवार्य रूप से अध्ययन के लिए शामिल कराया जा सके।

"सार्वभौम सत्य-सिद्धांत"पर आधारित "युग परिवर्तन श्रृंखला" मानवता के अगली पीढ़ी के उदय के लिए

"नये युग" में "नये भारत" के लिए "नवीन मान-राग-प्राण" पर आधारित क्रियान्वयन प्रणाली (Operation System)-मानव-10 (MANAV-10) की पुस्तकें

यह नई पीढ़ी (Gen-Z) के लिए "विकसित भारत" और "मानव-10 प्रणाली" (MANAV-10 System) को प्रोत्साहित करने वाली श्रृंखला का हिस्सा है। अर्थात् यह पुस्तक किसी धर्म, जाति या मत से ऊपर उठकर "Universal Truth Principles" की ओर संकेत करती है।

मुद्रित (Printed Hard Copy) पुस्तक के लिए लिंक(Link)

https://notionpress.com/author/lava_kush

E_Book के लिए

www.64inch.com

द्वापर युग में आठवें अवतार श्रीकृष्ण द्वारा प्रारम्भ किया गया कार्य नवसृजन के प्रथम भाग सार्वभौम ज्ञान के शास्त्र “गीता” के बाद कलियुग में द्वितीय और अन्तिम भाग “सार्वभौम कर्मज्ञान” और “पूर्णज्ञान का पूरक शास्त्र”

विश्व युद्ध के पहले
दिव्य दृष्टि
सत्यकाशी पीठ
पांचवां और अन्तिम शंकराचार्य पीठ

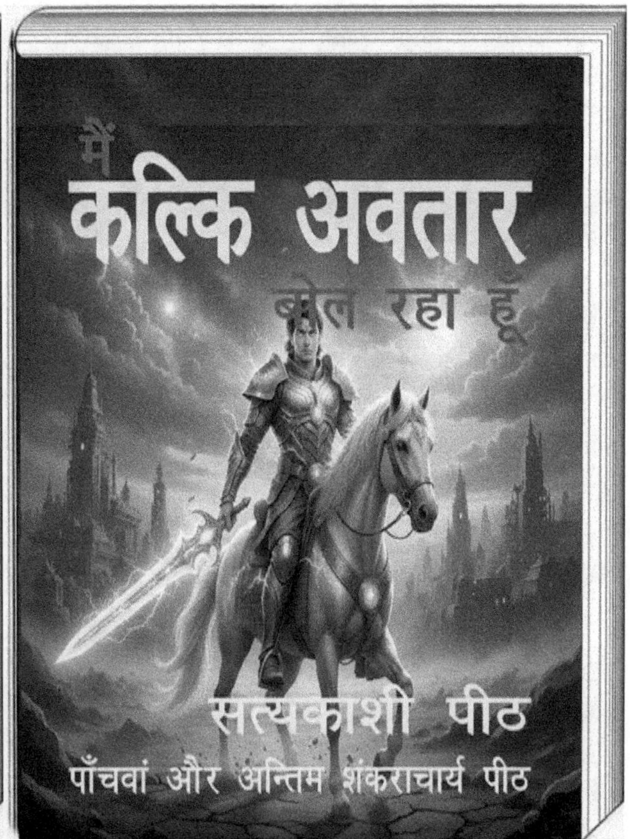
मैं
कल्कि अवतार
बोल रहा हूँ
सत्यकाशी पीठ
पाँचवां और अन्तिम शंकराचार्य पीठ

समष्टि गीता
यथार्थ प्रकाश
सत्यकाशी पीठ
पाँचवां और अन्तिम शंकराचार्य पीठ

फिल्म स्क्रीप्ट
राइटिंग
IDEAS
You are the writer of your life
FRESH Ideas
Writing is designing with words
creative THINKING
LIGHTS CAMERA ACTION
Short Films.
लव कुश सिंह "विश्वमानव"

प्रारम्भिक सत्य
अन्तिम
दृष्टि
सत्यकाशी पीठ
पाँचवां और अन्तिम शंकराचार्य पीठ

सत्य धर्म
युग परिवर्तक
दृष्टि
सत्यकाशी पीठ
पाँचवां और अन्तिम शंकराचार्य पीठ

सत्य दार्शनिक-दर्शन
और
कर्म वेदान्त-विकास
दर्शन
सत्यकाशी पीठ
पाँचवां और अन्तिम शंकराचार्य पीठ

सत्य शास्त्र
एवं
पुराण रहस्य
महर्षि व्यास
कला
सत्यकाशी पीठ
पाँचवां और अन्तिम शंकराचार्य पीठ

संत एवं गुरु
और
सत्यकाशी पीठ
पाँचवां और अन्तिम शंकराचार्य पीठ

समाज और
ईश्वरीय समाज
सत्यकाशी पीठ
पाँचवां और अन्तिम शंकराचार्य पीठ

सत्य शास्त्र और
विश्वशास्त्र
सत्यकाशी पीठ
पाँचवां और अन्तिम शंकराचार्य पीठ

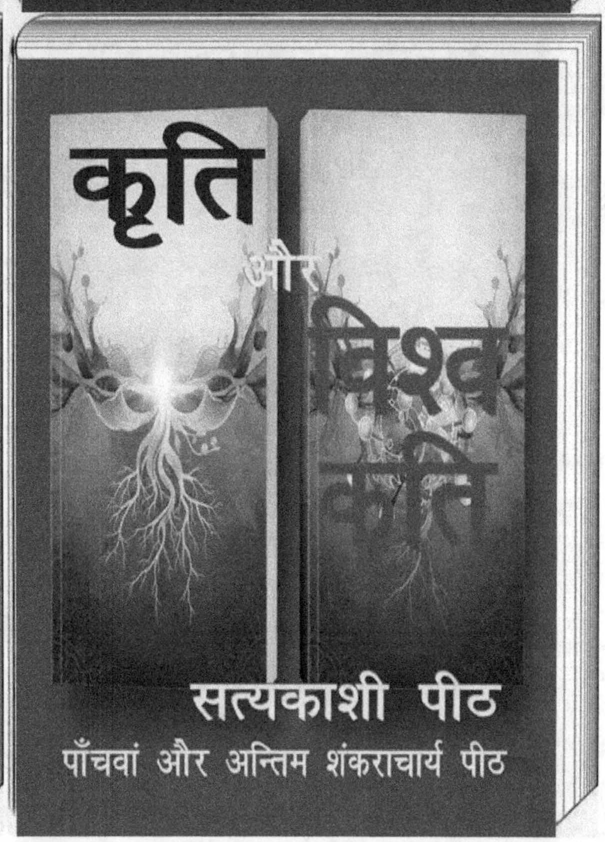
कृति
और
विश्व
कृति
सत्यकाशी पीठ
पाँचवां और अन्तिम शंकराचार्य पीठ

भारत माता मन्दिर
और
विश्वधर्म मन्दिर
सत्यकाशी पीठ
पाँचवां और अन्तिम शंकराचार्य पीठ

महाभारत
और
विश्वभारत
सत्यकाशी पीठ
पाँचवां और अन्तिम शंकराचार्य पीठ

संविधान और
विश्व संविधान
सत्यकाशी पीठ
पांचवां और अन्तिम शंकराचार्य पीठ

शिक्षा और
पूर्ण शिक्षा
सत्यकाशी पीठ
पांचवां और अन्तिम शंकराचार्य पीठ

देवता और सार्वभौम देवता
कल्कि
सत्यकाशी पीठ

माँ कल्कि

द्वादस ज्योतिर्लिंग और
१३वां अन्तिम ज्योतिर्लिंग
?
सत्यकाशी पीठ
पाँचवां और अन्तिम शंकराचार्य पीठ

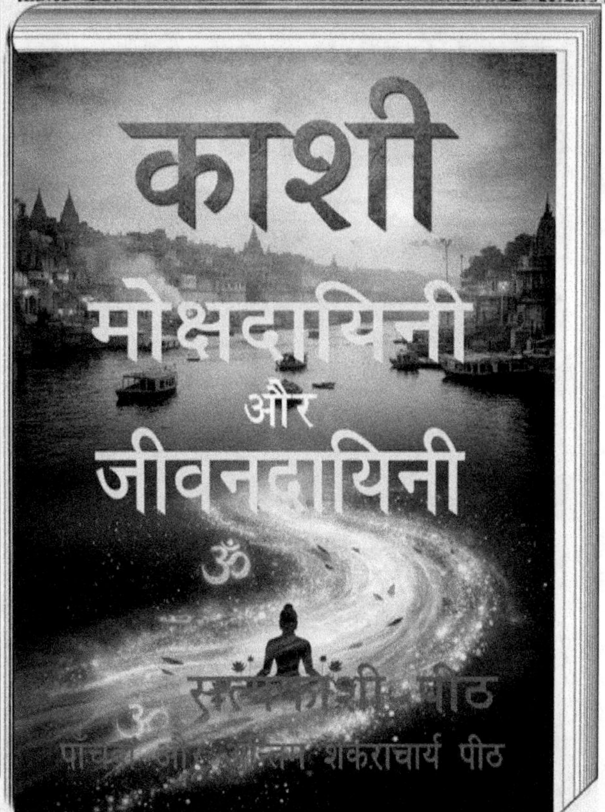
काशी
मोक्षदायिनी
और
जीवनदायिनी
ॐ
शंकराचार्य पीठ

सत्यकाशी
स्वर्णयुग
का
तीर्थ

काशी
रहस्योद्घाटन
सत्यकाशी पीठ
पांचवां और अन्तिम शंकराचार्य पीठ

2020
मन का नवीनीकरण
सत्यकाशी पीठ
पाँचवां और अन्तिम शंकराचार्य पीठ

ईश्वर
का
संक्षिप्त इतिहास
सत्यकाशी पीठ
पाँचवां और अन्तिम शंकराचार्य पीठ

अवतार
अन्तिम सत्य दृष्टि
सत्यकाशी पीठ
पाँचवां और अन्तिम शंकराचार्य पीठ

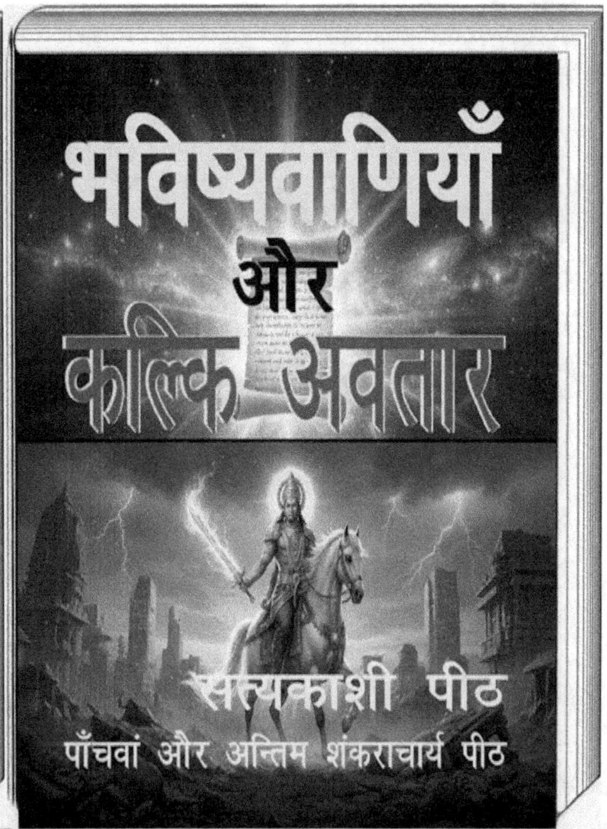
भविष्यवाणियाँ
और
कल्कि अवतार
सत्यकाशी पीठ
पाँचवां और अन्तिम शंकराचार्य पीठ

स्वामी विवेकानन्द
और
कल्कि अवतार
सत्यकाशी पीठ
पाँचवां और अन्तिम शंकराचार्य पीठ

मनु, मनवन्तर
और
कल्कि अवतार
सत्यकाशी पीठ
पाँचवां और अन्तिम शंकराचार्य पीठ

व्यास, शास्त्र
और
कल्कि अवतार
सत्यकाशी पीठ
पाँचवां और अन्तिम शंकराचार्य पीठ

ऋषि, ऋषि परम्परा
और
कल्कि अवतार
सत्यकाशी पीठ
पाँचवां और अन्तिम शंकराचार्य पीठ

दूसरा आगमन
या
अन्तिम आगमन
सत्यकाशी पीठ
पाँचवां और अन्तिम शंकराचार्य पीठ

परिवर्तन
काल, मनु, युग,
व्यास और शास्त्र
सत्यकाशी पीठ
पाँचवां और अन्तिम शंकराचार्य पीठ

राम, रावण
और
सार्वभौम एकात्म
सत्यकाशी पीठ
पाँचवां और अन्तिम शंकराचार्य पीठ

मैं
व्यक्तिगत या सार्वभौम
सत्यकाशी पीठ
पाँचवां और अन्तिम शंकराचार्य पीठ

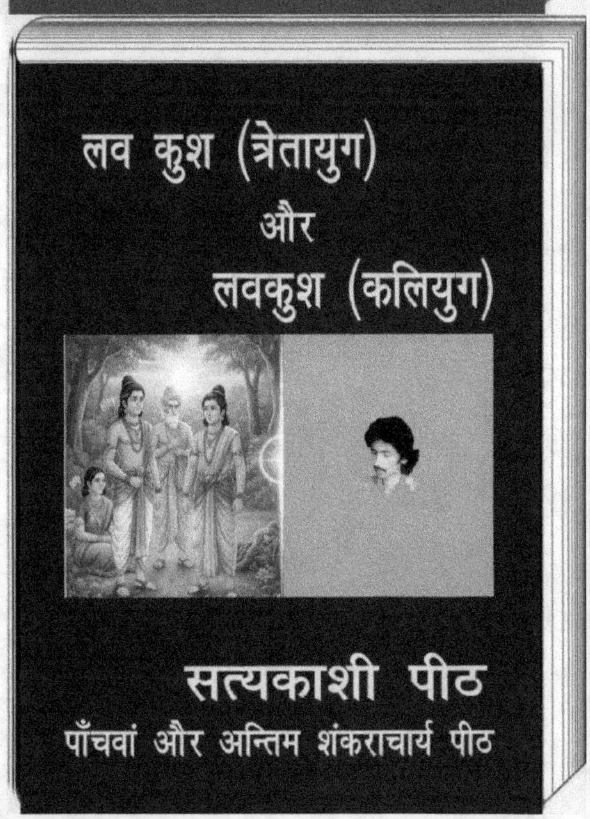
लव कुश (त्रेतायुग)
और
लवकुश (कलियुग)
सत्यकाशी पीठ
पाँचवां और अन्तिम शंकराचार्य पीठ

कल्कि महावतार
आ चुके हैं
(ACTION PLAN)
सत्यकाशी पीठ
पाँचवां और अन्तिम शंकराचार्य पीठ

लव कुश सिंह
(कल्कि महावतार)
जीवन, ज्ञान, कर्म और विश्वरूप
सत्यकाशी पीठ
पाँचवां और अन्तिम शंकराचार्य पीठ

वैश्विक बुद्ध
बुद्ध का
भाग-दो
और अन्तिम
सत्यकाशी पीठ
पाँचवां और अन्तिम शंकराचार्य पीठ

बुड्ढ़ा कृष्ण
कृष्ण का
भाग-दो
और अन्तिम
सत्यकाशी पीठ
पाँचवां और अन्तिम शंकराचार्य पीठ

सम्पूर्ण क्रान्ति
अन्तिम कार्य योजना
64
सत्यकाशी पीठ
पांचवां और अन्तिम शंकराचार्य पीठ

सम्पूर्ण क्रान्ति
वेबसाइट मार्गदर्शन
विवरणिका
सत्यकाशी पीठ
पाँचवां और अन्तिम शंकराचार्य पीठ

पुनर्निर्माण
(RENEW)
समस्या, समाधान
और
राष्ट्र निर्माण की योजना
सत्यकाशी पीठ
पाँचवां और अन्तिम शंकराचार्य पीठ

पुनर्निर्माण
(RENEW)
ग्राम एवं नगर वार्ड
प्रेरक
सत्यकाशी पीठ
पाँचवां और अन्तिम शंकराचार्य पीठ

द्वापर युग में आठवें अवतार श्रीकृष्ण द्वारा प्रारम्भ किया गया कार्य "नवसृजन" के
प्रथम भाग "सार्वभौम ज्ञान" के शास्त्र "गीता" के बाद कलियुग में
द्वितीय और अन्तिम भाग "सार्वभौम कर्मज्ञान" और "पूर्णज्ञान का पूरक शास्त्र"
।। विश्वशास्त्र ।।
द नॉलेज ऑफ फाइनल नॉलेज
परिचय
- लव कुश सिंह "विश्वमानव"

एन्टायर पालिटिक्स
पूर्ण पाठ्यक्रम
सत्यकाशी पीठ
पाँचवां और अन्तिम शंकराचार्य पीठ

वसुधैव
कुटुम्बकम्
सत्यकाशी पीठ
पाँचवां और अन्तिम शंकराचार्य पीठ

।।कर्मवेद।।
प्रथम, अन्तिम तथा पंचम
सत्यकाशी पीठ
पांचवां और अन्तिम शंकराचार्य पीठ

आठवें अवतार
श्रीकृष्ण
सत्यकाशी पीठ
पांचवां और अन्तिम शंकराचार्य पीठ

अयोध्या नहीं,
मुंगेर है
राम जन्मभूमि
सत्यकाशी पीठ
पाँचवां और अन्तिम शंकराचार्य पीठ

विश्वमानव
भूतपूर्व नेतृत्वकर्ताओं
का
स्पष्टिकरण
सत्यकाशी पीठ
पाँचवां और अन्तिम शंकराचार्य पीठ

विश्वमानव
वर्तमान नेतृत्वकर्ताओं
का
स्पष्टिकरण
सत्यकाशी पीठ
पाँचवां और अन्तिम शंकराचार्य पीठ

विश्वमानव
वार्ता, वक्तव्य
एवं
वाणीयाँ
सत्यकाशी पीठ
पाँचवां और अन्तिम शंकराचार्य पीठ

विश्वमानव
पत्रावली, प्रसारण
और
अन्तिम पत्र
सत्यकाशी पीठ
पाँचवां और अन्तिम शंकराचार्य पीठ

सत्य जनहित
आह्वान
सत्यकाशी पीठ
पाँचवां और अन्तिम शंकराचार्य पीठ

विश्व शान्ति
अन्तिम सत्य दृष्टि
सत्यकाशी पीठ
पाँचवां और अन्तिम शंकराचार्य पीठ

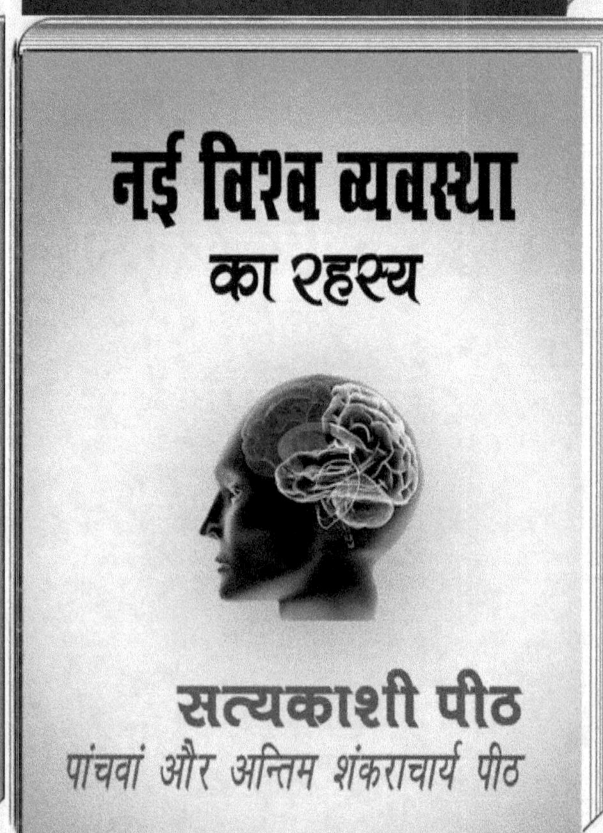
नई विश्व व्यवस्था
का रहस्य
सत्यकाशी पीठ
पांचवां और अन्तिम शंकराचार्य पीठ

समाजवाद
ब्रह्माण्डीय विकास का अवतारी मार्ग
सत्यकाशी पीठ
पांचवां और अन्तिम शंकराचार्य पीठ

भारतवाद
राष्ट्रवाद की मुख्यधारा
सत्यकाशी पीठ
पांचवां और अन्तिम शंकराचार्य पीठ

100 वर्षीय संयुक्त राष्ट्र
को अग्रिम सन्देश
सत्यकाशी पीठ
पांचवां और अन्तिम शंकराचार्य पीठ

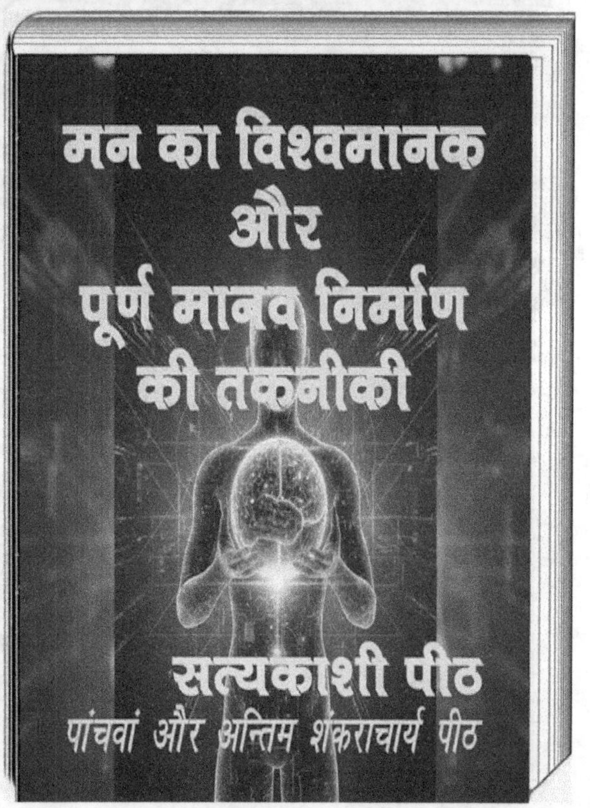
मन का विश्वमानक
और
पूर्ण मानव निर्माण
की तकनीकी
सत्यकाशी पीठ
पांचवां और अन्तिम शंकराचार्य पीठ

गणराज्य, संघ,
मानकीकरण संगठन
और
सम्पूर्ण मानक
सत्यकाशी पीठ
पाँचवां और अन्तिम शंकराचार्य पीठ

व्यापार केन्द्र
(TRADE CENTRE)
दृश्य सत्य
सत्यकाशी पीठ
पाँचवां और अन्तिम शंकराचार्य पीठ

सार्वभौम एकात्म
नव विश्व निर्माण
सत्यकाशी पीठ
पांचवां और अन्तिम शंकराचार्य पीठ

मानक विपणन
प्रणाली
सत्यकाशी पीठ
पाँचवां और अन्तिम शंकराचार्य पीठ

स्वर्णयुग का मानक
आदर्श नागरिक
दिशा निर्देश
सत्यकाशी पीठ
पांचवां और अन्तिम शंकराचार्य पीठ

स्वर्णयुग का
विश्वधर्म
परिचय
सत्यकाशी पीठ
पांचवां और अन्तिम शंकराचार्य पीठ

मैत्रेय बुद्ध
की ओर
सत्यकाशी पीठ
पांचवां और अन्तिम शंकराचार्य पीठ

विशाल ज्ञान विज्ञान
सबका समाधान
सूर्योदय
जय जनता जय कानून
हम सब एक दूसरे से हैं और एक दूसरे के लिए हैं
सौजन्य से : सारे गैर सरकारी प्राणी : सरकारी प्राणी : इज्जतदार नेता और सबका भविष्य विद्यार्थीगण........के लिए।

सार्वभौम सत्य-सिद्धान्त आधारित "युग परिवर्तक" श्रृंखला
कल्कि धाम
और
कल्कि परिचय
- लव कुश सिंह "विश्वमानव"

सार्वभौम सत्य-सिद्धान्त आधारित "युग परिवर्तक" श्रृंखला
चार शंकराचार्य पीठ
और
पांचवां-अन्तिम पीठ
सत्यकाशी पीठ
सत्यकाशी पीठ
सत्यकाशी पीठ
पांचवां और अन्तिम शंकराचार्य पीठ

कल्कि अमृत
महाकुम्भ
2025
FINAL KNOWLEDGE BOMB BLAST
सत्यकाशी पीठ
पांचवां और अन्तिम शंकराचार्य पीठ

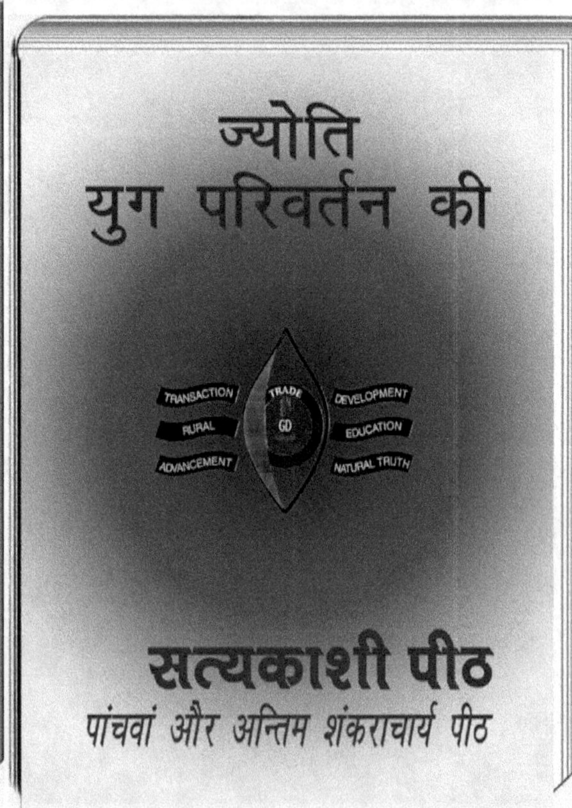
ज्योति
युग परिवर्तन की
TRANSACTION
TRADE
DEVELOPMENT
RURAL
GD
EDUCATION
ADVANCEMENT
NATURAL TRUTH
सत्यकाशी पीठ
पांचवां और अन्तिम शंकराचार्य पीठ

युग परिवर्तन के शब्द
सत्यकाशी पीठ
पांचवां और अन्तिम शंकराचार्य पीठ

विचारों का अंत
2025
सत्यकाशी पीठ
पांचवां और अन्तिम शंकराचार्य पीठ

विश्व सत्य घोषणा-पत्र
2025–मानव जाति तक
RSS
Rational Service Society
सत्यकाशी पीठ
पांचवां और अन्तिम शंकराचार्यपीठ

वैश्विक युग परिवर्तन के लिए
विश्व राजनीतिक पार्टी संघ
RSS
Rational Service Society
सत्यकाशी पीठ
पांचवां और अन्तिम शंकराचार्यपीठ

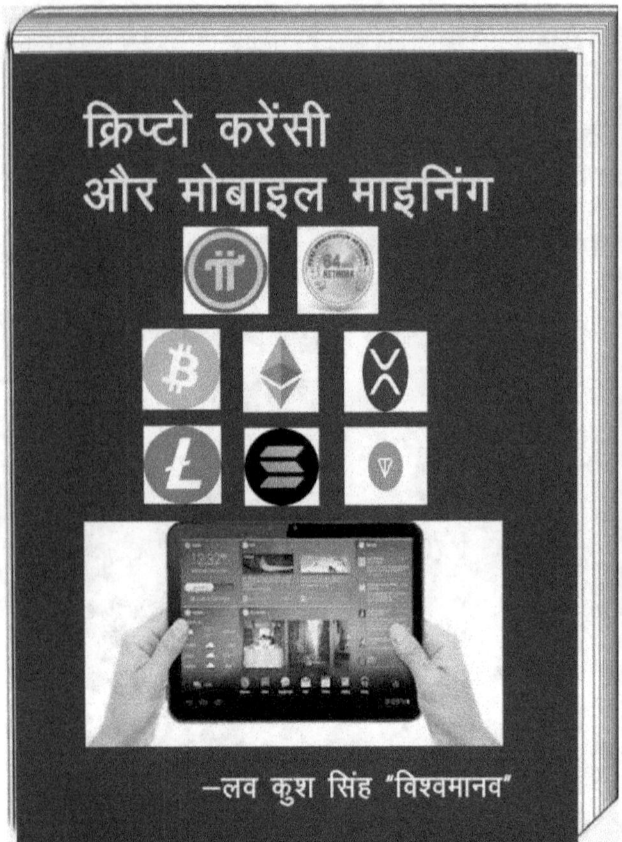
क्रिप्टो करेंसी
और मोबाइल माइनिंग
—लव कुश सिंह "विश्वमानव"

पीढ़ी
मानवीय और ईश्वरीय
वात्सल्य त्रिपाठी

बुढ़ा कृष्ण
अन्तिम मिलन
वात्सल्य त्रिपाठी

अन्तिम लक्ष्य
वात्सल्य त्रिपाठी

पॉचवां-अन्तिम पीठ
सत्यकाशी पीठ
परिचय
वात्सल्य त्रिपाठी
पाँचवां और आंतिम शंकराचार्य पीठ

कबीर और
जेन-जी
नई चेतना, नया मानव
चेतना और नवयुग की संवाद यात्रा
वात्सल्य त्रिपाठी

कल्कि की
ज्योति
बिहार से
ज्योति राठौड़

एक बिहारी
धरती पर भारी
ज्योति राठौड़

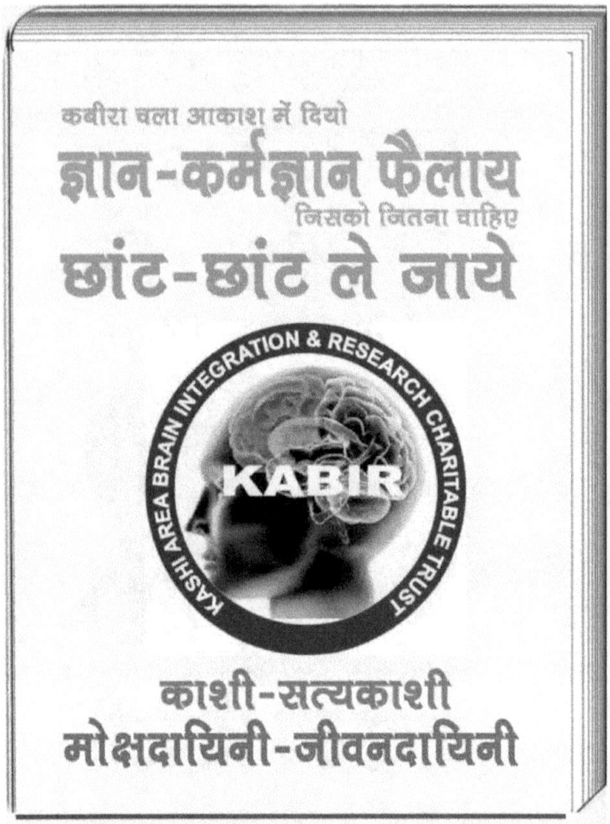
कबीरा चला आकाश में दियो
ज्ञान-कर्मज्ञान फैलाय
जिसको जितना चाहिए
छांट-छांट ले जाये
KASHI AREA BRAIN INTEGRATION & RESEARCH CHARITABLE TRUST
KABIR
काशी-सत्यकाशी
मोक्षदायिनी-जीवनदायिनी

कुर्म वंश
और
चरणाद्रिगढ़
स्वामी रमेशानन्द

आर.एस.एस
नवयुग के लिए
वैश्विक व्यक्तिगत पुस्तकालय
RATIONAL SERVICE SOCIETY (RSS)
WORLD PERSONAL LIBRARY FOR NEW AGE
A GUIDE TO GLOBAL WISDOM & FUTURE THOUGHT
स्वामी रमेशानन्द

झोला उठने के बाद
सोशल मीडिया
के लिए
कन्टेन्ट बैंक
विस्तृत गाइड: विचार, रणनीतियाँ, और संसाधन
www.64inch.com
सत्यकाशी पीठ
पांचवां और अन्तिम शंकराचार्य पीठ

झोला उठने के बाद
कल्कि
के तीन चरण
सत्यकाशी पीठ
पांचवां और अन्तिम शंकराचार्य पीठ

युग परिवर्तन के लिए:
विश्व पुस्तकालय बनाम कल्कि पुस्तकालय
www.64inch.com
बनाम
कल्कि पुस्तकालय
ज्ञान का महासंग्राम - भविष्य का निर्माण
सत्यकाशी पीठ
पांचवां और अन्तिम शंकराचार्य पीठ

व्हाट्सएप्प यूनिवर्सिटी
और
सु-इसु यूनिवर्सिटी
सत्यकाशी पीठ
पांचवां और अन्तिम शंकराचार्य पीठ

इंडिया
भारत का विश्वरूप
सत्यकाशी पीठ
पांचवां और अन्तिम शंकराचार्य पीठ

अधूरे
सपनों
का
अन्तिम मार्ग
सत्यकाशी पीठ
पांचवां और अन्तिम शंकराचार्य पीठ

मानक
संविधान
और
बहुजन
सत्यकाशी पीठ
पांचवां और अन्तिम शंकराचार्य पीठ

विकसित भारत
अन्तिम मुद्दे
-ईश्वरीय/मानवीय पीढ़ी-10 (GEN-10)
-व्यक्तिगत
-पारिवारीक
-सामाजिक
-धार्मिक
-राष्ट्रीय
-वैश्विक
सत्यकाशी पीठ
पांचवां और अन्तिम शंकराचार्य पीठ

एक नया
विकल्प
THREADS
सत्यकाशी पीठ
पांचवां और अन्तिम शंकराचार्य पीठ

विकसित भारत
शिक्षितों का अन्तिम ईश्वरीय मॉडल
सत्यकाशी पीठ
पांचवां और अन्तिम शंकराचार्य पीठ

विकास मॉडल
आसुरी
और
ईश्वरीय
सत्यकाशी पीठ
पांचवां और अन्तिम शंकराचार्य पीठ

युग परिवर्तन और 1000 वर्षों के लिए
सत्यकाशी पीठ
का सम्पूर्ण कार्य
कौन,
क्यों,
कैसे
कल्कि?
सत्यकाशी पीठ
पांचवां और अन्तिम शंकराचार्य पीठ

बैल बुद्धि
और
विकसित
भारत
सत्यकाशी पीठ
पांचवां और अन्तिम शंकराचार्य पीठ

सत्यकाशी पीठ
पांचवां और अन्तिम शंकराचार्य पीठ

एक्सट्रा
टु ए बी
समान नागरिक व्यापार ज्ञान संहिता (CCTKC)
सत्यकाशी पीठ
पांचवां और अन्तिम शंकराचार्य पीठ

एक्सट्रा
टु ए बी
समान नागरिक आर्थिक संहिता (UCEC)
सत्यकाशी पीठ
पांचवां और अन्तिम शंकराचार्य पीठ

अंध भक्ति
से मुक्ति की ओर
मुक्ति मंत्र
"जिसने अंधभक्ति दिया
वही मुक्ति देगा"
सत्यकाशी पीठ
पांचवां और अन्तिम शंकराचार्य पीठ

VISHVABHARAT
न मो
नारायण
सत्यकाशी पीठ
पांचवां और अन्तिम शंकराचार्य पीठ

अगला स्तर
फिल्म और राजनीति पर
विचारों का संग्रह
सत्यकाशी पीठ
पांचवां और अन्तिम शंकराचार्य पीठ

आर.एस.एस
125 वर्ष से
स्वामी विवेकानन्द
के रूके कदम का
अगला चरण
सत्यकाशी पीठ
पांचवां और अन्तिम शंकराचार्य पीठ

आर.एस.एस
रहस्योद्घाटन
सत्यकाशी पीठ
पांचवां और अन्तिम शंकराचार्य पीठ

125 वर्ष बाद
स्वामी विवेकानन्द
का अगला चरण

सत्येश्वर नरेन्द्र
सत्यकाशी पीठ
पांचवां और अन्तिम शंकराचार्य पीठ

आत्मकथा
लेखन कला
का विश्वमानक
सत्यकाशी पीठ
पांचवां और अन्तिम शंकराचार्य पीठ

लुच्चा
पुराण
पौराणिक कथाओं
और पात्रों के
सत्य समझ की व्यास दृष्टि
सत्यकाशी पीठ
पांचवां और अन्तिम शंकराचार्य पीठ

आठवां
सावर्णि मनु स्मृति
सत्यकाशी पीठ
पांचवां और अन्तिम शंकराचार्य पीठ

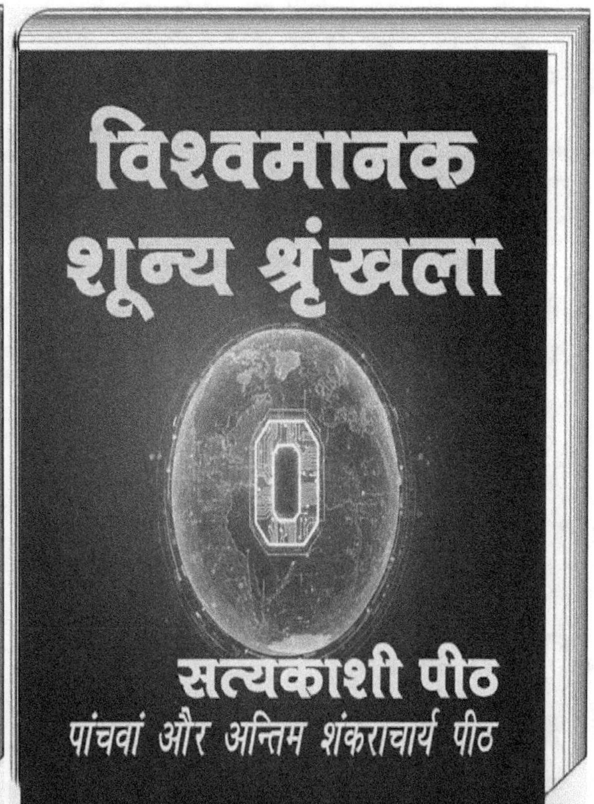
विश्वमानक
शून्य श्रृंखला
0
सत्यकाशी पीठ
पांचवां और अन्तिम शंकराचार्य पीठ

सर्वजीत साधना
भवन
एक आध्यात्मिक अनुभव
सत्यकाशी पीठ
पांचवां और अन्तिम शंकराचार्य पीठ

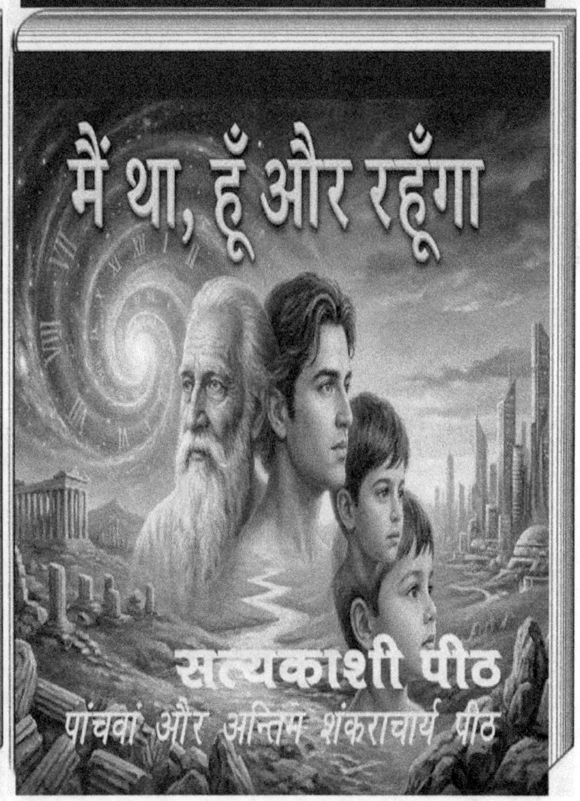
मैं था, हूँ और रहूँगा
सत्यकाशी पीठ
पांचवां और अन्तिम शंकराचार्य पीठ

लव
सत्यकाशी पीठ
पांचवां और अन्तिम शंकराचार्य पीठ

परब्रह्म,
प्रकृति,
अवतार
और वा नर
सत्यकाशी पीठ
पांचवां और अन्तिम शंकराचार्य पीठ

संसार
दृश्य
और
अदृश्य
सत्यकाशी पीठ
पांचवां और अन्तिम शंकराचार्य पीठ

कर्मोपनिषद्
सत्यकाशी पीठ
पांचवां और अन्तिम शंकराचार्य पीठ

विश्वभारत
पुराण
सत्यकाशी पीठ
पांचवां और अन्तिम शंकराचार्य पीठ

एकात्म विज्ञान
सत्यकाशी पीठ
पांचवां और अन्तिम शंकराचार्य पीठ

मानक विज्ञान
सत्यकाशी पीठ
पांचवां और अन्तिम शंकराचार्य पीठ

ईश्वर शास्त्र
सत्यकाशी पीठ
पांचवां और अन्तिम शंकराचार्य पीठ

युगावतारों के प्रकटीकरण की कार्यविधि:
राम-कृष्ण-लवकुश
सत्यकाशी पीठ
पांचवां और अन्तिम शंकराचार्य पीठ

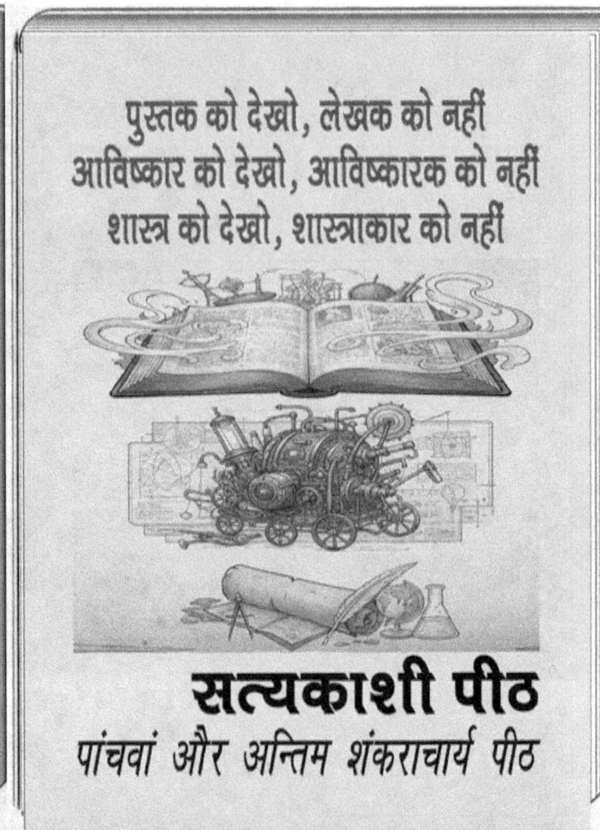
पुस्तक को देखो, लेखक को नहीं
आविष्कार को देखो, आविष्कारक को नहीं
शास्त्र को देखो, शास्त्राकार को नहीं
सत्यकाशी पीठ
पांचवां और अन्तिम शंकराचार्य पीठ

56 से 64
की ओर
सत्यकाशी पीठ
पांचवां और अन्तिम शंकराचार्य पीठ

मैं सत्यकाशी हूँ
कविता
सत्यकाशी पीठ
पांचवां और अन्तिम शंकराचार्य पीठ

पटेल
भारत के शारीरिक एकीकरण के बाद
मन का एकीकरण लक्ष्य
सत्यकाशी पीठ
पांचवां और अन्तिम शंकराचार्य पीठ

मन से
आत्मा तक
3 6 9 और 7
6
3
9
7
सत्यकाशी पीठ
पांचवां और अन्तिम शंकराचार्य पीठ

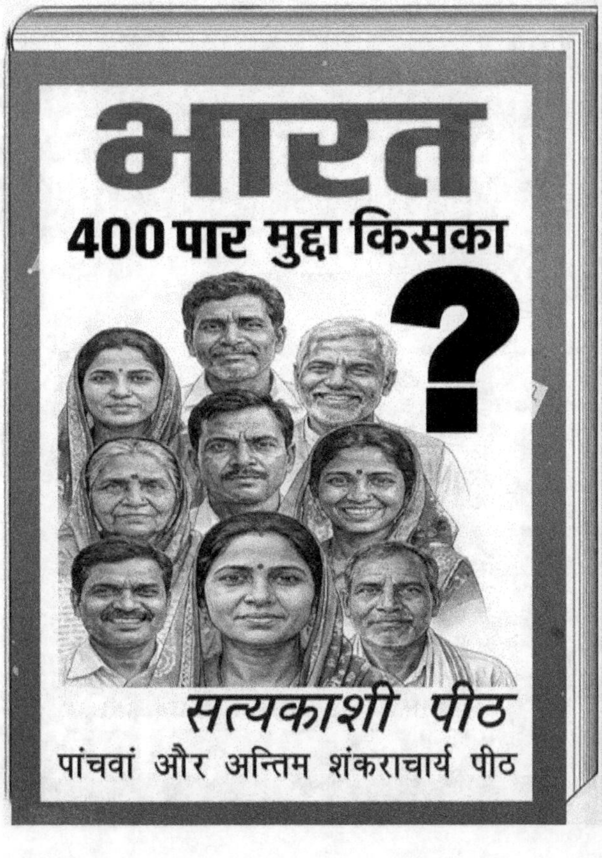
भारत
400 पार मुद्दा किसका
?
सत्यकाशी पीठ
पांचवां और अन्तिम शंकराचार्य पीठ

आर. एस. एस - पुस्तकालय
पढ़ो और कमाओ
शिक्षित समाज, समर्थ राष्ट्र
सत्यकाशी पीठ
पांचवां और अन्तिम शंकराचार्य पीठ

विश्वयुद्ध के पहले
विश्वगुरु भारत
का विश्व शान्ति और
पुनर्निर्माण का अन्तिम सन्देश
सत्यकाशी पीठ
पांचवां और अन्तिम शंकराचार्य पीठ

चुटिया पण्डित
वृन्दावन की सत्य घटना
स्वामी नन्दनानंद

कल्कि का
चुनार और वृन्दावन
से उठता प्रेम
स्वामी नन्दनानंद

कल्कि का
बेगुसराय और मीरजापुर
जन्म और कर्म क्षेत्र
स्वामी नन्दनानंद

सत्येश्वरोपनिषद्
सत्येश्वर
और
झूठेश्वर
वात्सल्य त्रिपाठी

अन्तिम अवतार
कल्कि
के लिए शेष कर्म
वात्सल्य त्रिपाठी

कल्कि अवतार
का मानव-10
विकसित भारत का प्रवेश द्वार
वात्सल्य त्रिपाठी

पप्पू-गप्पू
और
नागरिक झुलेलाल
वात्सल्य त्रिपाठी

ओपेन गेम
कभी-कभी नहीं,
अब कन्फर्म है
अपुन ही
भगवान है
(वेब सीरीज)
वात्सल्य त्रिपाठी

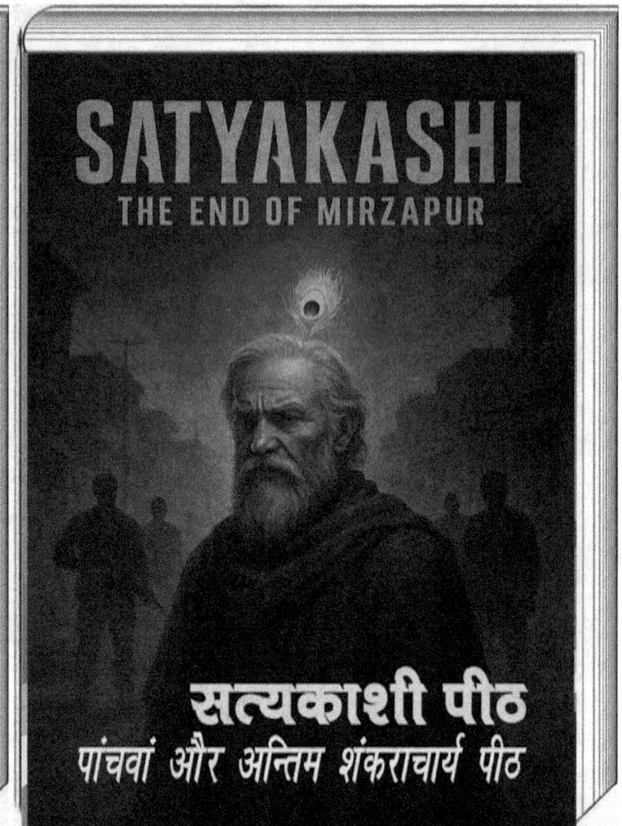
SATYAKASHI
THE END OF MIRZAPUR
सत्यकाशी पीठ
पांचवां और अन्तिम शंकराचार्य पीठ

अण्डरवर्ल्ड
सनातन से पुरूषों से छुपी महिलाओं की कहानी
(फिल्म स्क्रीनप्ले-रेडी टू शूट)
वात्सल्य त्रिपाठी

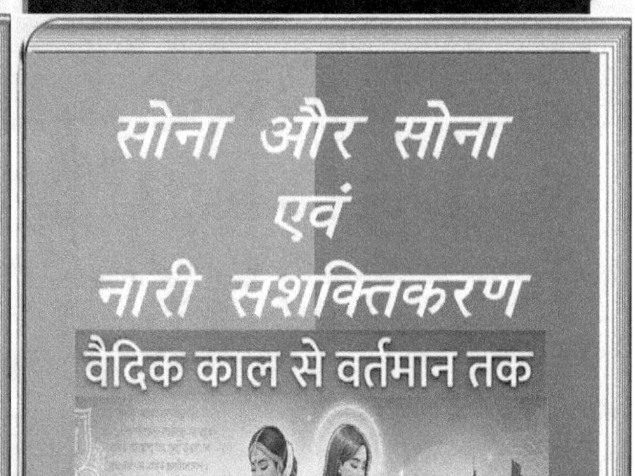
सोना और सोना
एवं
नारी सशक्तिकरण
वैदिक काल से वर्तमान तक
सत्यकाशी पीठ
पांचवां और अन्तिम शंकराचार्य पीठ

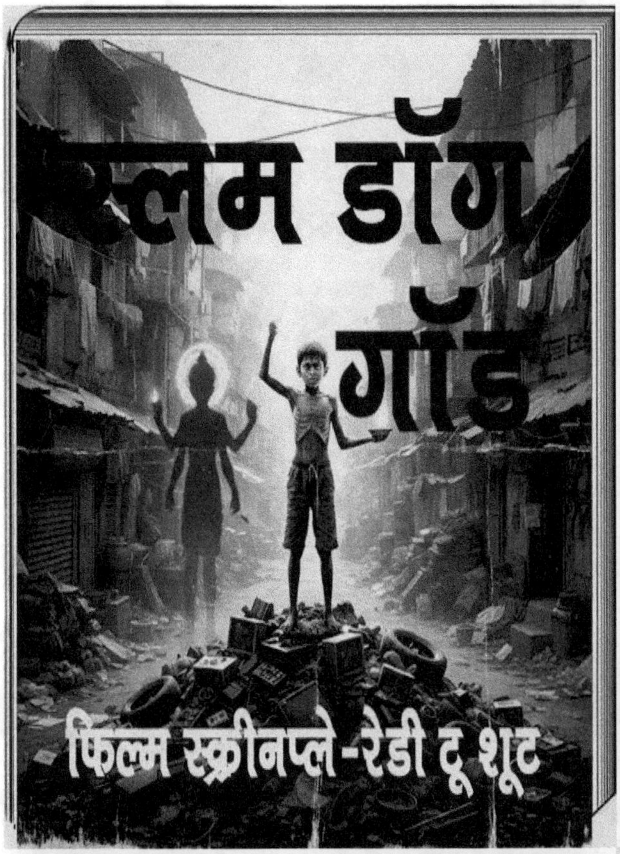
स्लम डॉग
गॉड
फिल्म स्क्रीनप्ले-रेडी टू शूट

उत्तर प्रदेश
का
उत्तर
वात्सल्य त्रिपाठी

अन्तिम समन्वयाचार्य
कल्कि
वात्सल्य त्रिपाठी

2026
2+0+2+6=10
पांचवां और अन्तिम शंकराचार्य पीठ

राम न आयेंगे
लवकुश आ रहें हैं
www.64inch.com
पांचवां और अन्तिम शंकराचार्य पीठ

युग परिवर्तन के
150 पुस्तकें-परिचय
ज्ञान, प्रेरणा और भविष्य की ओर एक कदम
150
सत्यकाशी पीठ
पांचवां और अन्तिम शंकराचार्य पीठ
"एक नई शुरुआत के लिए ज्ञान की खोज"

जैसी तुम्हारी इच्छा वैसा करो

डॉ0 सर्वपल्ली राधाकृष्णन का जन्म 5 सितम्बर, 1888 को दक्षिण भारत के तिरूतनि स्थान पर हुआ था जो चेन्नई से 64 किमी उत्तर–पूर्व में है। डॉ0 सर्वपल्ली राधाकृष्णन भारत के उपराष्ट्रपति और दूसरे राष्ट्रपति सन् 1952 से 1962 तक में रहे। डॉ0 सर्वपल्ली राधाकृष्णन भारतीय समाजिक संस्कृति से ओत–प्रोत एक महान शिक्षाविद् महान दार्शनिक, महान वक्ता और आस्थावान हिन्दू विचारक थे। डॉ0 सर्वपल्ली राधाकृष्णन ने अपने जीवन के महत्वपूर्ण 40 वर्ष शिक्षक के रूप में व्यतीत किये। उनमें एक आदर्श शिक्षक के सारे गुण मौजूद थे। डॉ0 सर्वपल्ली राधाकृष्णन समस्त विश्व को एक शिक्षालय मानते थे। उनकी मान्यता थी कि शिक्षा के द्वारा ही मानव दिमाग का सद्उपयोग किया जाना सम्भव है इसलिए समस्त विश्व को एक इकाई समझकर ही शिक्षा का प्रबन्धन किया जाना चाहिए। उनके जन्मदिन को "शिक्षक दिवस" के रूप में मनाया जाता है।

इति ते ज्ञानमाख्यातं गुह्यादगुह्यतरं मया।
विमृश्यैतदशेषेण यथेच्छसि तथा कुरू।।

(श्रीमदभगवदगीता, अध्याय–18, श्लोक–63)

अर्थात् – मैंने तुम्हें जो बताया, वह सब से बड़ा रहस्य है। इस पर भलीभाँति विचार कर तुम्हारी जैसी इच्छा वैसा करो।

"परमात्मा देखने में तटस्थ या निरपेक्ष दिखाई देता है, क्योंकि उसने चुनने का निर्णय अर्जुन के हाथ में छोड़ दिया है। उसकी यह निरपेक्षता ही अर्जुन के चिन्ता का कारण है। वह किसी पर भी दबाव नहीं डालता क्योंकि स्वतःस्फूर्त स्वतन्त्रता बहुत मूल्यवान होती है। भगवान अपना आदेश ऊपर से नहीं थोपता। वह स्वतन्त्र छोड़ देता है। परमात्मा की पुकार को स्वीकार करने या अस्वीकार कर देने के लिए हम हर समय स्वतन्त्र हैं। हम लड़खड़ाने लगें तो वह सहायता देने के लिए तैयार रहता है और प्रतीक्षा करने को तैयार है जब तक हम उसकी ओर उन्मुख न हों।

सब कुछ पहले से निर्धारित मानने वाले सिद्धान्त में टकराव के कारण यूरोप और भारत में काफी वाद–विवाद हुआ है। यूरोप का प्रमुख सिद्धान्त है कि संकल्प शक्ति और मानवीय प्रयत्न की स्वतन्त्रता का मनुष्य के उद्धार में बहुत बड़ा हाथ होता है। यद्यपि स्वयं संकल्प शक्ति को भी परमात्मा की कृपा के समर्थन की आवश्यकता पड़ सकती है। पहले से सब कुछ तय मानने वालों को अच्छे कार्यों और प्रार्थना के लिए यत्न करना होता है, क्योंकि वहाँ भी मानते हैं कि ये उपाय नियति को आगे बढ़ाने में सहायक तो हो सकते हैं लेकिन वे उसे रोक नहीं सकते। मनुष्य इस बात के लिए स्वतन्त्र है कि परमात्मा उन मनुष्यों पर कृपा करना चाहता है जो अपने आचरण से उस कृपा को ग्रहण करने के लिए तैयार करते हैं।

आध्यात्मिक नेता हम पर शारीरिक हिंसा, चमत्कार, प्रदर्शन के जरिये प्रभाव नहीं डालते। यदि सच्चा शिष्य कोई गलती कर भी बैठे, तो वह उसे केवल सलाह देगा। यदि शिष्य को चुनाव करने की स्वतन्त्रता पर आँच आती हो, तो वह उसे गलत रास्ते से भी वापस लौट आने के लिए विवश नहीं करेगा। गलती भी विकास की एक दिशा है।

कृष्ण केवल सारथी हैं। वह अर्जुन के आदेश का पालन करेगा। उसने कोई शस्त्र धारण नहीं किया हुआ है। यदि वह अर्जुन पर कोई प्रभाव डालता है तो वह उसे अपने उस सर्वजयी प्रेम के जरिए डालता है। जो कभी समाप्त नहीं होता।

अर्जुन को अपने लिए स्वयं विचार करना चाहिए और अपने लिए स्वयं ही मार्ग खोज करना चाहिए। अस्पष्ट मान्यताओं को अनिवार्य रूप से और भावुकतापूर्वक अपना लिए जाने के कारण फलस्वरूप कट्टर धर्मान्धता उत्पन्न हुई है और उनके कारण मनुष्यों को अकथनीय कष्ट उठाना पड़ा है। इसलिए यह आवश्यक है कि मन और विश्वासों के लिए कोई तर्क संगत और अनुभावात्मक औचित्य ढूंढ़े।

अर्जुन को एक वास्तविक अखण्डता की अनुभूति प्राप्त करनी होगी लेकिन उसके विचार अपने हैं। और गुरू के जरिये उस पर थोपे नहीं गये हैं। दूसरों पर अपने विचार थोपना शिक्षण नहीं हैं।"

– भगवद्गीता के आखिरी उपदेश पर भारतीय दर्शन के व्याख्याकार और दूसरे राष्ट्रपति डॉ0 राधाकृष्णनन का विवेचन

"यह विश्वशास्त्र, मनुष्यों पर थोपा नहीं जा रहा बल्कि वह मनुष्यों को, मनुष्यो के इस संसार मे जो वर्तमान है उसे और उसके आगे अनन्त मार्ग दिखा रहा है और सभी मार्गों के एकीकरण द्वारा, उस मार्ग को भी दिखा रहा है जो विश्व को सत्य–सुन्दर–शिव बना सकता है। फिर भी हे मनुष्यों जैसी तुम्हारी इच्छा वैसा करो। वर्तमान से योग कराने के लिए ही मैं व्यक्त होता हूँ।" – लव कुश सिंह "विश्वमानव"

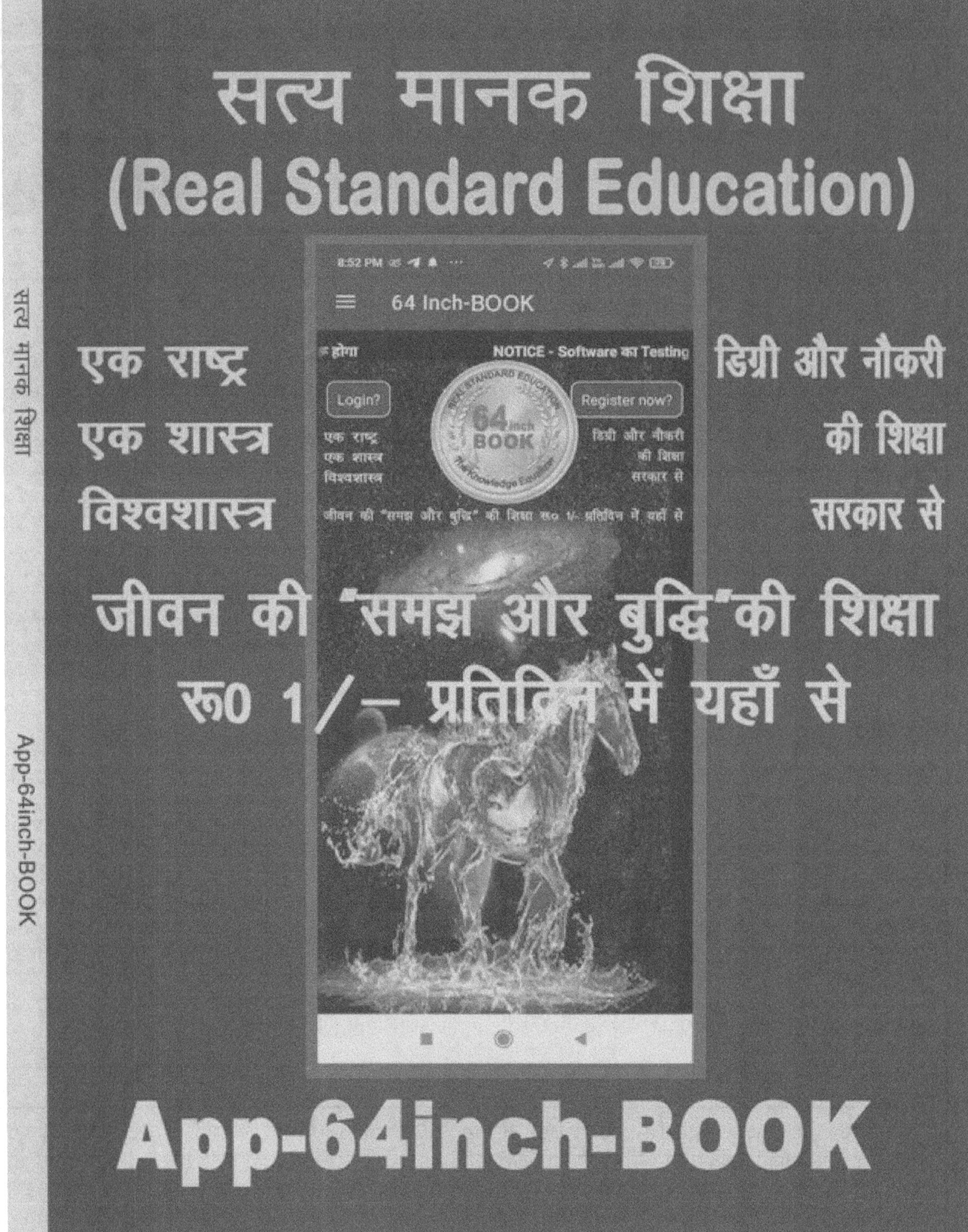
सत्य मानक शिक्षा
App-64inch-BOOK
सत्य मानक शिक्षा
(Real Standard Education)
64 Inch-BOOK
NOTICE - Software का Testing
Login?
Register now?
एक राष्ट्र
एक शास्त्र
विश्वशास्त्र
डिग्री और नौकरी
की शिक्षा
सरकार से
जीवन की "समझ और बुद्धि" की शिक्षा
रू0 1/- प्रतिदिन में यहाँ से
App-64inch-BOOK

"सत्य मानक शिक्षा" का व्यापार-एक अन्तहीन व्यापार

एक नदी पर पुल था जिसे कोई व्यक्ति पैदल दो घण्टे में पार करता था। यह पुल पैदल यात्रीयों के लिए रोक दिया गया था जिसके लिए पुल के ठीक मध्य (एक घण्टे की यात्रा) पर एक गार्ड नियुक्त था। गार्ड एक घण्टे सोता था और एक घण्टे जागता था। एक चालाक व्यक्ति को पुल से नदी पार करना अतिआवश्यक था। इसलिए गार्ड जब सोया तब वह यात्रा प्रारम्भ किया जैसे ही गार्ड के जागने का समय आया, वह वापस लौटने लगा। गार्ड समझा कि वह दूसरे किनारे से आ रहा है इसलिए उसने उस यात्री को पकड़ा और दूसरी ओर भेज दिया। इस प्रकार यात्री नदी पार हो गया।

यदि हम में से किसी को तैरकर नदी पार करना हो और आधे से पहले ही हमारा हिम्मत टूटने लगे तो हम वापस ही आना चाहेंगे। यदि आधे से अधिक तैरने के बाद हिम्मत टूटने लगेगा तो हौसला बढ़ाकर आगे ही बढकर पार करना चाहेंगे।

इसी प्रकार मनुष्य के विकास क्रम में हम सब अदृश्य विज्ञान (आध्यात्म) से दृश्य विज्ञान (भौतिक) की ओर बढ़ गये हैं। नदी या पुल का एक किनारा अदृश्य विज्ञान है तो दूसरा किनारा दृश्य विज्ञान। वर्तमान का हमारा अधिकतम जीवन नदी के दूसरे किनारे दृश्य विज्ञान की ओर है, हर पल। जन्म से ही हम अधिकतम वे सब वस्तुएँ प्रयोग कर रहे हैं जिसका कच्चा माल भले ही ईश्वरकृत हो परन्तु उपयोग का रूप मनुष्यकृत है और विज्ञान द्वारा निर्मित है। इस प्रकार मनुष्य निर्माता के रूप में अपना रूप व्यक्त कर ईश्वर की ओर ही बढ़ रहा है।

नदी के पुल पर बैठे उस गार्ड का काम और तैरने वाले का निर्णय "सत्य शिक्षा" है। वर्तमान में मनुष्य समाज अदृश्य काल से चलकर दृश्य काल में आ चुका है। आधे से वापस किनारे जाना "सत्य" को पाना है। और आधे से दूसरे किनारे पार हो जाना "सिद्धान्त" को पाना है। इन्हीं सिद्धान्त को पाने के बाद संविधान-नियम-कानून का जन्म होता है जिससे आज हम सभी संचालित व प्रभावित है। इस "सत्य-सिद्धान्त" की शिक्षा ही "सत्य मानक शिक्षा" है।

वर्तमान में जीने का अर्थ होता है-विश्व ज्ञान जहाँ तक बढ़ चुका है वहाँ तक के ज्ञान से अपने मस्तिष्क को युक्त करना। तभी डेढ़ हजार वर्ष पुराने हमारे मस्तिष्क का आधुनिकीकरण हो पायेगा। सिर्फ वर्तमान में तो पशु रहकर कर्म करते हैं। "सत्य मानक शिक्षा" मनुष्य के मस्तिष्क के आधुनिकीकरण की शिक्षा है या विज्ञान की भाषा में कहें तो मस्तिष्क के आधुनिकीकरण का साफ्टवेयर या माइक्रोचिप्स (Integrated Circuit-I.C) है। वर्तमान की अब नवीनतम परिभाषा है-"पूर्ण ज्ञान से युक्त होना" और कार्यशैली की परिभाषा है-"भूतकाल का अनुभव, भविष्य की आवश्यकतानुसार पूर्णज्ञान और परिणाम ज्ञान से युक्त होकर वर्तमान समय में कार्य करना।"

ज्ञान के इस युग में शिक्षा-विद्या-कला का व्यापार मनुष्य के धरती पर रहने तक रहेगा। ऐसी स्थिति में "सत्य मानक शिक्षा"का व्यापार भी उस समय तक के लिए स्थायित्व में है। शिक्षा-विद्या-कला कोई प्रापर्टी नहीं है कि पिता जी ग्रहण कर चुके हैं तो पुत्र को हिस्सा प्राप्त हो जायेगा। पुत्र को भी वहीं से अर्थात् अक्षर ज्ञान से शुरू होना पड़ेगा जहाँ से पिता ने शुरू किया था। इस प्रकार "सत्य मानक शिक्षा"का व्यापार एक अन्तहीन व्यापार है जो मनुष्य के पृथ्वी पर रहने तक चलता रहेगा।

स्कूल-कालेजों के जाल से शिक्षा के व्यापार का विकास होता है न कि शिक्षा का। शिक्षा का विकास तो शिक्षा पाठ्यक्रम पर निर्भर होता है जिससे शिक्षक और शिक्षार्थी दोनों निर्मित होते हैं। जब तक पूर्ण शिक्षा पाठ्यक्रम का निर्माण नहीं होता, शिक्षा का विकास नहीं हो सकता लेकिन शिक्षा के व्यापार का विकास होता रहेगा।

आध्यात्म और विज्ञान ने मानव सभ्यता के विकास में अब कम से इतना विकास तो कर ही चुका है कि अब हमें मन के एकीकरण के लिए कार्य करना चाहिए। और उस मन पर कार्य करने का ही परिणाम है-

सम्पूर्ण ब्रह्माण्ड में व्याप्त एक ही सत्य-सिद्धान्त द्वारा व्यक्तिगत व संयुक्त मन को एकमुखी कर सर्वोच्च, मूल और अन्तिम स्तर पर स्थापित करने के लिए शून्य पर अन्तिम आविष्कार WS-0 श्रृंखला की निम्नलिखित पाँच शाखाएँ है।

1. डब्ल्यू.एस. (WS)-0: विचार एवम् साहित्य का विश्वमानक
2. डब्ल्यू.एस. (WS)-00: विषय एवम् विशेषज्ञों की परिभाषा का विश्वमानक
3. डब्ल्यू.एस. (WS)-000: ब्रह्माण्ड (सूक्ष्म एवम् स्थूल) के प्रबन्ध और क्रियाकलाप का विश्वमानक
4. डब्ल्यू.एस. (WS)-0000: मानव (सूक्ष्म तथा स्थूल) के प्रबन्ध और क्रियाकलाप का विश्वमानक
5. डब्ल्यू.एस. (WS)-00000: उपासना और उपासना स्थल का विश्वमानक

और पूर्णमानव निर्माण की तकनीकी WCM-TLM-SHYAM.C (World Class Manufacturing – Total Life Maintenance – Satya-Heart-Yog-Ashram-Meditaion.Conciousness) है।

जो शिक्षा का नया माडल है। गरीबों की समस्या सुलझानें का नैतिक दायित्व है। देश में 25 वर्ष से कम उम्र के 55 करोड़ लोगों के लिए पुननिर्माण जैसी योजना हैं। उन्हें नौकरी और प्रशिक्षण की व्यवस्था है। रचनात्मकता, समन्वय, लीडरशिप, ग्लोबल तथा प्रोफेशनल विषयों को पढ़ने तथा सूचना तकनीक के जरिए पढ़ाई पर ध्यान केन्द्रित करने से युक्त है। हमारे देश में जो अध्यापक हैं, वे शोध नहीं करते और जो शोध करते हैं वे पढ़ाते नहीं, इसलिए शिक्षार्थी को ही शोध पत्र (विश्वशास्त्र) पढ़ाया जाय क्योंकि शिक्षक पढ़ने से तो रहे क्योंकि समान्यतः धन के आने की सुनिश्चितता के बाद लोग पढ़ना छोड़ देते हैं, यही नहीं कोशिश तो यह भी रहती है कि पढ़ाना भी न पड़े और उन्हें सेवा से हटाया भी नहीं जा सकता।

स्वामी विवेकान्द जी ने कहा था – "सुधारकों से मैं कहूंगा कि मैं स्वयं उनसे कहीं बढ़कर सुधारक हूँ। वे लोग इधर-उधर थोड़ा सुधार करना चाहते हैं- और मैं चाहता हूँ आमूल सुधार। हम लोगों का मतभेद है केवल सुधार की प्रणाली में। उनकी प्रणाली विनाशात्मक है और मेरी संघटनात्मक। मैं सुधार में विश्वास नहीं करता, मैं विश्वास करता हूँ स्वाभाविक उन्नति में।"

स्वाभाविक उन्नति तभी होती है जब संसाधन उपलब्ध हो। कार-मोटरसाइकिल घर में पहले से रहता है तो स्वाभाविक रूप से कम उम्र में ही घर के लोग चलाना सिख जाते हैं

जो व्यक्ति या देश केवल आर्थिक उन्नति को ही सर्वस्व मानता है वह व्यक्ति या देश एक पशुवत् जीवन निर्वाह के मार्ग पर है-जीना और पीढ़ी बढ़ाना। दूसरे रूप में इसे ऐसे समझा जा सकता है कि ऐसे व्यक्ति जिनका लक्ष्य धन रहा था वे अपने धन के बल पर अपनी मूर्ति अपने घर पर ही लगा सकते हैं परन्तु जिनका लक्ष्य धन नहीं था, उनका समाज ने उन्हें, उनके रहते या उनके जाने के बाद अनेकों प्रकार से सम्मान दिया है और ये सार्वजनिक रूप से सभी के सामने प्रमाणित है। पूर्णत्व की प्राप्ति का मार्ग शारीरिक-आर्थिक उत्थान के साथ-साथ मानसिक-बौद्धिक उत्थान होना चाहिए और यही है ही। इस प्रकार भारत यदि पूर्णता व विश्व गुरूता की ओर बढ़ना चाहता है तब उसे मात्र कौशल विकास ही नहीं बल्कि राष्ट्रीय बौद्धिक विकास की ओर भी बढ़ना होगा। बौद्धिक विकास, व्यक्ति व राष्ट्र का इस ब्रह्माण्ड के प्रति दायित्व है और उसका लक्ष्य है।

राष्ट्र के पूर्णत्व के लिए पूर्ण शिक्षा निम्नलिखित शिक्षा का संयुक्त रूप है-

अ-सामान्यीकरण (Generalisation) शिक्षा

ज्ञान के लिए- यह शिक्षा व्यक्ति और राष्ट्र का बौद्धिक विकास कराती है जिससे व्यक्ति व राष्ट्रीय सुख में वृद्धि होती है।

ब-विशेषीकरण (Specialisation) शिक्षा

कौशल के लिए- यह शिक्षा व्यक्ति और राष्ट्र का कौशल विकास कराती है जिससे व्यक्ति व राष्ट्रीय उत्पादकता में वृद्धि होती है।

स-सत्य नेटवर्क (REAL NETWORK)

समाज में प्रकाशित होने के लिए-क्योंकि कोई भी क्यों न हो उसे स्वयं अपना परिचय (BIO-DATA) देना पड़ता है तभी उसके अनुसार समाज उसका उपयोग करता है।

वर्तमान समय में विशेषीकरण की शिक्षा, भारत में चल ही रहा है और वह कोई बहुत बड़ी समस्या भी नहीं है। समस्या है सामान्यीकरण शिक्षा की। व्यक्तियों के विचार से सदैव व्यक्त होता रहा है कि-मैकाले शिक्षा पद्धति बदलनी चाहिए, राष्ट्रीय शिक्षा नीति व पाठ्यक्रम बनना चाहिए। ये तो विचार हैं। पाठ्यक्रम बनेगा कैसे?, कौन बनायेगा? पाठ्यक्रम में पढ़ायेंगे क्या?

एक पूर्ण मानव निर्माण प्रक्रिया में शिक्षा पाठ्यक्रम के स्वरूप का विश्वमानक निम्नवत् है। जो किसी विशेष देश-काल-पात्र पर निर्भर नही करता अर्थात् यह प्रत्येक देशों और व्यक्तियों के लिए शिक्षा का स्वरूप है। जिससे ब्रह्माण्डीय, वैश्विक और व्यक्तिगत संतुलन, स्थिरता, एकता, प्रबन्ध, विकास, शान्ति और सुरक्षा निर्धारित होती है।

1. प्राइमरी शिक्षा (कक्षा-5 तक)-भाषा ज्ञान आधारित:- क्षेत्रीय, देश, विश्व और विज्ञान की भाषा का ज्ञान, सामान्य विज्ञान, सामान्य ज्ञान, चित्र कला।

2. जूनियर हाई स्कूल (कक्षा-6 से 8 तक)-समाज ज्ञान आधारित:- क्षेत्रीय, देश, विश्व और विज्ञान की भाषा का ज्ञान, सामान्य विज्ञान, सामान्य ज्ञान, चित्र कला का विस्तार, खेल, संगीत, कृषि, समाज विज्ञान।

3. हाई स्कूल (कक्षा-9 से 10 तक)-सामान्यीकृत ज्ञान आधारित:- ज्ञान-कर्मज्ञान समाहित WCM-TLM-SHYAM.C (World Class Manufacturing – Total Life Maintenance – Satya-Heart-Yog-Ashram-Meditaion.Conciousness) प्रणाली अर्थात शिक्षा पाठ्यक्रम का विश्व मानक, कालानुसार विज्ञान, तकनीकी, व्यापारीक व प्रबन्धकीय ज्ञान की शिक्षा।

4. इण्टरमीडिएट (कक्षा-11 से 12 तक)-विशेषीकृत ज्ञान आधारित:- कौशल विकास की शिक्षा।

5. उच्च शिक्षा-इच्छानुसार विशेष क्षेत्र आधारित

"किसी देश का संविधान, उस देश के स्वाभिमान का शास्त्र तब तक नहीं हो सकता जब तक उस देश की मूल भावना का शिक्षा पाठ्यक्रम उसका अंग न हो। इस प्रकार भारत देश का संविधान भारत देश का शास्त्र नहीं है। संविधान को भारत का शास्त्र बनाने के लिए भारत की मूल भावना के अनुरूप नागरिक निर्माण के शिक्षा पाठ्यक्रम को संविधान के अंग के रूप में शामिल करना होगा। जबकि राष्ट्रीय संविधान और राष्ट्रीय शास्त्र के लिए हमें विश्व के स्तर पर देखना होगा क्योंकि देश तो अनेक हैं राष्ट्र केवल एक विश्व है, यह धरती है, यह पृथ्वी है। भारत को विश्व गुरू बनने का अन्तिम रास्ता यह है कि वह अपने संविधान को वैश्विक स्तर पर विचार कर उसमें विश्व शिक्षा पाठ्यक्रम को शामिल करे। यह कार्य उसी दिशा की ओर एक पहल है, एक मार्ग है और उस उम्मीद का एक हल है। राष्ट्रीयता की परिभाषा व नागरिक कर्तव्य के निर्धारण का मार्ग है। जिस पर विचार करने का मार्ग खुला हुआ है।"

"भारत का प्रत्येक नागरिक अपने जीवकोपार्जन के मार्ग व संघर्ष में अपने विषय का जानकार व अनुभव तो प्राप्त कर रहा है परन्तु कुछ पाने के क्रम में कुछ छूट भी जाता है इसलिए प्रत्येक नागरिक को अपने अहंकार को भूलकर यह स्वीकार करना होगा कि वह अपने विषय से हटकर अन्य विषय के विषय में कम या नहीं जानता है।"

अतः एक "आदर्श नागरिक" बनने के क्रम में न्यूनतम ज्ञान सभी को एक समान रूप से चाहिए।

NEW WORLD ORDER

"न्यू इण्डिया" का एक्शन प्लान
www.64inch.com
The Knowledge Equalizer

"सार्वभौम सत्य-सिद्धान्त" एवं "आध्यात्मिक सत्य" पर आधारित जीवन शास्त्र -"विश्वशास्त्र" की
"युग परिवर्तन" श्रृंखला की पुस्तकें

मुख्य शास्त्र

01. *विश्वशास्त्र – द नॉलेज आफ फाइनल नॉलेज*

सारांश के अनुसार

02. मैं सत्यकाशी से कल्कि महावतार बोल रहा हूँ (समष्टि गीता – यथार्थ प्रकाश)

शीर्षक के अनुसार भाग

03. विश्वस्तरीय फिल्म लेखन कला
04. प्रारम्भिक सत्य – अन्तिम दृष्टि
05. सत्य धर्म – युग परिवर्तक दृष्टि
06. सत्य दार्शनिक–दर्शन और कर्म वेदान्त–विकास दर्शन
07. सत्य शास्त्र एवं पुराण रहस्य–महर्षि व्यास कला
08. संत एवं गुरू और विश्व संत एवं गुरू
09. समाज और ईश्वरीय समाज
10. सत्य शास्त्र और विश्वशास्त्र
11. कृति और विश्व कृति
12. भारत माता मन्दिर और विश्वधर्म मन्दिर
13. महाभारत और विश्वभारत
14. संविधान और विश्व संविधान
15. शिक्षा और पूर्ण शिक्षा
16. देवता और सार्वभौम देवता कल्कि
17. देवीयाँ और सार्वभौम देवी माँ वल्कि
18. द्वादश ज्योतिर्लिंग और 13वां अन्तिम ज्योतिर्लिंग
19. काशी – मोक्षदायिनी और जीवनदायिनी
20. सत्यकाशी – स्वर्णयुग का तीर्थ
21. काशी – रहस्योद्घाटन
22. 2020 – मन का नवीनीकरण
23. ईश्वर का संक्षिप्त इतिहास
24. अवतार – अन्तिम सत्य दृष्टि
25. भविष्यवाणियाँ और कल्कि अवतार
26. स्वामी विवेकानन्द और कल्कि अवतार
27. मनु, मनवन्तर और कल्कि महावतार
28. व्यास, शास्त्र और कल्कि महावतार
29 ऋषि, ऋषि परम्परा और कल्कि महावतार
30. दूसरा आगमन या अन्तिम आगमन
31. परिवर्तन–काल, मनु, युग, व्यास और शास्त्र
32. राम, रावण और सार्वभौम एकात्म
33. मैं, व्यक्तिगत या सार्वभौम
34. लव कुश (त्रेतायुग) और लवकुश (कलियुग)
35. कल्कि महावतार आ चुके हैं (ACTION PLAN)
36. लव कुश सिंह (कल्कि महाअवतार)–जीवन, ज्ञान, कर्म और विश्वरूप
37. वैश्विक बुद्ध – बुद्ध का भाग दो और अन्तिम
38. बुद्धा कृष्ण – कृष्ण का भाग दो और अन्तिम
39. सम्पूर्ण क्रान्ति–अन्तिम कार्य योजना
40. पुनर्निर्माण (RENEW)–समस्या, समाधान और राष्ट्र निर्माण की योजना
41. पुनर्निर्माण (RENEW)– ग्राम एवं नगर वार्ड प्रेरक
42. विश्वशास्त्र द नालेज आफ फाइनल नालेज–परिचय
43. एन्टायर पालिटिक्स – पूर्ण पाठ्यक्रम
44. वसुधैव–कुटुम्बकम्
45. कर्मवेद : प्रथम, अन्तिम तथा पंचम वेद
46. आठवें अवतार श्रीकृष्ण के अनकहे संदेश
47. अयोध्या नहीं, मुंगेर है राम जन्मभूमि
48. विश्वमानव–भूतपूर्व नेतृत्वकर्ताओं का स्पष्टिकरण
49. विश्वमानव–वर्तमान नेतृत्वकर्ताओं का स्पष्टिकरण
50. विश्वमानव–वार्ता, वक्तव्य एवं वाणियाँ
51. विश्वमानव–पत्रावली, प्रसारण और अन्तिम पत्र
52. सत्य जनहित आह्वान
53. विश्व शान्ति–अन्तिम सत्य दृष्टि
54. नई विश्व व्यवस्था का रहस्य
55. समाजवाद – ब्रह्माण्डीय विकास का अवतारी मार्ग
56. भारतवाद – राष्ट्रवाद की मुख्यधारा
57. 100 वर्षीय संयुक्त राष्ट्र को अग्रिम सन्देश
58. सार्वभौम एकात्म–नव विश्व निर्माण
59. गणराज्य, संघ, मानकीकरण संगठन और सम्पूर्ण मानक
60. व्यापार केन्द्र (TRADE CENTRE)–दृश्य सत्य
61. मन का विश्वमानक और पूर्ण मानव निर्माण की तकनीकी (WCM-TLM-SHYAM.C)
62. मानक विपणन प्रणाली (3F:FUEL-FIRE-FUEL)
63. स्वर्णयुग का मानक आदर्श नागरिक–दिशा निर्देश
64. विश्वधर्म : परिचय (स्वर्णयुग का धर्म)

व्यक्ति और विभागीय स्तर पर सफाई–सुधार का पहला प्रारूप की पुस्तक – डा0 रमेश कुमार द्वारा लिखित "विशाल ज्ञान विज्ञान सबका समाधान" है

दर्शन, विचार एवं संपादन

लव कुश सिंह "विश्वमानव"

Search on Google -> Lava Kush Singh "vishwmanav"

पुस्तक उपलब्ध

notionpress.com
Book Store

www.ingramcontent.com/pod-product-compliance
Lightning Source LLC
LaVergne TN
LVHW080937071026
849535LV00013B/4233